張國城

美國的決斷

AMERICA CAN HELP!

A SHORT HISTORY AND ANALYSIS OF THE U.S. DIPLOMACY

張國城｜著

目錄

序言

台灣人為什麼需要瞭解美國？

美國是對台灣最重要的國家，這一點相信沒有台灣人會否認。但是，美國究竟是一個怎樣的國家？在對外行為上，它有怎樣的行為模式？台灣又要怎麼樣去面對美國？長年以來，沒有太多著作在探討這件事情。

二〇一九年筆者在《國家的決斷》寫作中，發現二戰後幾乎所有重大的國際事件，特別是影響台灣人的國際事件，都和美國有關係。美國的政策思維、政策目標、達成目標的做法，還有政策的效果，都對台灣的過去和現在形成了非常重大的影響。但是台灣人對美國的外交和軍事決策的形成機制與過程，以及形成這些機制的歷史，其實並不太了解。對台灣，這可能有以下的副作用：

首先是對美國有錯誤或不完整的認知或印象；

其次是對美國會有過度的期待；

第三是不知道如何去理解或面對美國的政策。

造成這種知識上的空白的主要原因，多半來自於台灣過去的政治氛圍，讓許多台美關係的歷史及背後的動力不能被太多人知道；或是因為台灣特殊的國際地位，因此對於外交和國際事務需要產生特定的台式定義，以免激起對政府當局政策的質疑；要不然就是出於無奈或無力，所以只好將主觀的盼望充當客觀的理性分析，**特別是對美國**，否則將難以生活。釐清這些問題就是本書寫作的初心，因此這本《美國的決斷》可以算是《國家的決斷》的續集。

美國在國際上扮演「世界警察」的角色，具備「鐵肩擔道義」的道德胸懷與實際行動，型塑世界秩序是人人皆知無庸置疑的。雖然美國不一定會介入所有的國際衝突，但全世界除了美國之外，我們也無法找到任何國家比美國更有能力、也更有意願協助它國抵抗侵略和非自主意願下的政治體制改變，以及提供讓對所有國家都有幫助的公共財，例如公平參與的國際組織、集體安全、公海航行自由與商品和能源的自由貿易體制。但是甚麼樣的因素讓美國會這樣？美國這麼做的動力是甚麼？所著重的地方在哪裡？又受到哪些限制？

因此，《美國的決斷》乃從美國建國後如何發展出獨特的國際觀，進而拓展領土開始講起，探討兩次世界大戰美國參戰的經緯、對戰爭策略的擘畫、戰後如何進行冷戰、對世界秩序的設計與引導，以及冷戰結束後如何面對世界新秩序。本書也將介紹美國外交政策的決策機制、重要的國際關係理論和對美國外交政策的影響。站在台灣人的觀點，影響我們最巨的當然還是美國對台灣以及中國的政策。特別是，如果台海發生戰事，美國是否會出兵保台，本書也有專門的討論。

就筆者長年的觀察，美國外交的決策來自於美國人自己的道德意識，這反映在他們對權力分立和契約政治之奉行上，又兼具國際關係理論中現實主義、自由主義和建構主義三種主義的特質。美國的「國家利益」更複雜的建構過程，決策過程更受到理性決策、組織行為和政府政治三大因素的影響，不能單純的擬人化，更不宜以台灣政治的習慣去解釋。

寫作本書的一個重要目的是要讓台灣讀者更加了解台美關係。一九四九年之前，美國對台灣不甚關心，但在一九四九年中華人民共和國建立之後，台灣的安全就成為美國關注的對象。直到今天，這種關心既是道德上的，也是戰略上的。很多讀者會認為美國支持台灣是因為台灣的地理位置重要，是所謂「不沉的航空母艦」，不過筆者認為，對於「失去中國」的負疚感和基於「弘揚美國價值」的道德意識，才是美國援助中華民國的主要因素。這裡要特別說明的是，美國的「道德意識」主要並不是在於要去管理別的國家，而是希望別的國家「**用美國人管理美國的方式管理他們自己的國家**」。這點中華民國其實並不是那麼認同。透過對史料的研究，筆者發現雖然人人都認為中華民國是美國的忠實盟邦，實際上在「國家戰略」、「對中態度」、「政治體制」、「民主程度」和「經濟政策」上，中華民國**至少是在冷戰時期，都沒有完全想要按照美國人作這些事情的方式來作這些事情**。當然在不同領域的程度上有所不同。

冷戰時期，美國政策的重點除了協助台灣發展經濟之外，就是保衛台灣，以免中華人民共和國覺得有機可乘而發動攻台戰爭，屆時美國就很難不被捲入。這時蔣中正的「反攻大陸」決策，是台灣和美國關係的主要障礙，因為美國認為反攻大陸成功機率不高，又會讓美國與中國兵戎相見。但是整個冷戰時期，美國沒有認為台灣遭受武力攻擊的風險很高，也不認為台灣對美國的戰略價值大到不可取代。具體的證據就是駐台美軍的數量一直相當少。

蔣美之間的另一歧見就是對台灣的定位。這和「反攻大陸」政策是分不開的。筆者認為，對美國而言，「兩岸兩國」（兩個中國或一中一台）都是尼克森政府之前，美國雖然未必明言，但事實傾向採用的政策。而國與國之間是不應以武力解決糾紛的，如果這一原則在兩岸間也確定，美國護台抗中就永遠有道德和國際支持的基礎，因為是**防止一國侵犯另一國**，這也是二戰後國際秩序的基礎。當然同此邏輯，「反攻大陸」也是一樣，所以美國會反對，否則美國支持蔣介石攻打中國大陸就成了干涉內戰。而干涉內戰，所遭遇的限制在美國的政治體制中就大得多了。

但是中華民國對此堅決反對，因為中華民國的「一個中國」政策可詮釋為「世界上只有一個中國、一個中國就是中華民國，台灣是中國的一部分」，前面兩者是台北當局在退出聯合國之前立足於世界的外交基礎，後者是國民黨政府領有台灣的政治基礎；兩者都靠美國的支援和認可。但問題在於存在著一個更具代表性的大型中國——中華人民共和國。只要美國改變對中國的政治承認，「中國」的地位被代換，中華民國的「一中政策」不但無法做為台北當局的外交基礎，反而成為枷鎖或障礙。

美國因為韓戰而協防台灣，也因越戰而逐漸遠離台灣。由於美國要聯合中國解決越戰並制衡蘇聯，所以出現了奇特的「美版一中政策」。在一九七二年的《上海公報》中：

> 美國方面聲明：美國認識到，在台灣海峽兩邊的所有中國人都認為只有一個中國，台灣是中國的一部分。美國政府對這一立場不提出異議。它重申它對由中國人自己和平解決台灣問題的關心。考慮到這一前景，它確認從台灣撤出全部美國武裝力量和軍事設施的最終目標。在此期間，它將隨著這個地區緊張局勢的緩和逐步減少在台美軍設施和武裝力量。

一直到了今天，「一中政策」還是影響美國對台政策的最關鍵因素，美國對台政策還是以它為依歸。這是受到美國的「契約政治」傳統所影響，就是一個原則、一個典範，一經確定就很難輕易變更。值得注意的是，這也符合美國的道德外交原則之一——就是「己所不欲，勿施於人」，不勉強你接受「你不接受」的看法。**美國堅持「一中原則」的重要理由就是海峽兩岸都認為台灣是中國的一部分**；北京方面固然不用說，台北方面從「一中原則」形諸文字的一九七二年至今，也還是不否認台灣是「中華民國」的一部分。「一中各表」固然不被中國所接受，但「一中原則各表」則是事實，台灣和中國都用「一中」作為國號，美國自無必要主動放棄一中。

在美國看，既然兩岸當局都有各自的「一中政策」，美國自然需要尊重，堅持「一中原則」並以此做為對台關係的指導原則，自然是完全可以理解的事。問題是，**不管哪一方的一中政策，都有把兩岸關係內戰化而非兩國化的功能**。中國就是看準了這一點，因此從《上海公報》開始，寧可先大口承諾和平解決兩岸問題，以換取美國持續「一中政策」，即使是美版的也行。今天成了美國不放棄一中政策，不給中華民國或台灣國家承認的最重要理由。對中國來講，這一招因為操縱了美國的決斷，堪稱高明的外交布局。

有人認為台灣不該在中美之間選邊。其實所謂選邊，並不只是口頭上支持哪一邊，而是在於**「是否具體幫助哪一邊」**。朋友就是要為彼此多想一些，多做一些。特別是其實台灣需要美國，遠大於美國需要台灣。**從一九四九年起，台灣和美國七十年來的關係最大特色，就是台灣比其他盟邦更依賴美國。亞洲的其他國家充其量只需要美國保護其安全，台灣或中華民國還需要美國支持其國**

際地位和身分。這對美國來說，可能比保衛台灣安全更為複雜困難，因為美國可以在軍事上維持亞洲第一，但在國際事務上並沒有這麼強的約束力，能夠要其他國家一定要支持台灣。亞洲所有國家除了韓國，都早於美國撤銷對中華民國的承認，美國無法也從未干涉。

台灣和美國的關係必然受到美國與中國的影響，這對讀者們來說很容易理解；**但同樣重要的一點是：台灣和美國的關係一樣受到台灣與中國的影響**。因為中國就離台灣這麼近，同時又是台灣最大的貿易夥伴和最大的敵人。台灣比美國更需要中國，極度密切的經貿依賴和社會連結使台灣沒辦法和美國對付中國時同步採取協同一致的作為。這就讓台灣對美國的戰略價值沒有一般想像的那麼高。對台灣而言，了解美國對台政策產生的原因，其實有助於我們更理解台灣過去和現在的真實面貌。這是我們為什麼要了解美國的原因。**美國看台灣的態度，其實是台灣一面很好的鏡子**。

本書在著述的過程中，參酌、引用了多項筆者所主持的科技部專題研究計畫的成果，包括兩項科技部的「人文社會科學經典譯注計畫」，包括艾利森教授的《決策的本質》（*Essence of Decision: Explaining the Cuban Missile Crisis*），還有哈佛大學教授約瑟夫．奈伊（Joseph Nye）的《了解國際衝突：一項對歷史和理論的介紹》（*Understanding Global Conflict and Cooperation*），還有「從『決策理論』分析國光計畫」，非常感謝科技部當時的支助。筆者仿效艾利森在《決策的本質》寫作時的做法，就是邀請幾位真實的人物，試想以他們為寫作對象，希望本書能夠讓他們讀起來覺得不那麼枯燥，又能確實幫助他們對台灣現在面臨、或曾經面臨的外在挑戰有更深入、更理性的了解，同時請他們閱讀初稿，確保筆者對於「一些在台灣社會還有所爭議，但卻不能不談的國際事件」的觀點至少沒有邏輯上的錯誤。因此要特別謝謝游凱晶和周軒寧兩位醫師對部分章節的試閱及寶貴意見。他們協助筆者修正了許多論述上的表達方式、補充了許多一般讀者可能需要的解說，還有最重要的，就是以強大的數理邏輯和醫學專業教育下所發展出來的反思，對筆者的寫作提出建議。這也是臺北醫學大學致力帶給學生的能力；筆者對能在此出力深感驕傲。

由於《美國的決斷》的定位是一本適合台灣一般人閱讀的美國外交史，因此行文以淺顯為原則。為了閱讀方便，對於歷史大事件的發生日期、重要歷史文獻和政府的官方宣示，原則上不特別引注來源。多數討論到的歷史事件始末也可在台灣讀者易於利用的公開來源（如網路、維基百科……）輕易找到。關於這些方面的外文重要著作則不做太多的探討，但希望透過筆者的拋磚引玉，吸引更多非專業出身的讀者對外交政策、美國政治理論、原理原則和歷史事件產生興趣。若能達此效果，筆者將感無比欣慰。當然引用前也經多方核實。然而因為筆者能力淺陋，外加寫作時間不長，恐怕仍有未臻完善之處，若有任何錯誤非常歡迎讀者提出，俾便於再版時修正。

在筆者撰寫本書的過程中，恰好也是台灣內外局勢風雲變幻的時刻。在皓首窮經之餘，不斷想起王維的《終南別業》。台灣是不是真的到了「行到水窮處」的時候，還能有「坐看雲起時」的機遇？過去，我們是靠美國才得以如此。對於一個如此重要的國家，如果各位親愛的讀者能夠藉由閱讀本書，對美國的對外政策多一些「凱風引柔蔓，時雨滋綠苔」的恍然，就是本書的最大目的。

1 第一章

追求幸福的自由：建國時期的決斷與奮鬥

立國精神與美國的外交決斷

美國是當今世界上的唯一超級強國，也是一個歷史相對短暫的國家。今天美國的各項決斷，特別是在外交和軍事上，對於世界局勢影響可說舉足輕重。而眾多的決斷，其產生的思維模式，其實和美國的文化傳統與開國時就建立起的政治經驗和政治架構，有著絕對的關係。

首先，美國的決斷受到英國政治文化影響，重視契約與法律所保障的權利。英國從《大憲章》[1]和《權利法案》[2]之後，逐漸形成政治權力應受節制的觀念。「人民權利（right）應受契約保障」和「權力（power）應有明確定義並受節制」，成為美國政治文化的核心。所以，美國的外交活動，包括締結條約和參加各類國際組織，都奠基在保護美國國家和國民的權利，以及確定美國的權力範圍上。

當然甚麼是美國國家和國民的權利，這在不同時候有不同的界定。但是基於美國的發展歷史，一般包括自由貿易、公海航行自由、人身安全和自由除犯罪外不受侵犯等。因此，美國在外交的決斷上經常會以**他國對於美國國家和國民權利的保障程度，決定對該國的政策，甚至是動武的依據**。門羅主義就是最明顯的例子。而維護公海航行自由更被認為是美國對外政策的重點，因為美國的陸地鄰國只有兩國，在二十世紀之前海路是美國和美國以外世界往來的唯一通道，如果公海航行自由受干擾，美國就將窒息，十八世紀到十九世紀英國對美洲海上航運的干擾，包括抓捕美國商船和水手，是一八一二年戰爭發生的重要原因，美國參加第一次世界大戰，直接原因也在於德國攻擊美國商船。關於門羅主義，之後會詳談。

其次，今日美國三權分立的基礎也來自英國。英國的《大憲章》確立了審判須由普通法官進行，其實已暗含行政與司法分立的概念。貴族組成的委員會將會監督、確保當時的英王約翰遵守《大憲章》的規定。如果在貴族委員會提出國王違反了《大憲章》之後的四十天內約翰仍不遵守《大憲章》的規定，這委員會有權根據第六十一條的規定沒收約翰的城堡和土地，直到國王改正自己的行為。這就是最早的君主立憲起源，亦即最高領導人要對議會負責，和前面的法官裁判集合在一起。

美國的建國，眾所周知和英國清教徒躲避宗教迫害有關。因各種原因逃離本國，移居外國的人在人類歷史上的各個階段、各個區域都不在少數，但美國清教徒移民的不同之處，**在於自我負責的態度和追求自治的作為**。《五月花號公約》（*Mayflower Compact*）就是僅次於獨立宣言的最重要歷史文件之一。

第三是美國人相信政治權力需要受到人民同意。《五月花號公約》是乘坐「五月花號」帆船前往北美洲新英格蘭殖民地的一百〇二名英國清教徒在上岸之前，其中的四十一名成年男子於一六二〇年十一月十一日在船上簽訂的政治聲明。《五月花號公約》創建了一個先例，**即統治者是由被統治者的同意而產生的，而且用來約束你的規定必須經過你的同意。**

這是創立美國的主要思想之一，即在同一個社會裡的所有公民具有自由結合的權利，並可以通過制定對大家都有利的法律來管理自己。這是「美國的決斷」的第一基礎。

《五月花號公約》全文如下：

以上帝的名義，阿門。我們這些簽署人是蒙上帝保佑的大不列顛、法蘭西和愛爾蘭的國王——信仰和捍衛

《1620年的五月花號公約》（Mayflower Compact 1620），畫家菲力斯（Jean Leon Gerome Ferris）的作品。目前收藏於美國國會圖書館。圖片來源：維基百科。

者詹姆斯國王陛下的忠順臣民。

為了上帝的榮耀，為了增強基督教信仰，為了提高我們國王和國家的榮譽，我們漂洋過海，在維吉尼亞北部開發第一個殖民地。我們在上帝面前共同立誓簽約，自願結為一民眾自治團體。為了使上述目的能得到更好地實施、維護和發展，將來不時依此而制定頒布的被認為是這個殖民地全體人民都最適合、最方便的法律、法規、條令、憲章和公職，我們都保證遵守和服從。

據此於耶穌紀元一六二〇年十一月十一日，於英格蘭、法蘭西、愛爾蘭第十八世國王暨蘇格蘭第五十四世國王詹姆斯陛下在位之年，我們在科德角簽名於右。[3]

在接下來一個世紀中，美國其他許多早年定居者效仿了《五月花號公約》的先例。他們在無人居住或只有少許人居住土地上建立了新政府。一六三九年一月二十四日，康乃狄克殖民地會議在哈特福德通過了《康乃狄克基本法》（Fundamental Orders of Connecticut），該基本法決定在康乃狄克城鎮設立政府，規範了其結構和權力，以讓當地政府獲得入海口並從事貿易。**《康乃狄克基本法》**

被認為是第一部具現代法治精神，在北美大陸上出現的成文憲法。一六三九年六月四日，麻薩諸塞灣殖民地（Massachusetts Bay Colony），羅德島和普羅維登斯種植園（Rhode Island and Providence Plantations），通過了《紐黑文殖民地基本協議》（Fundamental Agreement of New Haven Colony）之後殖民者們在一六四三年創建了「新英格蘭聯盟」（New England Confederation）。

這種以契約建立統治機構的方式形成了深遠的影響。第一是政府的權力為列舉式，凡是契約或法律沒有明確條列的，政府不得為之。因此美國小政府的政治文化乃因此確立下來。其次是基於北美殖民地的廣大，人民移居他地自謀生活非常方便，所以治理品質太糟的區域，人民不樂久居，連帶促進了自我負責意識的提升。第三就是連政治這種大事都以契約而非僅僅一紙官員的命令來進行，揭櫫並確立了「契約神聖」的精神。

獨立戰爭的意義

美國在一七七六年發表《獨立宣言》，結合了《五月花號公約》的精神，而且說明反抗的原因是英國國王的失德。這當然讓殖民地立刻和英國立刻進入全面戰爭狀態。一開始，美軍屢屢失利，但仍然堅持作戰。一七七七年，英國軍隊試圖掌握紐約州的哈德遜河，結果在薩拉托加戰役

（Saratoga Campaign）中被美軍擊敗。此役是促使法國決定與美國同盟的重要關鍵，往往被視為美國獨立戰爭的轉捩點。由於爭取法國成功，加上歐洲國家基本保持中立態度，因此戰局逐漸轉向對殖民地有利。英國在軍事和外交上的失敗，遭受國內反對派的攻擊。一七八一年，華盛頓領軍在維吉尼亞的約克鎮（Yorktown）戰役中重創英軍。英國托利黨內閣下台，輝格黨執政，決定結束戰爭，促成巴黎和談。

一七八三年九月三日，英國和美國簽訂《巴黎條約》，承認美國獨立。當時的美國領土就是一般所熟知的「北美十三州」（現在的新罕布夏、麻薩諸塞、羅德島、康乃狄克、紐約、紐澤西、賓夕法尼亞、德拉瓦、馬里蘭、維吉尼亞、北卡羅萊納、南卡羅萊納和喬治亞）。

這種建國模式讓美國的對外關係自始存在著一種道德觀，**也就是有些價值必須捍衛並且弘揚，因為這個國家就是基於這個理由而不惜流血建立的**。

其次，對歐洲文化的深切了解，使美國從來就對「權力平衡」（balance of power）不陌生。並且從獨立戰爭時代開始，就能靈活的運用「權力平衡」原則，在十九世紀中葉以前，也以「權力平衡」原則，作為外交活動與設計與他國往來模式的核心。所謂權力平衡，可以指一種狀態，也可以指維持或促進這種狀態的政策或作為。常見的作法是一國與他國同盟合作，以牽制或對抗第三國，達成彼此間實力的平衡；或是分化他國的同盟，避免他們聯合起來對我國形成威脅。這在當時的歐洲是常態，例如英國聯合歐洲其他國家對付拿破崙；奧匈帝國聯合土耳其制衡俄國等都是。

此外，由於美國的建國在「西發里亞體系」（Westphalia system）出現之後，加上有明確的宣布獨立、建國日期，因此對於國家形成所需要的法理建制，以及「要被承認才能成為一個國家」這一原則特別重視。所謂的西發里亞體系，是指歐洲國家在經歷了慘絕人寰的三十年戰爭之後，於一六四八年簽訂《西發利亞條約》，而該條約賦予主權國家在國境內至高的管轄權，其他國家不得干涉。**兩百多年以來一直到今天，對於其他國家和政治實體是否要承認、承認過程及承認後如何處理其結果，一直是美國外交政策的重心，也經常是美國的決斷所能對國際形勢最重要的影響之一。**

第四，由於美國獨特的地理位置，使得美國不願意主動介入其他大陸的爭議。這被稱之為「孤立主義」。直到二戰之後，「孤立主義」雖然因為冷戰爆發而不再出現，但在介入其他地區衝突時，美國菁英的想法經常還是「我們為何介入」，或者是「即使介入，也該及早抽身」。這都是孤立主義的遺產。另一方面，美國也不願意歐洲強權介入「西半球」，即南北美洲，所以產生了最有名的「門羅主義」。孤立主義的誕生與其內涵可以追溯到美國國父華盛頓的臨別箴言，在下一章裡會詳述。

然而，雖然有孤立主義的傳統，美國卻又因為它在建國過程中所彰顯與建立的理想主義精神，具有道德外交的傳統。十九世紀時，美國的道德外交體現在「阻止歐洲國家不讓她們的美洲殖民地獨立」。在門羅主義下，美洲的歐洲殖民地從歐洲殖民宗主國獨立的速度遠較世界上其他地區為快。美國這麼做當然不能說全無權力平衡的考慮，畢竟讓殖民地獨立，也就等於把殖民母國的歐洲國家逼走，讓他們不致於威脅或危害美國。但是道德外交的原則還是讓美國沒有進一步吞併這些國家。而且在二戰之前，原則上美洲國家人民要進入美國並沒有甚麼限制。

美洲國家很早脫離歐洲國家的殖民而獨立建國，雖然之後發展程度各有千秋，並非每個國家都一帆風順，但客觀上看保護了各國免遭一戰和二戰的戰火波及，這對各國來說是很大的福音。一戰和二戰對於歐洲、亞洲國家的破壞和損失是極為驚人的，原因都和殖民主義脫不了關係。美國雖然有干涉中美洲國家內政的霸權主義歷史，但相較德日對鄰國的侵略、掠奪和屠殺，程度上不可以道里計。

到了二十世紀，美國參加一戰、二戰、馬歇爾計畫、北約成立、韓戰、越戰到與無數國家所簽訂的安全承諾，都和這個因素有直接關係。

美國與英法的關係

雖然在二十世紀以前，美國原則上不介入歐洲的事務，但不代表美國對歐洲局勢一無所知。

它和歐洲的首度平等往來源於一七七八年為了打贏獨立戰爭而和法國簽訂的同盟條約（Treaty of Alliance）。這個條約對美國是雙面刃；一方面如果英國和美國再發生衝突，美法盟約可以讓英國有所顧忌；另一方面，也可能讓美國捲入法國和其他歐洲國家的衝突。

對此，美國決定和歐洲各國，尤其是英法，都保持友好的關係。一七八九年法國爆發大革命，讓法國與歐洲的關係進入了一個新局面。由於法國大革命「自由、平等、博愛」精神的訴求和實踐，讓美國無論在精神還是實質上都傾向於支持法國。因此，美國宣布會依據美法同盟條約，保護法國在北美大陸和加勒比海地區的貿易安全。

英國在這時也改變了態度，決定和美國關係正常化。在美國獨立之後，兩國雖然建立外交關係，但是只有美國單方面派出公使駐英（第一任駐英公使是後來第三屆總統亞當斯），而英國因為國內保守派對美國的敵視，遲遲沒有派出使節。法國大革命爆發以後，終於使英國意識到和美國關係正常化的重要性，在一七九一年，英國派出了首任駐美公使。

一七九三年，法國決定向以英國為首的反法同盟宣戰。美國國內隨即爆發劇烈爭論。雖然在一七九三年四月二十二日，華盛頓總統宣布美國採取中立，但是以湯瑪士．傑佛遜（Thomas Jefferson，《獨立宣言》起草人、美國第三任總統）為代表的「同情派」和以亞歷山大．漢彌爾頓（Alexander Hamilton，美國聯邦憲法之父、第一任財政部長）為首的「保守派」對於美國的戰時立場，以及要如何對待美法條約出現了重大的歧見。兩派的爭點其實已經顯示出了之後美國外交考慮的核心議題，亦即**「建構與他國的關係時是以維持現狀還是因應情勢變遷為重？」漢彌爾頓認為法國的政體已經在革命後變更，所以美國沒有必要再遵守和君主專制時代所訂的美法同盟條約，該條約已經因為「情勢變遷」（rebus sic stannibus）原則[4]而失去了合法性。傑佛遜則認為構成國家的主體是人民而非君主，所以美法間的條約不應該因為政府形式的改變而失效。雙方展開了劇烈的辯論，最後美國仍維持中立原則。**這樣的辯論幾乎在之後美國要建立或改變與其他國家的既有關係時，都會出現。例如一九六〇年代，對於美國是否要轉向承認北京時，就有這樣的爭論。一派認為長期承認台北當局為中國唯一合法代表，維持現狀看不出有何不利，國會也不會贊成放棄非共的中國政府；另一派看法則認為情勢變遷，中華人民共和國才是實質能代表中國的政體，美國不能不顧現實。最後的決斷是維持與台北的外交關係，同時開始與北京交往。

和英國的關係在英法之間發生戰爭之後也發生了重大變化。基於戰爭需要，英國宣布封鎖歐洲大陸並實施貿易禁運。一七九三年，英國宣布將食品列為禁運品，並且扣押了二百五十多艘與法屬西印度群島從事貿易的美國船隻。美英關係一時陷入緊張狀態。美國曾經一度決定聯合其他歐洲國家如瑞典等組成反英同盟，但是各國反應冷淡，因此反英同盟沒能成立。這讓美國決定還是要改善對英國的關係。

漢彌爾頓領導的聯邦黨人視英國為一個天然的盟友，並因此致力於恢復同英國關係的正常化，尤其是商貿領域的關係正常化。華盛頓站在漢密爾頓這邊。漢密爾頓為談判設計了一些基本須達成的目標，華盛頓委派（時任）最高法院首席大法官的約翰．傑伊（John Jay）到倫敦洽談，在一七九五年雙方簽署了《大不列顛國王與美利堅合眾國間的友好、商業和航海條約》（The Treaty of Amity, Commerce, and Navigation, Between His Britannic Majesty and the United States of America），許多書籍也以《傑伊條約》稱之。

湯瑪士．傑佛遜，美國第三任總統、第一任國務卿，《獨立宣言》起草人。在獨立建國的初期，傑佛遜與麥迪遜領導的民主共和黨採取偏向法國的外交路線。他與第二任總統亞當斯也因為外交路線上的差異而形同水火。

亞歷山大．漢彌爾頓，美國第一任財政部長，聯邦財政體系的締造者，與詹姆斯．麥迪遜、約翰．傑伊合著有《聯邦黨人論文集》。
漢彌爾頓領導的聯邦黨心儀英國、崇尚英國高效能的政府，在外交路線上也偏向英國。

圖片來源：維基百科。

條約包括了英國從美國北方的西北領地（Northwest Territory）撤軍，而在之前的《巴黎條約》中英國曾拒絕從該地區撤軍。英國當時正在報復美國違反一七八三年《巴黎條約》第四條和第六條的行為。《巴黎條約》第四條規定美國人欠英國人的債務仍需償還（Recognizing the lawful contracted debts to be paid to creditors on either side），第六條則規定美國必須防止對效忠英國派的財產之沒收行為（United States will prevent future confiscations of the property of Loyalists），但是美國的州法院阻止收取欠英國債權人的債務，並堅持繼續沒收效忠派遺留在美國的財產，嚴重違反了已經簽署的《巴黎條約》。雙方同意在戰爭時期關於債務的爭執和美國與加拿大的邊界爭端問題應交付仲裁解決——這是現代外交史上的重大里程碑。它成為了當出現國際爭端時，其他國家可以遵循和效仿的先例。

在每一個州，傑佛遜主義者都激烈地反對該條約。**因為他們擔心與英國更緊密的經濟或政治聯結會加強漢彌爾頓領導的聯邦黨，加強精英貴族統治並削弱共和主義。這場辯論固化了新出現的黨派分歧**，並形成了新的政黨體系——聯邦黨和傑佛遜領導的民主共和黨[5]。在對外關係上，聯邦黨人支持英國，而傑佛遜的民主共和黨人支持法國。條約有效期十年。當一八〇六年條約到期後，傑佛遜已經當上了總統，他拒絕簽署旨在替代《傑伊條約》的《門羅-平克尼條約》（Monroe-Pinkney Treaty），美英關係再度惡化，最後升級為一八一二年戰爭。

一八一二年戰爭

十九世紀開始，美國出現了一種思想，就是必須控制整個北美洲大陸的信念，這是美國人的責任，後來被稱為美國的「昭昭天命」（Manifest Destiny）。一八一二年，已經卸任的傑佛遜宣稱美國在該年將兼併今天加拿大的魁北克地區，接著向哈利法克斯（Halifax）進攻，最終將英國勢力徹底逐出美洲大陸。但是英國也有戰略優勢。在聖勞倫斯河（Saint Lawrence River）邊界地區，北岸的加拿大一側人口密度和基礎設施水平比南岸的美國高出兩倍。

出兵之前，美國聲稱大英帝國在以下三個方面侵犯其主權。首先，英國不遵守美國獨立戰爭後雙方於一七八三年達成的《巴黎條約》：拒絕移交西部地區軍事要塞，並且武裝印第安人，威脅美國的西部邊陲。其次，皇家海軍攔截美國商船追捕逃兵，強徵美國水手入伍——這些人雖然出生於英國，但已歸化為美國公民。這有維護航行自由的重大用意在。另外就是先前提及的貿易禁運，使上百艘美國商船被皇家海軍扣押，美國的中立國地位未被尊重。

一八一二年六月十八日，詹姆斯．麥迪遜（James Madison）總統向國會發表演講後，國會投票宣戰。英國聯合了印第安部落，希望讓美國腹背受敵。美軍向加拿大發動進攻，當時在加拿大的英國正規軍不多，主力是加拿大民兵，當時由兩種人組成；一種是獨立戰爭後從十三州殖民地敗退的保皇黨，另外一些則是信仰天主教的法國移民。這些人厭惡美國，而且驍勇善戰，守住了加拿大，也讓美國從此沒有再興兼併加拿大的打算。一八一二年戰爭的結果是美國和英國的關係從此確定下來：英國之後沒有再威脅美國的獨立，美國得到了一個不受歐洲威脅的國際環境。

這段歷史看在台灣人眼裡，應該有似曾相識之感。英國之於美國，類似中國之於台灣，而一八一二年美國與英國的戰爭，類似台灣與中國之間的衝突，都是對原有的文化母國有親近和疏遠的態度，形塑了不同的黨派組織和立場。而導火線之一就是所訂的條約，最後因為不再修約而爆發戰爭。反對「傑伊條約」的人所反對的點，和今天反對ECFA的人也幾乎相同，都是害怕因為經濟上的依賴導致在政治上被併吞。

另一方面，我們也可以看到美國人在外交事務上對契約的重視。即使在近三百年前，條約就已經是美國外交的指導原則，包括是否訂約、訂約所要達成的目的、訂約過程，都是外交的重點，至於條約內文自然是不在話下。

其次是外交是內政的延長，內政上的不同意見影響到了外交政策。而外交路線決定了與他國的關係，又反過頭來會影響內政。

美國獨立之後，工業革命隨即開始。雖然這是各自發生的事情，但自此之後，科技和工業是國力的概念立刻成為這個新國家從上到下的圭臬。資本主義市場經濟、小政府和契約觀念對於美國發展工業有著巨大的幫助。因此讓美國的國家利益更加強調公海航行自由、經商自由、條約保障和自由貿易。後來的門羅主義與門戶開放政策，都和這些直接相關。

不想有龐大的常備軍

美國的軍事思想和戰略觀也是美國外交決策的重要構成部分。而美國的軍事思想和歷史與政治體制有密切關係。

首先，美國憲法規定國會是最高立法機關，因此軍隊的成立、預算及規模都以國會制訂法案的方式授權後，行政部門方能進行。而國會是非常不想維持大量常備軍的。這和從英國得到的經驗有關；美國的政治菁英們認為維持龐大的常備軍要耗費大量的資源，平時要讓平民一直留在軍中也有很大的困難。在十八世紀時，無論是聯邦政府還是州政府的財力都不雄厚，又不能徵收重稅，所以不會在平時編列龐大的軍費。作為世界上軍費排名第一的國家，對美國來說是二次大戰之後的事。

另外，由於國土遼闊，有廣大的空間可以開墾，工商業又很早進入了資本主義自由市場經濟的軌道，靠一己之力尋找自己的優勢領域發財致富或完成理想是受美國人崇尚且身體力行的傳統。《獨立宣言》即已明言，生命、自由，與「追求幸福」（pursuit of happiness）是每一個人的絕對權利，此即所謂的「美國夢」的根源。在這樣的社會氛圍之下，當職業軍人不是太多人的選擇。

歐洲國家如英國陸軍，有悠久的軍官團傳統。從中世紀起，貴族為捍衛領地，需要組織武力，因此他自然而然就是軍事指揮官；貴族中的男性接受軍事訓練，指揮領導封建領域內的農民士兵是常態，這也形成了英國陸軍歷史悠久的團級制。在這種社會之中，軍事指揮技能是一種職業和榮譽。但美國沒有貴族，早期移民有軍事背景的人很少。此外，當時的政治菁英也擔心有龐大的常備軍，就容易形成一個特殊的集團，進而增加軍人干政的可能。這些都讓美國傾向於維持一支較小的軍隊。

美國歷史上第一支統一的職業軍隊，是一七七五年為在獨立戰爭中抵抗英軍而成立的「大陸軍」（Continental Army，在此之前各殖民地分別有自己的民兵武裝，主要是對付美洲原住民印第安人），議會並任命喬治．華盛頓為大陸軍統帥。大陸軍是由當時邦聯會議組織成立、授予官階、番號並且撥發糧餉，在當時符合需要。華盛頓展現了極高的政治和軍事才能，在初期大陸軍屢戰屢敗的艱困時期仍能堅持下來，不斷吸取經驗，反思檢討，逐步修正戰術戰法，並且選擇在適當的地點和英軍決戰。又有效鎮壓了與英國合作的印第安人部族武裝（許多印第安人部族是親英的，在殖民地獨立之前、之時和之後，都和各州民兵和大陸軍有軍事衝突），因此逐漸穩住陣腳。[6]

美國獨立後，大陸軍雖然戰功彪炳，但由於各州的共和主義情緒，以及對國家常備正規軍的根深柢固的不信任，戰爭結束後不久大陸軍宣布解散，軍官和士兵紛紛解甲歸田。這也形成了美國政治上的幾個傳統：一、文人領軍；二、現役軍人不在文人政府裡從政或參選；三、原則上軍人不直接轉任文官；四、是否有軍人資歷或作戰功績在選舉中不那麼被重視。麥克阿瑟、尼米茲雖然都是二戰名將，從沒有被提名參選總統。只有艾森豪算是一個例外，他挾帶著二戰英雄的光榮參選總統，不過，他在身為軍人的時候盡可能的不參與政治，也不表達政治立場，且在最後關頭之前始終不想參選；五、軍人在社會上不是一個特殊群體。六、戰爭勝利後反而裁軍。

接替大陸軍的聯邦級（即國家級）軍隊是「美國正規軍」（Regular Army）。基於前面的傳統，正規軍的規模一直很小，美國主要的武裝部隊則繼續依靠各州自己的民兵武裝，由於印第安人一直是頭痛問題，所以人民擁槍自衛成了法律保障的權利。並且明定於美國憲法增修條文第二條當中。

但隨著美國向西擴張，與印第安人的衝突越來越頻繁，[7]正規軍在一七九一年不得不擴充並改名為「合眾國軍團」（Legion of the United States），但是人數很少，總兵力只有約五千一百人。一七九六年又正式更名為「合眾國陸軍」（United States Army），即如今人們平時所說的「美國陸軍」。在美國接下來的一系列軍事衝突中（一八一二年戰爭、印第安戰爭、美國內戰、美西戰爭等），美國陸軍的規模也隨著聯邦政府的權力擴張而變得越來越大。但是和歐洲各國仍有距離。

儘管如此，由於美國悠久的共和主義民兵傳統，直到美西戰爭時，美軍作戰都還主要依賴著各州民兵或甚至民間武裝為聯邦臨時提供的志願部隊，而不是聯邦政府本身常備的正規陸軍。這些平時不屬於聯邦政府管轄，只是在戰時自願「為國效力」而聽從美國陸軍指揮的部隊，統稱為「合眾國志願兵」（United States Volunteers）。日常人們則以「志願軍」（volunteers）和「正規軍」（regulars）區分二者。由於軍隊出於招募，因此美國用兵的原則一是盡可能減少傷亡，在沒有徵兵的情況下，兵源來源不廣，不能浪擲人命；而國會要授權宣戰，又要撥款打仗，所以當然不希望戰爭延長。**憲法規定兩年改選國會，四年改選總統，等於是每兩年就有一次全國大選，政策會不斷地被檢視，因此誰能結束戰爭、調停衝突，會被認為是政治上的最高成就。**

美國海軍陸戰隊（United States Marine Corps）的發展史正可以證明我們上面所說的幾項原則。獨立戰爭時期，第二屆大陸會議於一七七五年十一月十日授權，於費城成立了殖民地海軍陸戰隊，編制兩個營，該日之後訂為海軍陸戰隊隊慶。殖民地海軍陸戰隊的設立完全模仿「英國皇家陸戰隊」（Royal Marines），而皇家陸戰隊的任務是在船上負責鎮壓叛亂的船員（在當時是常有的事）、管理訓練那些拉伕來的外國船員、操作重型武器，以及在船長指揮之下跳上敵艦作戰和登陸海岸。

獨立戰爭結束後，殖民地海軍和殖民地海軍陸戰隊都於一七八三年解散。直到一七九八年才再次成立海軍陸戰隊，因為當時美國與法國之間發生了短暫衝突的海戰，國會才算正式成立常備性美國海軍陸戰隊。

該時代海軍陸戰隊最著名的一戰就是一八〇一年揭幕的第一次巴巴里戰爭（The First Barbary War），同時也是美海軍陸戰隊第一次海外行動。重點是北非的海盜劫掠商船勒索贖金，為維持公海航行自由，美國重新組建海軍陸戰隊攻打北非海盜。

槍砲時代的軍事思維

隨著工業革命的發展，軍隊所使用的武器殺傷力也越來越大。由於美國不維持龐大常備軍的傳統，因此需要格外強調武器的性能，才能彌補人力的劣勢。陸軍使用的武器一直到十九世紀初，大部分的步槍都是以單發裝填的前膛槍為主，這意味著每次只能裝填一發子彈。但是步槍可以在遠距離殺傷敵人，而且對士兵體力的要求比用刀劍要低許多，所以能夠加入軍隊的人變多了。只要是平常有打獵習慣的人民，因為熟練槍械的使用，很容易就能受徵召為戰士。但是，步槍成為作戰武器帶來了新的後勤需求，那就是子彈。

一八一一年，美國人約翰．霍爾（John H. Hall）成功發明了後膛槍設計，得到了美國的專利。美軍從一八一三年一直測試到一八一七年，並從一八一九年開始，美國成了第一個採用後膛槍為制式武器的國家。後膛槍可以從槍的尾部裝填子彈，前膛槍只能從槍口裝填，因此只能站著裝填，不僅速度慢，而且士兵容易暴露在敵人射擊之下，後膛槍就可以臥倒裝填，安全性大為增加。不僅如此，後膛槍連續射速是當時前膛槍的二點五到三倍，威力大增。不過，由於可以開槍的人變多，槍的射速也增快許多，所以子彈消耗量大量增加。從此戰爭勝敗受後勤能力之強弱的影響更大；而子彈需要工廠來生產，因此工業製造能力成了勝敗的基礎，軍隊人數不再是最重要的因素。彈藥不足的一方幾乎可以說在長期作戰中必然失敗。這也注定了美國政府和印第安部族征戰、以及南北戰爭的結果。**因此，美國軍事思想特別重視後勤補給**。因為美國從獨立戰爭時代開始，就已經進入槍砲時代，而以槍砲為武器的戰爭受後勤的影響比用刀劍來得大許多。

其次，前面提過美國政治和社會的特質使得平時不維持大量的常備軍，而是戰時再行招募。換言之，兵役在美國歷史上絕大部分的時期都不是義務性質。要成功招募士兵，除了以愛國心和危機意識從事心理建設以外，軍中的生活環境不能太差。要維持基本良好的生活環境，不能讓部隊在平時就缺吃少穿。如此又進一步提高了對後勤體系和物資的需求。[8]

在美國的歷史上，先有和殖民者與印第安人的衝突才有民兵的出現，當時還沒有政府，自然不會有政府兵工廠公發的裝備給民兵使用，所有的人都必須自籌裝備。這帶來了由民間業者製造武器的傳統，一直延續到今天。美國在十九世紀之後因為工業革命，工業發展突飛猛進，又很早就沿襲英國專利保障權的概念，**導致大批民間人士自行研究、發展進而產銷武器的局面。軍火工業市場化**

的結果就是發明家如雨後春筍人才輩出。許多人自行研究、改良槍械的設計，成功的話就能發大財。這對生活在台灣的讀者來說是不可思議的，在美國卻是司空見慣。今天槍械等輕武器在美國仍然還是琳瑯滿目，有許多款式可以選擇。

由於美國的自由民主，社會氛圍鼓勵科學研究、技術發展，加上能讓發明迅速創造商業利益的市場機制完備，因此新式裝備不斷在發明家、科學家的努力下出現。這也使美國人不論政府或是民間，都非常關注在武器發展上的特殊成就。譬如國會就經常撥款建造航空母艦和研發新式武器，而不是比較看不見的作業維持與強化訓練項目。

美國雖然是當前世界第一強國，也不是所有武器都是自製的。從過去到今日，美國要引進歐洲的新式武器設計進而仿造，一般來說並不是很困難。在戰史上這也讓美國軍隊配備的武器很少比其對陣的敵人所使用的差。當然也出現少數的例外，譬如在太平洋戰爭初期，美軍的飛機和魚雷性能就不如日軍；或是在歐洲戰場上碰上德軍最強的戰車；越戰時面對北越的防空網和蘇聯製的米格二十一也勝過美軍。

美國軍隊的戰史和其他西方國家相比，算是相當傑出。但是在一次大戰前，美國軍隊在外交決策中扮演的影響力有限。在二次大戰時，要滿足軍事作戰的需求決定了外交策略，也決定了重要國際會議中美國的立場。所以二戰中的重要國際會議，富蘭克林・羅斯福總統（Franklin Delano

Roosevelt，常稱小羅斯福）都有帶美國陸海軍的高階將領與會（當時美國還沒有設立空軍）。

美軍的分權與制衡

美國軍事戰略和組織還有一點深受政治文化影響，就是**分權**。地面部隊有陸軍和海軍陸戰隊，航空部隊有空軍、海軍航空隊和陸戰隊航空隊和陸軍航空隊，前三者都有戰鬥機，可從事奪取制空權和對地攻擊任務。正規部隊也有常備軍和國民警衛隊（National Guard）。很多台灣人常以為國民警衛隊是所謂「周末士兵」，但空軍國民警衛隊（Air National Guard）是全現役部隊。雖然這樣不免有多頭馬車和資源重複投資的問題，但是美國人認為，讓權力和職責過度集中在一人或一個團體上是非常不利的，與節約資源提升效率相比，還是前者重要，因此這種狀況乃持續存在。

在軍政系統上也是如此。在國防部之下，還另外設有陸軍部、海軍部和空軍部。海軍陸戰隊雖然是參謀首長聯席會議所律定的四大軍種之一，地位和陸海空三軍相同，但在人事和資源上和海軍一樣同屬海軍部領導。但國防部長也可以直接指揮四大軍種，不須透過三個軍種部長。三個軍種部長必然是文人，但四大軍種又分別有最高階的軍職領袖，分別是陸軍參謀長（Chief of Staff of the United States Army）、海軍作戰部長（Chief of Naval Operations，或稱海軍軍令部長）、空軍參謀長

（Chief of Staff of the Air Force）和海軍陸戰隊司令（Commandant of the Marine Corps）。軍事將領受到的節制隨著指揮體系的複雜而加強。

同時，同一項任務也經常分由多個司令部負責，這在二次大戰中尤其明顯。當時在太平洋戰區，尼米茲海軍上將是太平洋艦隊總司令，麥克阿瑟陸軍上將是西南太平洋戰區總司令。但並不是海軍全歸尼米茲指揮、陸軍全歸麥克阿瑟指揮。當盟軍要反攻新幾內亞－所羅門群島戰線時，麥克阿瑟將軍麾下有四個美國陸軍師、三個澳洲師，尼米茲將軍則另設南太平洋司令部，指派海爾賽海軍上將（William Frederick Halsey）擔任司令，麾下有四個美國陸軍師、兩個陸戰隊師和一個紐西蘭師。麥克阿瑟另外有一千架美陸軍飛機和海軍飛機歸他指揮，海爾賽則有七百架陸軍戰鬥機、一千一百架海軍和陸戰隊飛機。海上的艦隊則是分別由兩位指揮官分別指揮，但能指揮的部分限於載運地面部隊登陸的兩棲艦隊和配屬的護航軍艦。至於海軍獨立為奪取制海權的作戰，以及大型航空母艦的行動，則由尼米茲將軍直接指揮。

指揮體系如此複雜，使得文人領軍得以貫徹。高階將領的指揮範圍相互重疊，因此沒有人能壟斷所有戰場資訊以蒙蔽文人領導人。高階將領也需要訴諸文人領導人的支持以獲得資源和權力，這使得他們必須更加服從文人的指揮。因此，要了解美國外交和軍事的決策，並不能用太簡化的方式來判斷。而這些複雜的機制，也曾經實際影響了軍事作戰的結果，也就是影響了美國最後的決斷。

這個在之後我們還會提到。

減少傷亡和縮短戰爭是首要目標

美國的政治文化強調自由民主，多元化與分權是基本原則。由於開國以來的經驗，面對印第安人和歐洲強權，美國土地仍然不斷擴張，讓美國人從不認為自己落後，而且總是以科技進步與經濟發展為榮，並且藏富於民；沒有大型的國營企業，也沒有徵兵和計畫經濟的傳統。**因此美國以外的人經常會認為美國人會為了維持自由而寧可犧牲效率，但這並不代表美國人就是一盤散沙。只要他們認為自由受到不合理的侵犯，就會起而抗爭，這是美國的開國精神和處世哲學。**

美國自立國以來，大部分時間並不真正擔心遭到入侵，這是因為它的鄰國都很弱（也因此容易遭到美國入侵），因為美國與世上其他大國有大洋相隔，也因為英國海軍一直不讓其他強國染指西半球。此外，歐洲在十八到十九世紀長年的爭戰，也有利於美國在美洲發展壯大，尤其是多次的購地，都和歐洲因為區域征戰和緊張情勢而無力西顧北美有絕對關係。因此，美國常被其他國家認為存有一定程度的大國心態。

由於分權習慣，加上政府任期有強制規定，因此在政治風氣上美國相對比較開放，譬如政府文件往往不到幾天或幾周就流入新聞界手中。美國的公平正義概念不講究階級，而且非常重視個人公平，**強調「政府盡量不要來管我」**，在這種政治文化下產生的是一種講道德[9]、重公開，而且在內向與外向導向間搖擺不定的外交政策。美國的外交政策進程往往顯得不一致、不連貫，原因就在這裡。不過這種程序也有它的另一面。美國往往由於開放與多元化，而不致犯下過大的錯誤。

就筆者長年的觀察，**美國外交的決策來自於一定的道德意識，又兼具國際關係理論中現實主義（重視國家地位、強調軍事力量）、自由主義（重視國際合作和集體安全），和建構主義（重視建構過程和典範的形成）三種主義的特質**。

因為「契約神聖」的精神，美國外交特別重視條約、宣示、訊息的重要性，因為這確定了美國的責任，**不明白表達的意向如無反證，也視為故意為之**。

又因為人與人制定契約的目的主要在於消弭可能的爭端並達成互惠，因此在真實面對國際問題時，解決或終止衝突（互惠的基本形式）是無論任何人擔任總統最被肯定的冠冕。一旦要捲入衝突，由於歷史上沒有龐大的常備軍，**減少傷亡和縮短戰爭既是手段，也是目標**。雖然今日美軍是世界上最強大的軍隊，這一原則依然持續。因此，情報、國際認同、迅速壓倒敵軍的先進武器都非常重要；而決定一切行動是否開始的因素，在於是否已經建立足以支應的後勤能力。這個在後面章節我們還會提到。

2 第二章

昭昭天命：在北美洲的擴張運動

路易斯安那購地案：買來五分之一的領土

北美十三州獨立之後，美國的領土開始向西逐步擴張，直到抵達太平洋沿岸為止。前後大的擴張計有七次，也讓美國的州數從最初的十三州增加到目前的五十州。其中，很多土地是美國政府用金錢購買得到的，在今天看來是不可思議的。

早在一六八二年，法國就有人抵達北美。之後法國人為紀念法國國王路易十四，將這片廣大土地命名為「路易斯安那」，作為法國屬地。一七六二年，西班牙從法國手中得到「路易斯安那」殖民地，此時該地已有大量的法國移民居住。一八〇〇年，西班牙又和法國簽訂《聖伊德方索條約》（Treaty of San Ildefonso），把路易斯安那賣回給法國。

獨立戰爭結束後，美國積極向西擴張，眼光首先投向法國在北美的路易斯安那殖民地，因為美國不願意和法國這樣一個歐洲強國為鄰，也不願意法國控制密西西比河航運和出海口紐奧爾良。這時，美國利用了英法之間的糾紛，一方面威脅如果法國控制紐奧爾良，美國將可能和英國結盟抗法，另一方面看準英法即將爆發大戰，法國需要戰爭經費，因此提出以金錢購買路易斯安那的建議。

拿破崙出售法國在美洲的屬地有其戰略考量：

第一，一方面向美國釋出善意；因為獨立戰爭後的美國已經是一個不可忽視的國家。雖然是得到法國的幫助，獨立戰爭勝利的歷史證明了它是一個有能力和歐洲強權對抗的實體。

其次，美國因為具有國家地位，因此可以作為法國對付英國布局的一步棋。雖然拿破崙擁有當時全歐洲最強大的軍隊，法國仍然不能忽視英國的威脅。當英法戰爭爆發時，美國具有牽制英國的力量。

第三，因為美國的地理位置，法國希望美國支持法國的大陸封鎖政策（禁止中立國、法國盟國與英國人進行貿易）。最起碼，拿破崙希望美國能在英

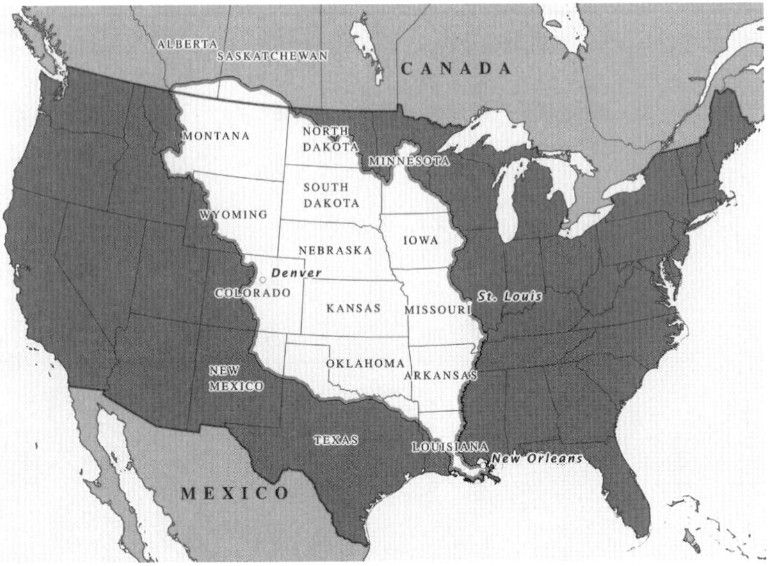

畫面中央淺色部位是美國政府透過「路易斯安那購地案」取得的土地。後來的佛羅里達、阿拉斯加等領土也是買來的。其面積占後來美國國土的22%。圖片來源：維基百科。

法戰爭時期保持中立。如果美國不支持法國，就算不加入英國一方對法作戰，對法國潛在的隱憂。

最後，筆者則認為最大的原因在於**法國無法防守該地**。路易斯安那的面積太大，法國不可能部署足夠的軍隊防範美國可能的攻擊。法國也無法從歐洲派軍增援該地，因為補給線太長。當地也沒有足夠的人員可以就地動員和美國作戰。若美國又和英國結盟，則法國縱使取得紐奧爾良也難以防守。

最後，拿破崙同意以一千五百萬美元將法屬路易斯安那賣給美國。當時相當於八千萬法郎；如以國內生產總值相對比例計算，此數額在二〇〇四年約相當於四千一百七十八億美元。美國得到了兩百一十四萬平方公里的土地，其版圖比今日美國的路易斯安那州大很多。從南至北，該屬地範圍包括了現今美國路易斯安那的密西西比河兩岸、阿肯色、奧克拉荷馬、德克薩斯州北部、新墨西哥州東北角、密蘇里、堪薩斯、科羅拉多州東部、愛荷華州、內布拉斯加、懷俄明州大部、明尼蘇達州密西西比河以西、南達科他、北達科他大部、蒙大拿大部，以及現今加拿大南方的一部分。購地所涉土地面積是今日美國國土的百分之二十二，與當時美國原有國土面積大致相當，可說是當時美國的國土一下翻倍。

購買路易斯安那以後，美國又打算向北擴張。當時作為英國殖民地的加拿大省，人口稀少，防禦鬆懈。美國欲向北擴張，並且期待加拿大居民將美國軍隊視為解放者。一八一二年，美國卸任總統湯瑪士．傑佛遜揚言要向加拿大進攻。六月十八日，詹姆斯．麥迪遜總統向國會發表演講後，國會投票宣戰。如第一章提到的，這一戰奠定了美國在北美洲的獨強地位，也讓英國再次承認北美洲已經是美國的天下。

密蘇里妥協法案：自由與奴隸之爭

路易斯安那購地案除了拓展了美國的領土外，另一項重大影響是奴隸問題。今天美國的密蘇里州也是路易斯安那的一部分，但在當時還未成為一州，而只是一個領地（Territory）。到一八一七年，密蘇里領地居民達六萬六千人（含約一

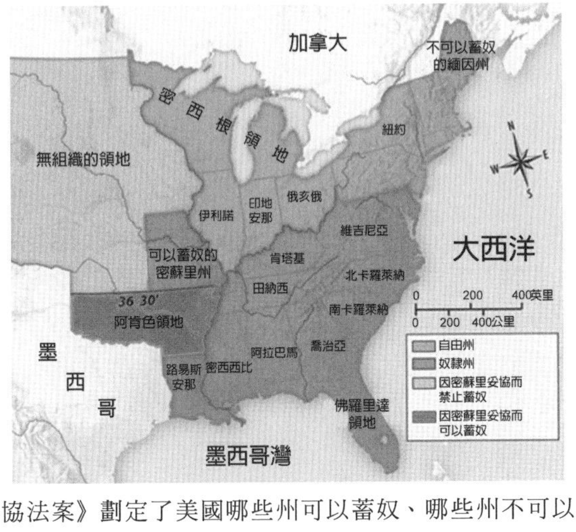

《密蘇里妥協法案》劃定了美國哪些州可以蓄奴、哪些州不可以蓄奴（自由州）。這背後牽涉到各州對黑奴的立場，以及聯邦與州的權力劃分，也驅動了美國領土的擴張。圖片來源：《通往自由之路》

萬名黑奴），向國會申請作為新的一州，加入聯邦。而該州是否該容許奴隸制的問題，在國會引起了重大爭論。當時自由州和蓄奴州兩方各有十一個州，故在國會參議院內雙方各有二十二名代表，勢均力敵；在國會眾議院內，北方由於人口較多，擁有一百零五個席位，南方僅有八十一席，後者不甘居於劣勢，因此竭力謀求增加在國會參議院的席位。此時，密蘇里問題的出現為南方提供了機會。因為這等於增加一個蓄奴州。

一八一九年十二月，從麻薩諸塞州分離出來的緬因地區以自由州的身分申請加入聯邦，使得密蘇里州就算成為蓄奴州，也不會威脅到參議院的權力平衡。在這種情況下，國會再次集會，經參眾兩院的反覆討論，一八二〇年三月三日，國會通過《密蘇里妥協法案》（Missouri Compromise），允許緬因作為新的一州加入聯邦，並附加兩項修正案，分別為：一，同時允許密蘇里州人民自行制訂憲法，決定是否要蓄奴；二，在其餘的路易斯安那領地中，北緯三十六點五度（即密蘇里州南界緯度）以北的地區永久禁止蓄奴。至此，南北雙方都有所收穫。在南方的積極運作下，密蘇里最後成為蓄奴州。北方則保持住了參議院內的均勢，並抑制了蓄奴地區的進一步擴大。但是這項法案以地理界線作為自由州和蓄奴州的分野，被認為牴觸了各州自行決定制度的聯邦制精神。一八五七年，聯邦最高法院做出「德瑞德．史考特決定」（Dred Scott decision），宣告《密蘇里妥協法案》違憲，意味著北方有可能再出現別的奴隸州。這使得南北矛盾白熱化，最終導致了南北戰爭的爆發。然而，蓄奴州和自由州的增加，因為會直接影響兩大陣營在國會內的均勢，憲法又規定不能在原有的州內創設新州，所以擴展土地以創設新州，之後再拉入己方陣營成為兩派共同採用的競爭手法，也為之後的拓展土地提供了制度上的驅力。

對抗神聖同盟：展開反殖民運動

十八世紀中，英國在七年戰爭中占據了西班牙的殖民地古巴。西班牙為取回古巴，於一七六三年將在北美的佛羅里達殖民地割讓予英國，以換回古巴。西班牙割讓佛羅里達予英國後，當地的西班牙移民多數遷走，英國開始大量在當地殖民。美國獨立戰爭期間，佛羅里達仍效忠於英國，但英國在戰敗後刻意於一七八三年將佛羅里達交回給西班牙，孰料佛羅里達的英國移民卻不願受西班牙人統治，展開了抗西的叛亂。西班牙在與拿破崙的長期戰爭後國勢衰頹，無力繼續支持在這裡的統治，最後在一八一九年與美國簽定條約，將叛亂不止的西班牙屬佛羅里達割讓給美國，以換取美國承認西班牙在德克薩斯的利益，美國也付了一千萬美元給西班牙。

在美國對英國反殖獨立戰爭勝利的鼓舞下，西半球各殖民地紛紛發動追求獨立的戰鬥。而美國出於自身利益的考慮，也積極支持一切殖民地爭取獨立的鬥爭。因為這樣就等於將歐洲國家排除出美洲；當南美各殖民地國家宣布獨立時，美國是唯一立即承認它們的國家。歐洲的俄、普、奧、法等國則組成神聖同盟（Holy Alliance），形成對美洲獨立運動的直接威脅。例如一八二三年十月十六日和十一月十五日，俄國連續照會美國政府，表示絕不承認美洲任何新獨立國家，同時宣布將俄國在北美的殖民地（阿拉斯加）南部疆域從北緯五十五度擴展至五十一度，並嚴禁外國船隻在此線以北廣闊海域航行。阿拉斯加附近不會有別的國家，所以俄羅斯針對的就是美國！此外，原來因覬覦西班牙在美洲的殖民地而建議與美國聯合發展的英國，在取得控制西班牙政局[1]的法國承諾不出兵南美之後，突然擱置了聯合發展的建議，開始勾結神聖同盟企圖共同干涉美洲的獨立運動。

美墨戰爭：美國展現帝國野心

對此，美國並沒有退縮，反而以攻代守。最典型的以攻代守，也最類似帝國主義行徑的作為就是美墨戰爭。十九世紀，美國國內流行「昭昭天命」（Manifest Destiny，或稱天定命運論），成為最熱門的政治標語，其涵義就是美國人是「天選之民」，必須要在北美大陸擴張其領土與勢力，傳播他們的價值觀。

美墨戰爭讓美國增加的領土是加州，但起源於德克薩斯的脫墨獨立。一八二一年墨西哥獨立後，原先屬於西班牙殖民地的德克薩斯成為墨西哥的國土；墨西哥希望藉由大量移民來抵制印第安原住民卡曼其族經常性的入侵，便開放非墨西哥及西班牙籍的新進移民。因此，大量美國移民開始湧入德克薩斯開墾建立家園。然而，《五月花號公約》孕育的當家作主意識，讓部分移民開始挺身反抗墨西哥。

一八三五年，德克薩斯的當地移民開始組織整合，他們最初的理由是墨西哥政府違背了當初制定的一八二四年憲法，行專制獨裁，進而導致了德克薩斯革命。一八三五年十二月二十日，墨西哥政府出兵鎮壓，並禁止蓄奴制度，因此德克薩斯在一八三六年三月二日正式宣布獨立，成立了德克薩斯共和國（Republic of Texas）。一八三六年四月二十一日，墨西哥軍隊被德克薩斯民兵所擊敗，墨西哥總統桑塔．安納（Antonio López de Santa Anna）被俘，被迫簽下承認德克薩斯獨立的和約。美國於一八三七年承認德克薩斯共和國，當然不例外的，美國另付了一千萬美元給墨西哥。

德克薩斯共和國建立後，與墨西哥之間的邊境發生嚴重爭議。墨西哥不承認德克薩斯的獨立，宣布要將德克薩斯重新併入其領土，並警告假如美國介入的話兩國之間將爆發戰爭。德克薩斯維持其獨立立場，並強調格蘭德河是其邊境。英國試圖調停這場爭議但沒有成功，因為墨西哥不肯承認德克薩斯。一八四五年美國宣布假如德克薩斯共和國願意加入美國的話，美國將承認格蘭德河為其邊境。德克薩斯因此同意加入美國成為第二十八個州。這和克里米亞在二〇一四年透過公投脫離烏克蘭加入俄羅斯的情形非常類似，背後都是有大國作為影武者。

德克薩斯加入美國後，美國疆界南移，又和墨西哥產生領土糾紛；對墨西哥來說，德克薩斯加入美國首先是美國介入墨西哥內政，因為美國支持一個反叛的省份，其次美國非法地占據了既非是德克薩斯又非是美國的領土。墨西哥多年以來圖謀以武力奪回失去的國土。

這時美國認為，若美墨爆發戰爭，墨西哥無法防禦新墨西哥、上加利福尼亞這兩個遙遠北部省份，而這正好符合美國民主黨[2]擴張其美國疆域和價值的昭昭天命。一八四六年四月二十四日，墨西哥騎兵進攻並俘虜了一支美國在格蘭德河附近的部隊。衝突爆發後，當時的波爾克（James Polk）總統要求宣戰，他宣稱墨西哥「入侵了我們的邊界，在美國領土上撒了美國人的血」，以此來鼓動美國的民情。五月十三日美國國會向墨西哥宣戰。美國北部和當時的主要政黨輝格黨基本上反對這場戰爭，並質疑波爾克的說法。南部和民主黨則贊成這場戰爭。宣戰後，美國全面入侵墨西哥領土。在太平洋，海軍將領約翰．斯洛特（John D. Sloat）占領加利福尼亞，並將它歸入美國領土，因為美國怕英國會試圖占領該地區。斯洛特獲得加利福尼亞北部盎格魯殖民者的支持，這些殖民者此前就宣稱建立了一個獨立的加利福尼亞共和國。在他們的支持下，斯洛特占據了一些重要城市。然後向南部進軍，占據了聖地牙哥和洛杉磯。

另一方面，後來成為美國總統的陸軍將領泰勒（Zachary Taylor）領導的主力軍跨過格蘭德河，一八四六年九月在蒙特雷戰役（Monterrey）中獲勝。墨西哥總統桑塔·安納親自帶兵北上，但是戰敗。同時波爾克派遣了另一支美軍攻占墨西哥首都。一八四七年一月十三日美國與墨西哥簽署條約在加利福尼亞停戰。一八四八年二月二日簽署了最終停戰的《瓜達盧佩·伊達爾戈條約》（Treaty of Guadalupe Hidalgo）[3]，美國獲得了現在的加州（南方的下加利福尼亞半島仍屬墨西哥）、內華達州、猶他州的全部地區，科羅拉多州、亞利桑那州、新墨西哥州和懷俄明州部分地區。墨西哥失去的土地大約今天整個西歐的大小，是原本墨西哥領土的三分之一。

特別值得一提的是，一八四八年當全美上下都浸淫在斬將搴旗、開疆拓土的喜悅時，當時還是年輕輝格黨眾議員的林肯就在眾議院上針對政府對這場戰爭的解釋提出質疑。他懷疑戰爭的起因並非如波爾克所言，是因為墨西哥的入侵逼使美國被迫防衛，而根本是美國發動的侵略戰爭。他批評說對墨西哥的侵略是違憲的。但林肯的反戰言論換來撻伐的噓聲，報紙上罵他是為敵人說話的叛國賊，要他放棄當選，滾回老家。[4]

一八五三年美國為了建設橫貫美國大陸鐵路的南部路線，以及索討墨西哥對美國的巨額債務，又從墨西哥買了另一片領土（今天橫跨新墨西哥州西南和亞利桑那州南部的大片土地，面積七萬六千八百平方公里。這次所出的價碼是一千萬美元，成為美國歷來購買領土面積單價最高的一次。[5]

在美國西北部，一八一八年時，英國和美國雙方協議在明尼蘇達到洛磯山之間以北緯四十九度為界，而洛磯山西部則為爭議地區，美國稱之為奧勒岡鄉村地區，英國稱之為哈德遜灣公司的哥倫比亞地區。[6]雙方曾經一度共同控制該地區。一八六四年，美國與英國簽署《奧勒岡條約》（Oregon Treaty），取得奧勒岡地區，包括今天的奧勒岡州、華盛頓州和愛達荷州。

直到一八〇〇年，印第安人仍占領著北美的大塊領土。美國如果想要落實昭昭天命，就必須控制這些領土。但印第安人很少有機會去阻止美國掠奪他們的土地。他們受到許多不利因素的限制，但最重要的是他們的人口被美國白人大大超越了，導致他們的生存環境日益惡化。例如，一八〇〇年時，大約十七萬八千名印第安人住在美國境內，當時美國已拓展到密西西比河。同時，美國的人口大約是五百三十萬。這一點也不令人奇怪，美國軍隊不費吹灰之力便在密西西比河東部打垮了印第安人，奪去了他們的土地，在十九世紀最初數十年將許多印第安人趕到密西西比河西岸。這和美國在軍力上的優勢有絕對關係。

一八五三年克里米亞戰爭爆發，參戰國之一的俄羅斯為了籌措戰費，同時也擔心俄屬北美（阿拉斯加殖民地）被英屬北美（現在的加拿大）所奪，而本身又無力經營與防守，經過漫長的談判，一八六七年四月九日，俄羅斯將阿拉斯加殖民地以七百二十萬美元賣給美國，但它要遲至一九五九年才升格為美國的第四十九個州。

美西戰爭：完全排除西班牙勢力

美國對外的征服因為一八六一年爆發的南北戰爭，以及之後的重建工作，而中斷了幾十年。一八九八年，西班牙殖民地古巴與菲律賓的民眾發生革命，開始反抗西班牙暴虐的統治，但官方進行殘酷的軍事鎮壓，又株連不少民眾，波及美國僑民。消息傳來，美國人相當憤慨。美國政府派軍艦「緬因號」（USS *Maine*）至古巴保護僑民，卻在一八九八年二月十五日於哈瓦那近海爆炸沉沒。此事件造成二百六十六位美國軍人死亡，對此次爆炸事件的起因及經過至今沒有明確的調查結果，但在當時美方認定是西班牙所為，並授意新聞媒體煽動，激起美國國內輿論和民眾的憤怒。當時擔任海軍助理部長的狄奧多·羅斯福（Theodore Roosevelt，國內常稱之為老羅斯福）一向鼓吹美國對外採取擴張主義，在全球推行美式民主與經濟。他有一句名言：「溫言在口，大棒在手，路走得久。」（Speak softly and carry a big stick, you will go far.）此時他利用這個天賜良機，施壓麥金萊總統（William McKinley）對古巴宣戰。

一八九八年三月二十七日，美國要求西班牙在古巴停火和取消集中營等條件。西班牙為了避免對美作戰，於四月九日宣布休戰。但美國國會發布決議：「承認古巴獨立，要求西班牙軍隊撤出古巴。同時授予總統使用武力的權力，並宣告美國無意兼併古巴。」四月二十二日，美國海軍封鎖古巴港口。美國軍艦捕獲到一艘西班牙商船。四月二十四日，西班牙向美國宣戰，美國於次日宣戰。

此時老羅斯福雖然貴為海軍助理部長，一旦聞訊美西開戰，竟然辭掉職務，去前線當中校，帶領「莽騎兵」（the Rough Riders）衝鋒陷陣，甚至立下戰功攻下聖胡安山。[7]

美西交戰的戰場除了古巴以外還有在亞洲的西班牙殖民地菲律賓。美國利用在亞洲的艦隊，在菲律賓擊敗了西班牙軍隊。兩國在十二月十日在法國巴黎簽訂和約。根據和約，西班牙完全放棄古巴，割讓波多黎各和關島等原殖民地給美國，西班牙自此完全喪失美洲殖民地。此外，西班牙須以兩千萬美元的代價，把呂宋（菲律賓）賣給美國。一八九八年八月，美軍占領馬尼拉成立軍事政府，設置軍事總督，掌握行政、立法、司法大權。

從十九世紀中期到二十世紀初期，一般被認為是美國的「帝國主義」時期。它在這段時間內的作為和歐洲的帝國主義並無太大差異。**只不過美國認為對這些新獲得的土地，是「解放者」而非「征服者」**。在二次大戰之後，美國就完全停止了擴張領土的作為。

夏威夷的悲劇：「以商圍政」、「以民逼官」的戰略

夏威夷原本是原住民建立的國家，一八四〇年代之後，大批美國人和日本人來到夏威夷。一八

四二年，美國首先承認夏威夷王國，這樣做的原因是擔心一旦日本政府強行吞併夏威夷時，能以反侵略的理由介入。一八五〇年，法國將民主制度帶進夏威夷，夏威夷王國開始出現議會制度。這時，歐洲各國以及中南美洲的勞工和移民先後來到夏威夷，形成東西方結合的民族大熔爐。一八八七年，在美國人瑟斯頓（Lorrin Thurston）的推動下，制定了憲法，給予美國人和歐洲人許多特權，並降低了王權。夏威夷女王利留卡拉尼（Queen Liliuokalani）決定修改憲法，為了得到公眾的支持，並削弱美國及歐洲居民的權勢，她降低了原住民參加選舉所需的財產門檻，並取消美國及歐洲人的投票權，因此更多原住民獲得了政治權力。女王甚至親歷夏威夷的各個島嶼，向民眾宣傳她的想法，並因此獲得了空前的支持。

然而，夏威夷國內的政治菁英和工商階級為了保護自身的商業利益，卻反對改革，希望夏威夷能夠成為美國的一部分，因為這樣可以讓他們免除美國向夏威夷蔗糖徵收的高額關稅。一八九三年，瑟斯頓領導反對派發動政變，女王被迫退位，成立了夏威夷共和國，並在一八九八年宣布加入美國。

華盛頓的臨別箴言：孤立主義的誕生（一）

在積極於北美洲擴充領土時，美國出現了孤立主義。這個孤立主義並不是自我封閉，而是不介入歐洲的衝突這種想法最早起源於華盛頓。華盛頓在就任美國總統並連任一屆後下野，在其著名的《臨別演說》（Farewell Address）中就新生的美利堅合眾國的外交政策提出剴切的建言，其核心精神就是「不結盟」。以下列舉其他主要原則，並附上「美國在台協會」網站提供的中文翻譯。

首先，要慎防外國陰謀，但在防範外患時，仍要保持公正、不偏不倚。華盛頓說：

一個自由民族應當經常警覺，提防外國勢力的陰謀詭計（同胞們，我懇求你們相信我），因為歷史和經驗證明，外國勢力乃是共和政府最致命的敵人之一。不過這種提防，要想做到有效，就必須不偏不倚，否則它會成為我們所要擺脫的勢力的工具，而不是抵禦那種勢力的工事。過度偏好某一國和過度偏惡另一國，都會使受到這種影響的國家只看到一方面的危險，而掩蓋甚至縱容另一方面所施的詭計。當我們所偏好的那個國家的爪牙和受他們蒙蔽的人，利用人民的讚賞和信任，而把人民的利益拱手出讓時，那些會抵制該國詭計的愛國志士，反而極易成為懷疑和憎惡的對象。

其次，對外關係應以商業為重，不要有過多政治羈絆，不要涉入歐洲的利益糾葛：

我們處理外國事務的最重要原則，就是在與它們發展商務關係時，盡量避免與它們發生政治聯繫。我們已訂的條約，必須忠實履行，但以此為限，不再增加。

歐洲有一套基本利益，這些利益對於我們毫無或極少關係。歐洲經常發生爭執，其原因基本上與我們毫不相干。因此，如果我們捲進歐洲事務，與他們的政治興衰人為地聯繫在一起，或與他們友好而結成同盟，或與他們敵對而發生衝突，都是不明智的。

第三，利用美國地理上的優勢，維持自身的獨立與中立，做明智的判斷：

我國獨處一方，遠離它國，這種地理位置允許並促使我們奉行一條不同的路線。如果我們在一個稱職的政府領導下，保持團結一致，那麼，在不久的將來，我們就可以不怕外來干擾所造成的物質破壞；我們就可以來取一種姿態，使我們在任何時候決心保持中立時，都可得到它國的嚴正尊重；好戰國家不能從我們這裏獲得好處時，也不敢輕易冒險向我們挑釁；我們可以在正義的指引下，依照自己的利益，在和平和戰爭問題上作出自己的抉擇。

> 我們為什麼要摒棄這種特殊環境帶來的優越條件呢？我們為什麼要放棄自己的立場而站到外國的立場上去呢？為什麼要把我們的命運同歐洲任何一部分的命運交織在一起，致使我們的和平與繁榮陷入歐洲的野心、競爭、利益關係、古怪念頭，或反覆無常的羅網之中呢？[8]

華盛頓所提出的是堅持不與任何國家（主要為歐洲列強）結盟，不捲入列強紛爭，完全獨立地處理國際事務的孤立主義外交原則，其精髓就是「**我們美國是為我們自己行動，不是為別人而行動**」。日後美國的單邊主義外交實踐，即推行不受他國和國際機構影響、不建立和依靠聯盟，完全獨立地依靠自己的實力處理國際事務的外交政策，都可以在華盛頓的主張中找到先聲。

二十世紀之前，美國號稱孤立主義，但事實上應該說是原則上孤立於歐洲以外，對於歐洲各國的衝突不參加也不干預，但並不是完全孤陋寡聞或毫不關心，反而是經常有積極利用的事實。美國其實充分善加利用歐洲國家之間的矛盾，趁機在北美洲大肆擴張領土。拿破崙承認，出售路易斯安那給美國的目的是為英國創造一個遲早可以與之對敵的對手，因為這片領土可以讓美國的地位永遠「屹立不搖」。

歐洲的權力競爭讓美國得到了很多好處。第一，歐洲連綿不斷的戰爭和衝突讓各國人民，特別是底層人民生活困難，因此加大了移民前往美洲的動力。一六九〇年時，北美十三州殖民地的人口為二十五萬人，過了不到十年，人口就達二百五十萬人。[9]各國為了戰爭，不斷加稅是常態，讓許多歐洲人想要逃離故土。而美國是獨立國家，逃往美國後，除非是極知名人士，不然在原來國家的問題就一筆勾銷。大量的移民對美國的國力有很正面的幫助。移民在習慣了新大陸的生活之後，如果居住的地方還沒有加入美國，經常產生加入美國的訴求與作為，這使美國的擴張如虎添翼。

歐洲各國的衝突，使得英國、法國都無法持續遠征新大陸和美國長期作戰，這是美國擴張順利的最重要原因。

美國由於國土不斷擴大，在此過程當中，外交談判成了重頭戲，所以讓美國政府的外交部門足夠忙碌，無須也無力再去關心北美大陸以外的外交事務。**可以說所謂的美國孤立主義，來自於在北美大陸的領土擴張已經夠美國忙的了**。在擴張的過程中，分別與英國、墨西哥、西班牙發生三場重大的戰爭，也有與法國、俄羅斯的購地交涉。領土擴張之後，經常又得面對新領土內印第安人的反叛，需要派遣軍事力量去鎮壓。移民者與印第安原住民之間的關係，是一種既合作又衝突的不安混合。部分地方雖有貿易往來或社會交流，但總的來說，一旦新殖民地進行擴張，印第安人就得被迫遷離，通常是在戰敗之後。[10]

印第安人的命運，堪稱是美國歷史上的汙點。不過這也和美國獨立戰爭前後印第安人普遍的親英態度有關。許多國家在追求獨立的過程當中，也會面對國內某些少數族群親近殖民者，而與被殖民者統治的多數族群在解殖獨立的過程中站在對立面的情況，之後遭到鎮壓和歧視，其實是一種報復。這也是許多國家獨立後內部種族衝突和內戰不休的原因。

廣袤的北美大陸：孤立主義的誕生（一）

美國對歐洲大陸的權力政治不參與還有一個重要原因，就是那裡沒有可依托的國家或基地。這也是華盛頓說「歐洲有一套基本利益，這些利益對於我們毫無或極少關係。歐洲經常發生爭執，其原因基本上與我們毫不相干」的原因。當時的美國因為和歐洲國家沒有長期盟約，自然也不會有軍事基地，談不上駐軍外國，和今天美軍基地遍布全球的現象大相逕庭。

當時歐洲列強將重心往往放在歐亞大陸的爭奪上，美國則沒有多少條件渡過大洋前往歐亞大陸征伐，北美的地盤就足夠他們征伐很久。在這種前提下美國維持了其單邊主義或孤立主義的狀態。

一八四八年後，美國領導人便致力於在既有的領土內締造強大的國家。這過程可區分為四個主要步驟。第一，進行南北戰爭，以消除奴隸制及國家解體的威脅；第二，驅離那些控制了大部分美國新近所獲領土的印第安人；第三，吸納大量移民至美國，以幫助其在廣袤的領土上定居；第四，建立世界上最大規模的經濟。

在一八六〇年代之前，北南雙方對奴隸制，特別是對在密西西比河西部新近獲得的領土上實施奴隸制的問題始終存在摩擦。這一問題足以威脅到分裂美國的地步，其後果可能徹底改變西半球的權力平衡。一八六一年，這一問題浮上台面，內戰就此爆發。捍衛美國統一的北方聯邦起先岌岌可危，但最終恢復過來，贏得了徹底勝利。奴隸制在美國的所有地方迅速瓦解，儘管戰爭造成了創傷，但國家還是牢固地結合在一起，再也沒有分裂。如果南部邦聯獲勝的話，美國可能分裂，不會變成地區霸主了。北美可能至少會出現兩個大國，而這可能為歐洲大國增強其在西半球的政治干預與影響提供了機會。[11]

國務院的官僚慣性：孤立主義的誕生（三）

美國的政治體制也是採取孤立主義的原因。一七八九年七月二十一日，美國眾參兩院批准立法，成立第一個聯邦外交機構——外交部（Department of Foreign Affairs）。九月，美國又通過立法將該機構的名稱改為今天大家所熟知的國務院（Department of State），讓該機構也處理聯邦內部各個政治實體（包括各州與領地）之間的工作。國務院官銜一般分為：

一、美國國務卿（Secretary，部長級）。

二、美國副國務卿（Deputy Secretary，副部長級）。

三、美國國務次卿（Under Secretary，副部長級）。

四、美國助理國務卿（助卿／Assistant Secretary，司局級）。

五、美國副助理國務卿（副助卿／Deputy Assistant Secretary，副司局級）。

二〇二〇年九月時，美國國務院主管經濟發展、環境與能源的次卿克拉奇（Keith Krach）訪台，他就是副部長級別的。

美國國務卿是由總統所任命，但是沒有法律禁止總統自行兼任國務卿，而且總統和國務卿的外交職權其實不容易畫分。此外，由於美國國務院規模實在太大，所以雖然國務卿是這個機構的最高領導人，事實上許多事情必須分權處理。因此各個執行組織都會追求權力，因為組織的命脈是權力。

官僚組織有其自身的生存利益，很難在任何時候都與國家的總體利益保持一致。美國政治組織的特色是並不是所有的職權都是由法律所清楚界定的，很多時候下級官僚的權力不一定是直接來自上級的任命或法律規定，而是來自政治因素，**譬如下級官僚本身的能幹程度、對業務的掌握狀況、與上級的關係緊密程度，還有事務本身的性質**。為此組織必須不斷地擴充權力，因為有了權力，會容易顯得更能幹。很多人被認為不能幹的原因並不是因為他們不夠努力，而是缺乏讓事情順暢運作的權力。

對業務的掌握狀況也同樣需要權力。沒有權力，業務承辦人很可能無法取得必要的資訊，也無法參與許多有助於掌握狀況的會議或工作討論。

要鞏固權力，組織會傾向於與其他組織展開競爭，以擴大自己的管轄權。而組織領導人必須要保證組織的生存和繁榮，為其組織尋求權力，才能鞏固自己的權力。**因此，組織之間不可避免地產生衝突，「組織帝國主義」乃應運而生。組織經常會自私自利，它的行為會出現「整體利益」讓位於「局部利益」的情形。也就是說官僚不會為了國家的利益而總是違背自己組織的利益**。

回到美國國務院的案例，國務卿雖然是最高主管，但是他經常必須面對下面的部門各自爭奪和維護局部利益的情形，因此協調各機構的工作會占據他大部分的工作時間，能夠規劃新決策的時間就相對壓縮。因此美國外交政策會出現一定的慣性，因為要規劃新決策或是以新方法執行舊決策，都至少會先碰到時間不夠的問題。

一九一八年美國總統威爾遜（Woodrow Wilson）所碰到的就是這個情況。他決定打破孤立主義，親自推動國際合作和集體安全，要在第一次世界大戰之後透過建立「國際聯盟」解決歐洲政治的問題。結果，國務院的配合程度讓他不盡滿意。因此在《凡爾賽和約》簽訂時，他親自從美國前往巴黎參加。那時候沒有可以橫越大西洋的飛機，他必須坐船。一連幾個月不能留在華盛頓，降低了他對國會的影響力，這是後來國會對他推動的國際聯盟不予支持的原因之一。

門羅主義與巴拿馬運河

一八二三年，美國總統詹姆斯·門羅（James Monroe）在第七次對國會演說的國情咨文中稱，美國不干預現存的歐洲殖民地，也不會參與歐洲國家內部事務，但倘若歐洲國進一步對北美或南美的土地進行殖民，或對其政權進行干預，都將被美國視為侵略行為，美國政府將會介入。當時，幾乎所有拉丁美洲殖民地都已經或正在取得獨立，擺脫西班牙、葡萄牙的殖民統治。所以美國與英國達成共識，希望藉此使得歐洲勢力不再進入美洲，事實上是削弱西葡兩國的國力，以減輕英國在歐洲的壓力。

門羅主義的原則有三，首先，歐洲各國不能再以任何美洲國家為殖民地。其次在外交政策上，美國僅在本身利益受損的前提下才會介入歐洲事務。第三，美國視任何殖民美洲的企圖為對美國之國安威脅。

門羅主義衍生出了「羅斯福推論」（Roosevelt Corollary），這是美國總統老羅斯福於一九〇四年在委內瑞拉危機後，提出的對門羅主義的擴展。這一推論聲明，美國為了維護歐洲國家的合法訴求，會介入歐洲與拉丁美洲國家間的衝突，而不允許歐洲國家自身直接介入。羅斯福將他的政策和門羅主義聯繫起來，並與自己的「巨棒外交」保持一致。為此，他稱美國有理由在西半球行使「國際警察權」（international police power）[12]，以結束當地長期混亂。美國因此干預了古巴、海地、尼加拉瓜和多明尼加共和國。[13]

美國對於拉丁美洲國家的干預，和巴拿馬運河的開通有密切關係。巴拿馬運河的開通來自於羅斯福的戰略設想。羅斯福認為，美國要發展強大的海軍才能保護美國的安全，而美國由於地理因素，海軍分布在太平洋和大西洋，如果在中美洲有一條運河，美國軍艦從一個大洋增援另一個大洋就不需要繞道南美洲的合恩角，如此可以省下幾千公里的航程和幾個月的時間，將可以使美國海軍的力量倍增。同時，航向南美洲的海路可能為敵國所控制，因此羅斯福認為美國需要的是一條完全由它控制的大洋通道。

巴拿馬運河的開通，除了建設經費以外，因為它不是在美國本土，因此最迫切的是需要一個安定的國際環境。早在一八五〇年，美國就和英國簽訂了條約，雙方合作開鑿運河。一八九八年美國決定獨立行事，和英國商議修約。英國當時面臨在南非的波爾戰爭，與德國關係也很緊張，需要美國這個盟友。

當時除了巴拿馬運河之外，還有尼加拉瓜運河的開鑿計畫。但是巴拿馬路程較短。最早是由法國開鑿，一九〇三年一月二十二日，美國和哥倫比亞駐巴拿馬（當時巴拿馬是哥倫比亞的一部分）代辦簽約，美國以一千萬美元外加額外的分期付款的價格，獲得了可永續更新的巴拿馬運河沿線地區租借權。三月十四日，美國參議院批准了條約，但哥倫比亞參議院認為喪權辱國，不批准此條約。

這時一批巴拿馬反叛者正在謀劃從哥倫比亞獨立，羅斯福派人接觸爭取巴拿馬反政府武裝部隊，答應幫助他們取得獨立。十一月二日，美國軍艦封鎖了哥倫比亞軍隊可能前往鎮壓巴拿馬暴動的航線。三日巴拿馬宣布獨立，並很快獲美國承認。六日，新國家巴拿馬和美國簽約，給予美國建設巴拿馬運河和無限期管轄巴拿馬運河區和其防禦設施的權利。

民主是美國擴張的助力

這一時期，美國國土面積大增，對它的國際地位、國家發展具有無可取代的重要影響。美國成為橫跨太平洋和大西洋的大國，而且國界上只有兩個比它弱的鄰國：加拿大與墨西哥。這個地緣條件決定了它的外交戰略。美國不需擔心外敵入侵，可以全心發展經濟建設，也更有條件對外輸出其價值。

美國新增的領土有超過五分之一來自於買賣交易，這種做法和同一時期的殖民帝國有根本性的不同。殖民帝國擴充土地的原因經常來自戰爭的結果，因此必須面臨複雜的政治後果。首先，奪得或失去領土改變了國家間的勢力範圍，所以會製造出新的同盟或敵人。

其次，新獲得的土地通常是重要的經濟生產基地，所以國家經常需要掌握附近的交通要道，例如重要島嶼、港口或海峽。因此隨之必須發展更多的軍事力量。

第三，既然作為重要經濟生產基地，就必須要移入政府、人口等治理機制，這又經常引發在地人的反抗。移入這些也會增加統治成本，所以又必須增加對新領土的經濟榨取。在二十世紀之前，國際貿易體系不如今天完整，因此各國都必須要做自給自足的準備；要有產煤的殖民地，以便在遠洋對海軍艦隊進行補給，這樣才能在遠離本國的地方維持海軍力量。

美國最重要的幾次土地購買都出於賣方國家的自願，而且購得的土地除了原住民外，沒有太多賣方國家的政治建制和人口，這使美國購地後所需要面臨的反抗很少。法國出售路易斯安那給美國，並不影響法國和其歐洲鄰邦間的權力平衡。

路易斯安那購地案之後，美國的領土擴大許多，和歐洲國家在北美的殖民地與墨西哥接壤的國界更長，爭奪水源和河流航行權之類衝突更多。因此這時的美國政府和國會才燃起了對擴張領土的興趣，因為將有爭議的地方納為領土後成為同一國，自然消弭了邊界衝突。**而美國憲法的民主體制、議會制度、三權分立和「各州平權」精神，讓新加入的地區可直接以新州身分加入，不虞聯邦政府和已經存在的州的壓迫**，因此和做為墨西哥或英、法、西班牙的殖民地相比，作為美國的一州可享有更大的自治權和繳納更低的稅賦。這都讓墨西哥的部分地區和歐洲國家在北美的其他殖民地產生和母國分離，加入合眾國的意願，讓美國的領土擴張特別順利。相形之下，即使是最民主的英國都沒有辦法給予新拓展的土地上人民選舉權，也不可能讓他們加入國會，在本質上就有難以逾越的差距。

這種擴張領土的歷史，讓美國的「昭昭天命」論更加為人所接受，也強化了**美國人的外交道德觀——在外交政策中弘揚美國的價值，甚至以弘揚美國的價值作為外交政策**。

當然，這中間也有巧取豪奪的帝國主義作為。不過在「昭昭天命」論之下，美國併吞獨立國家或他國領土是可以自我合理化的，因為美國統治菁英認為那是把更好的政治和更完整的自由帶給新土地上的人。就如前面所說的，**美國人自認為是「解放者」，而非「征服者」**。前述的老羅斯福總統就抱持著這樣的想法。他呼籲美國人必須承擔起「我們對生活在野蠻中的人民的義務」，而且

「只有透過摧毀野蠻行為本身才能解救他們」。[14]門羅主義也以「昭昭天命」論作為干預美洲國家的道德依據，因為那是協助他們抵禦邪惡的歐洲殖民主義。這在之後演變為美國外交政策的一項原則，即美國有基於自身認知的道德價值協助其他國家抵禦邪惡勢力的責任，只是後來歐洲殖民主義換成了共產主義、集權主義和恐怖主義而已。

夏威夷的歷史則可以讓台灣人多加思考小國和特定大國來往的風險性，特別是這個大國有大批國民掌握了小國的經濟和社會，而這個大國又有併吞小國的使命感，這時「以商圍政」、「以民逼官」就是很可能出現的狀況，讓大國不需要以戰爭方式，就可以得到自願合併的結果。這一點非常值得今天的台灣人引以為鑑。

3 第三章

鐵肩擔道義：美國在兩次世界大戰中的道義責任

德國以潛艇封鎖英國

第一次世界大戰於一九一四年爆發，一開始，當時的美國總統威爾遜相信這只是歐洲人的戰爭，不會影響到美國的安全。[1] 於是美國政府保持中立，坐山觀虎鬥，隔著大西洋看著歐洲陷入戰火。地面作戰很快陷入英法義（協約國）與德奧（同盟國）膠著的壕溝戰。

在交戰雙方的戰略上，由於英國是島國，需要和其他國家保持海運暢通才能維持經濟運作，因此，德國決定採取「潛艇戰」。一九一四年十月二十日，德國U－17潛艇在挪威南部海域擊沉英國貨輪「格里特拉」（SS *Glitra*）號，這是歷史上潛艇首次擊沉商船。由此開始，德國潛艇對協約國商船展開一系列襲擊行動，嚴重威脅英國賴以生存的海上生命線。

戰爭初期，德國潛艇艇長恪守交戰規則，首先以警告射擊攔截商船，若查明是敵國船隻，待船員和乘客乘救生艇離開後，再將商船擊沉。[2] 潛艇面對中小型商船時，為節約魚雷，通常會浮出水面用甲板炮擊沉商船。

這種做法使德國潛艇失去隱蔽性，而隱蔽性恰恰是潛艇最大的作戰優勢。英國人很快就利用這個機會，將商船上配備武器，稱之為「Q船」（Q-ships或Q-boats）。它任務就是欺騙、誘捕和擊沉德國潛艇。外觀上，Q船和普通商船無異，卻暗中安裝火炮、深水炸彈等武器。這種偽裝反潛船以愛爾蘭皇后鎮（Queenstown）為母港，因此得名Q船，也被稱為「誘餌船」、「神秘船」。

Q船一般由排水量一千至五千噸的貨輪改裝而成，目的是確保在被德國潛艇發現時，其艇長會認定Q船既是一個有價值的目標，又會在選擇攻擊手段時不使用魚雷而選擇甲板炮。為欺騙對手，Q船通常會在甲板上堆放各種雜物等來遮擋船上的武器，並用帆布對船體進行偽裝。有時Q船還會趁夜改變塗裝，甚至在海上臨時改動船體上層結構。Q船上還有一群訓練有素的演員，發現德國潛艇後，船員們會在甲板上慌亂地跑來跑去，部分船員還會放下救生艇「逃生」。遭到炮擊後，船員們會點燃海草施放濃煙，並利用改裝的管道排放大量蒸汽，製造船體被炮彈直接命中的假象，引誘潛艇靠近。

一九一五年六月二十三日，Q船取得第一個戰果。由拖船改裝的Q船「塔拉納基」號（Taranaki）與英國C－24潛艇協同行動。前者誘使德國U－40潛艇接近並上浮，後者則隱蔽其後，發射魚雷將德國潛艇擊沉。一個多月後，德國U－36潛艇在英國西北方海域遭遇Q船「查理斯王子」號。U－36潛艇向「查理斯王子」號駛近，勒令其停航。當U－36潛艇距離「查理斯王子」號約六百公尺時，後者突然升起英國海軍旗並開炮，U－36潛艇被多發炮彈命中後沉沒。這是Q船取得的首個獨立戰果。[3]

Q船造成德國潛艇相當大的損失，也促使德方不想再繼續遵守原有的交戰規則。這後來證明了對第一次世界大戰有戰略性的影響。

一九一五年二月四日，為了更有效的打擊協約國的商船，並保護本國潛艇，德國宣布在英國和愛爾蘭周圍水域執行「無限制潛艇戰政策」，就是將這些區域劃為戰爭地帶，任何進入該區域船隻都將被擊毀，不予警告。

一九一五年五月，駐美德國大使館在報紙上聲明，任何乘坐懸掛英國旗幟船隻的美國旅客，生命安全都受到威脅。此事令作為中立國的美國經濟大受打擊，原因是美國和協約國仍有龐大的貿易量，同時，護航商船是一件不如想像中容易的事。

一九一五年五月一日，當時世界最快、最大的郵輪「盧西塔尼亞號」（RMS *Lusitania*）從美國紐約出發航向英國，船上有一九五九名乘客（大部分是美國人）和船員。五月七日，該輪在愛爾蘭外海被德國潛艇擊沉，造成一一九八人死亡。由於美國是中立國，德國這次攻擊立刻引起了美國政府和社會的嚴重抗議。德國後來向美國做出不再攻擊美國船舶並有條件停止潛艇戰的「莊嚴保證」，勉強解消了美國的怒氣。

美國為了世界民主而參與一戰

俄國在一九一七年爆發十月革命之後退出戰爭，是第一次世界大戰的重大轉折。列寧在奪取政權時，堅信其政府主要政策必須是退出第一次世界大戰，與德國、奧匈帝國等同盟國確立停戰地位。他在革命過程當中就向人民承諾建立和平，認為持續不斷的戰爭將使厭倦戰爭的軍隊產生不滿；且這些反戰軍隊和推進中的德國軍隊，也威脅自己新建立的政權和國際社會主義生存。一九一七年十一月，列寧建立布爾什維克政權，公布《和平法令》，提出三個月的停戰協議，經過第二次全俄羅斯蘇維埃代表大會批准，且遞交給德國和奧匈帝國政府。一九一八年三月三日，雙方簽署《布列斯特－立陶夫斯克條約》（Treaty of Brest-Litovsk）。

德國與俄羅斯議和後，因為德俄和約對德國非常有利，同盟國東面戰線穩定。而英法主導的協約國則因戰爭而債台高築，向美國金融市場的貸款額節節高升。協約國和美國有巨大的貿易往來，一九一六年時美國商品外銷的金額占美國國民生產總值百分之十二，其中大約七成銷往歐洲，絕大多數是銷往英國，德國的無限制潛艇戰政策令美英貿易遭到嚴重威脅。因此，美國從戰爭開始，官方和民間就對以英法為首的協約國表示出了同情。威爾遜政府中的親英勢力經常影響白宮制訂出有利於協約國的決定，或是為英國屢屢違反國際慣例（如Q船）的行為予以辯護，甚至公然把德國描繪成為美國的最大威脅。

儘管有關美國參戰的原因長期以來眾說紛紜，但是有些原因是公認的：首先是德國決策層的相對疏忽所致，他們在歷史上習於忽視美國的實力及其重塑世界秩序的決心與潛能。相形之下，英法從美國獨立戰爭以來就和美國有密切的往來，不論是戰還是和，對於美國的實力和外交風格非常熟悉，而德國就相對陌生。因此英法在戰爭中能夠投其所好，避免激怒美國，同時它們刻意在媒體、對海上封鎖的爭議、經濟依附和歷史情感等方面所做出的種種努力，都在有意識地拉攏美國民眾的好感。

威爾遜總統曾公開表示，只有在自由主義政府領導下的德國才能在歐洲事務中發揮積極的作用。然而從一九一四年到一九一七年初，威爾遜一直致力於避免美國捲入戰爭。他提議充當交戰雙方的調停者，但協約國和同盟國都不曾嚴肅考慮過他的建議。同時，美國又有門羅主義，使其調停缺乏正當性。最後，英法兩國的政治制度與思想文化更為美國人所接受，當然也包括威爾遜總統在內。

一九一七年一月三十一日，德國突然通知美國，決定自二月一日起，將恢復暫時中斷的「無限制潛艇戰」，即德國潛艇將對所有「違規」的中立國家和交戰國家的船隻，在不予事先警告的情況下進行攻擊。二月三日後，威爾遜以德國政府蓄意違反曾經做出的莊嚴保證為由，決定對德斷交。二月七日，參議院通過一項議案支持威爾遜總統的決定。

二月二十四日，英國海軍情報部門交給美國一份在一月十九日截獲的德國外交部機密電文的影本。這是柏林發給其駐墨西哥公使的指令，要求他在德國與美國正式發生戰爭時，主動向墨西哥政府建議兩國結成同盟。德國政府承諾將向墨西哥提供全部的經濟援助，並支援它收復歷史上失去的全部領土。與此同時，墨西哥政府將奉勸日本轉向德國一方。無疑，這進一步激怒了美國人對德國軍國主義的仇視。二月二十六日，威爾遜請求國會授權美國商船隊配置武器，希望以此來威懾德國潛艇的進攻威脅。

四月二日，威爾遜在國會特別會議上要求美國政府對德國宣戰，原因是柏林政府採取的無限制潛艇戰是對人類生靈的殘酷殺戮。他特別重申：「財產上的損失是可以賠償的，而那些愛好和平與無辜的人們喪失了他們的生命卻是無法彌補的。」為此，威爾遜表示「我們的動機既非為復仇，也不是為了耀武揚威，而僅僅是為維護權利，維護人權」，更不是有意藉由最後的勝利來炫耀這個國家所擁有的強大無比的實力。我們只是想要證實美國是最具資格的人權捍衛者。這時威爾遜認為歐洲的戰爭已經危害到美國的民主，他宣稱「世界應該讓民主享有安全。世界和平應建立在政治自由歷經考驗的基礎上」。威爾遜的講話讓國會沸騰。四月六日國會授權威爾遜政府正式對德國宣戰。不過，美國沒有和英法簽約組成一個正式的同盟，而只是作為合作（associated）力量加入。

美國參加第一次世界大戰可說是最具道德色彩的外交行動，在人類歷史上可說絕無僅有。雖然美國的銀行已經給了協約國大筆貸款，但沒有直接有力的證據證明確保債權是威爾遜參戰的理由。**事實上若美國真的有領土野心或利益考量，大可不必參戰，而是坐山觀虎鬥，等英法戰敗之後再直接攫取英法在海外的殖民地，或至少是以參戰為理由索取在這些地方的利益。事實證明這些狀況都沒有發生。**當時，美國明確拒絕同意協約國的某些要求，包括對戰敗國提出的戰爭賠款與土地割讓等。在美國的堅持下，英法等國有時不得不修改它們原先比較苛刻的打算與安排。最明顯的案例之一就是由於美國政府與國會的堅決反對，英法兩國最終放棄了在戰後懲罰包括多家美國企業在內的戰時與德國進行貿易的中立國家的企業的念頭。[4]

威爾遜曾當面和英國表示，美國拒絕承認協約國秘密條約的內容及其合法性，包括對戰敗國的領土肢解、戰爭賠款以及對其所屬殖民地的重新瓜分等內容，威爾遜最後提出如果協約國拒絕接受美國的建議，他將不得不和德國單獨簽訂停火協定。由於美軍兵力最多，如果和德國單獨停戰，則協約國的軍事壓力再度恢復，這樣協約國更難擊敗德國，遑論爭取好的議和條件。在此壓力下，英法等國無奈地同意把威爾遜提出的諸項建議作為和平談判的基礎。戰後美國也未向德國索取賠償及瓜分其殖民地。

一次大戰即將結束前的一九一八年一月八日，威爾遜向美國國會提出知名的「十四點原則」，作為美國對這場戰爭的參戰目標，後來為協約國接受，作為對德國議和的原則。

一、無秘密外交。國際間不得有任何類型的秘密默契，外交必須始終在眾目睽睽之下坦誠進行。

二、航海自由。各國領海以外的海洋上應有絕對的航行自由，在和平時及戰時均然。

三、消除國際貿易障礙，建立平等的貿易條件。

四、限制軍備，使各國軍備減至符合國內安全所須的最低限度。

五、平等對待殖民地人民。關於各國對殖民地的權益的要求，應進行自由、開明和公正的協調。在決定關於主權的一切問題時，當地居民的利益，應與管治權待決的政府的正當要求，獲得同等的重視。

六、德軍撤出俄國領土。

七、恢復比利時獨立性。

八、德國歸還亞爾薩斯及洛林予法國。

九、根據民族性原則，重塑義大利邊境。

十、奧匈帝國的民族自決。

十一、同盟國撤出羅馬尼亞、塞爾維亞與蒙特內哥羅。

十二、鄂圖曼帝國的民族自決。

十三、恢復波蘭獨立性。

十四、成立國際聯盟以維持世界和平，確保各國的政治獨立與領土完整。

前面第一到五點和第十四點完全是道德外交的原則，後面則是協約國的作戰目標，但是在《凡爾賽和約》中，未能完全落實，國際聯盟後來雖然成立，但是沒有能夠完全發揮集體安全的功能。美國的道德外交未能完全落實，也沒有真的約束英法不對戰敗國報復及瓜分領土，種下了第二次大戰的遠因。

「門戶開放政策」維持中國不被瓜分

美國在一八九八年爆發的美西戰爭之後取得菲律賓，在地理位置上成為亞洲國家，並因此開始對中國的商業利益感到興趣，甚至一度想購買台灣以鞏固美國在東亞的商業利益。[5] 但是，當時的中國已經被英國、法國、日本和俄羅斯等列強劃分了勢力範圍，列強一般的做法是先挑起和中國的衝突，接著再以戰爭為手段脅迫中國在列強所要的地方做出讓步，或是直接和中國發生武力衝突，當中國戰敗之後再牟取利益作為停戰的條件。

美國沒有採取這種方式，這和不想捲入海外衝突以及當時的美國缺乏龐大的常備軍兩大因素有一定關係。但是美國也不想被隔絕於中國市場之外，因此麥金萊總統的國務卿海約翰（John Hay）提出「門戶開放政策」，意思就是希望所有的國家在中國都享有平等的商業和工業貿易權。英國對此表達反對，因為英國已經在中國享有最大的貿易和商業利益，不想分給其他國家。但此時英國在非洲南部陷入波爾戰爭中，並因為派軍遠征，國力分散，不想和美國在亞洲起衝突，美國也表示無意奪取英國已經在中國的特權。一八九九年，海約翰取得英國對門戶開放政策的「諒解」，藉此向各列強發布照會，要求保持中國的主權和領土完整，但作為妥協，美國仍

1899年的美國漫畫描繪了美國人心目中的「門戶開放政策」：歐洲列強正準備瓜分中國領土，而山姆大叔（Uncle Sam）出面阻止。圖片來源：維基百科。

會承認英、法、德、俄、日等國過往期間在其各自勢力範圍內取得的特權。一九〇〇年七月，海約翰宣布各國原則上同意了這項決定。

一九一七年十一月二日，威爾遜總統的國務卿藍辛（Robert Lansing）和日本外務大臣石井菊次郎所簽訂了一項外交換文，稱之為《藍辛－石井協定》（Lansing–Ishii Agreement）。在協定中，雙方重申在中國尊重「門戶開放」、「機會均等」及維持中國政權及領土完整等多項原則。但同時，美國卻又承認日本由於「地理上的接近」，在中國享有「特殊利益」。美國政府這一舉動與其提倡之門戶開放政策自相矛盾。但是相較於一八五八年的《哈里斯條約》，日本的國際地位已經大幅提升。

美國海軍面對日本時的兩難

隨著日本在日俄戰爭和一次大戰中獲勝，它在亞洲逐漸成為新的霸權。美國在一次大戰之後，真正的假想敵是亞洲的日本。當然，美國不是一開始就把日本視為假想敵，而是基於許多因素才逐漸將日本視為敵人。

菲律賓的安全是美國主要的關切所在。在美西戰爭中，美國得到了菲律賓，所以此地的安危開始進入美國的軍事計畫中。一九一一年，美國制定了「橘色計畫」（Orange Plan），假定美國必須單獨對抗日本。按照其最初的構想，美國在西太平洋的前哨基地，如菲律賓和關島，將會被日軍攻陷，美軍將直接放棄該地，而太平洋艦隊將會退到美國西岸的加州基地強化其實力，並防範巴拿馬運河被攻擊。

根據「橘色計畫」，美國如要戰勝日本，必須訴諸動員。因為在和平時期，美國艦隊不能維持足以在戰時可以具有足夠優勢的數量，因此在動員完成之前，美國必須採取守勢。橘色計畫設計就是當動員完成以後，將艦隊駛向西太平洋，收復關島與菲律賓，再北上與日本帝國海軍聯合艦隊展開決戰，然後封鎖日本本土。這是二戰前大部分海軍所使用的守則，其戰爭的結果決定於水面艦隊的決定性海戰。

要瞭解美國的太平洋戰爭計畫，得先瞭解美國海軍的整體思維。其首要關切是確保巴拿馬運河的安全。

海戰的特性和陸戰不同，有一次投入全部兵力進行決戰的傾向。陸軍則因為地形、補給等因素，即使一個國家有數百萬大軍，考量地形、後勤因素，不太可能一次將全部武力集中在一個戰場上。所以，陸軍經常出現「逐次用兵」的現象，就是一步一步的逐漸投入兵力。另一方面，守方可以構築工事、利用地形進行防衛，所以即使兵力居於劣勢，也有可能在良好的防衛態勢下以少勝多。

海軍就不一樣了。茫茫大海上一望無際，對交戰各方的水面艦隊來說，沒有地形可資利用，攻方和守方都必須直接面對對方，因此艦艇數量多、砲火威力強的一方幾乎可說是必然占上風。在二十世紀初，砲火的威力相當程度決定於大砲的口徑，口徑越大、砲彈就越大，威力也更大，一般來說射程也更長；而大砲的重量和它所能發射的砲彈口徑與威力是成正比的。越大的軍艦就可以搭載更重的大砲。如果是同樣口徑的大砲，也是越大的軍艦能搭載越多門。軍艦越大，所能加裝的裝甲也越厚。裝甲越厚防護力就越強，也越能頂得住敵人的攻擊。就地理條件上來講，海洋夠大，規模再大的艦隊都容納得下。因此海戰的勝利經常歸屬於火力強、數量多、噸位大的一方。陸軍可以創造以弱擊強、以寡擊眾的戰例，在海軍戰史上就很少發生。

海軍比陸軍更強調集中兵力的決戰，就是盡可能一次集中最多的兵力，將對方艦隊一次殲滅。因為重建艦隊需要相當長的時間，除非有盟國參戰派艦隊增援或是提供它的軍艦，不然艦隊被殲滅一方的海岸和港口將在相當時間內被迫開放。發展到這一步，海戰的政治和軍事目的可以說就達成了。

對美國而言，如果巴拿馬運河被截斷，那麼大西洋艦隊就不可能增援太平洋艦隊，至少速度會大幅下降，那麼美國西岸就必然居於被敵人封鎖、攻擊的風險之下。所以保證巴拿馬運河的安全是在與任何敵人發生戰爭時的第一要務。特別是敵人擁有一定程度的海軍兵力時。

既然要守好巴拿馬運河，在最前線的菲律賓就不能派駐太多海軍兵力，因為第一個顧忌是備多力分。以二十世紀初的狀況，美國海軍的兵力沒有多到可以在菲律賓部署到超過日本海軍的兵力，而不影響其他地方的防務。一支中等規模的兵力又不足以勝過日本而不被殲滅，為了不要浪費兵力，只能部署象徵性的艦隊；第二，美國就算部署了足夠的艦隊可以防衛菲律賓，日本還是可以直攻關島、夏威夷。如果這些地方失陷，那美國本土還是面臨危險。[6]

因此，美國海軍得到的結論是在這種最前線的孤立據點，不要派駐太多兵力。但這樣又幾乎可以確定一旦開戰，不久後它就會被日本奪取。因此美國在一九三五年就決定讓菲律賓自治，進而讓它獨立。這除了有政治因素之外，也是因為在軍事上幾乎無法有效防守。

因為沒有島嶼而必須發展航空母艦

西太平洋上的許多群島，在一八九九年以前全都是西班牙殖民地，即西屬東印度群島。美西戰爭後，美國只願意接管此區最大的島嶼關島，其餘島嶼賣給德國，由德屬紐幾內亞管轄。一戰期間，日本與英國同盟，並以此為由在一九一四年八月二十三日對德國宣戰，並在一九一四年十月出兵占領馬里亞納、加羅林與馬紹爾等群島。一次世界大戰結束後，國際聯盟成立「託管委員會」

（The Mandates Commission）處理第一次世界大戰戰敗國的殖民地。德國在太平洋上的殖民地被定位為「第三等託管地」，因為它們「人口稀少、或者國土面積小、與文明中心的距離長……」。[7]一九二一年十二月十三日，美國、英國、日本、法國在華盛頓簽訂了簡稱為《四國公約》的《關於太平洋島嶼屬地和領地的條約》，瓜分德國在太平洋上的屬地，日本得到赤道以北的德國屬地（但美國沒有參與瓜分）。該公約規定，一旦簽約的四國中任意兩國在太平洋地區的任何問題上發生爭執，全體簽字國應當舉行共同會議協商解決。條約的附件規定，簽約國將互相尊重其他簽約國在有關太平洋島嶼和委任統治地區上的權利。[8]

日本得到這些土地後，在太平洋的戰略態勢有所提升，最重要的是隱然形成了對菲律賓的外線包圍態勢，而且讓日本海軍得到了向東的前線基地，對關島、夏威夷，甚至巴拿馬運河的威脅都大為增加。

一九二三年二月十八日至二十二日，美國海軍舉行了第一次「艦隊難題」（Fleet Problem I）演習。這次演習是根據橘色計畫的想定，模擬日本艦隊（黑方）趁著到拉丁美洲訪問之機，偷襲巴拿馬運河，並阻止美國艦隊（藍方）通過運河進入太平洋。黑方艦隊主要由駐太平洋的戰鬥艦隊（Battle Fleet）組成，共有九艘戰艦及三十八艘驅逐艦。由於當時飛機和能在海上起降飛機的新型軍艦「航空母艦」已經問世，因此由「紐約號戰艦」及「奧克拉荷馬號戰艦」扮演航空母艦。兩艦分別裝備了一架飛機，而每架飛機代表由十五架飛機組成的飛行小隊。黑方同時「擁有」一旅的海軍陸戰隊用於必要時「登陸」巴拿馬運河區。至於代表美國的藍方則由大西洋艦隊的五艘戰艦、兩艘裝甲巡洋艦、二十五艘驅逐艦、十六艘潛艇及三艘真正的水上飛機母艦（載有十八架飛機）組成，其中潛艇部隊由恩斯特・金恩（Ernest King）上校指揮。除海上艦艇外，藍方亦有駐巴拿馬運河的陸軍第十九步兵旅及第十五海軍軍區飛機支援。

演習的結果是黑方艦隊的飛機成功「摧毀」巴拿馬運河水閘，阻止藍方艦隊前進。

在幾次艦隊難題演習後，美國決定大力發展航空母艦，以之為海軍建軍重點。美軍此時已經發現，以飛機對付軍艦有很大的優勢，一架俯衝轟炸機和魚雷攻擊機都不需要太多人操作。在歷次演習中，證明只要幾架俯衝轟炸機或魚雷轟炸機能命中目標，很容易摧毀上千人操作的戰艦。這正好符合美國軍事思想「減少傷亡」的特色。

此外，因為一戰後的孤立主義，美國沒有參與瓜分德國在太平洋上的殖民地，因此在太平洋上，美國缺乏可用的前進基地，航空母艦這種具有機動力的水上機場正好合用。

一九二二年七月一日，興建中的大型戰鬥巡洋艦「萊辛頓」（USS *Lexington*）號被改造成航空母艦，於一九二八年開始服役，它成為美國第一艘用於戰鬥的航空母艦。一九三四年五月二十一日，「約克鎮」號（USS *Yorktown*）航空母艦於紐波特紐斯造船廠（Newport News Shipbuilding）開始建造。其時美國經濟尚未從經濟大蕭條中回復，而美國國會又緊縮海軍經費，使「約克鎮」號的建造進度緩慢。一九三六年四月四日，約克鎮號下水，由當時的第一夫人艾莉諾·羅斯福擲瓶，但艦隻設施尚未建造完畢。一九三七年九月三十日，「約克鎮」號終於在海軍服役。

日本誤以為美國會怯戰

一九三一年，日本開始加速在中國的擴張。九一八事變後，日本成功扶植偽滿洲國，其目的除了是為了取得滿洲的天然資源外，也是作為防範蘇聯的重要腹地。滿洲國的建立遭到國際聯盟譴責，最終導致日本退出國際聯盟。此後，日本與其他列強在中國的利益衝突漸趨緊張，更與中國連連爆發軍事衝突，雙方多次簽下停戰協定。一九三六年，日本內部爆發嚴重的政變「二二六事件」，之後軍方掌握日本的政治。一九三七年盧溝橋事變時，中日兩國又再爆發軍事衝突，中華民國政府拒絕日本所開出不平等和平條約，全面性戰爭因此爆發。

對美國來說，由於「門戶開放政策」，加以道德外交的原則，是列強中唯一表達反對日本、支持中國的國家。胡佛政府的國務卿史汀生（Henry Stimson）於一九三二年一月，宣示美國官方立場，即所謂的「不承認主義」（Stimson Doctrine of non-recognition）。它主張基於「不法行為不產生權利」原則，不承認以武力造成的國際領土變更。同時基於「條約優先」原則，主張「……凡中日兩國政府或其代表所訂立之任何條約或協定，足以損及美國或其人民在華條約上之權利，或損及中國主權獨立或領土及行政之完整，或違反國際上關於中國之政策即通常所謂門戶開放政策者，美國政府均無意承認。」

但是，由於蘇聯在一九一七年爆發共產革命，意識形態的衝突開始發生，美國、英國和日本都曾出兵西伯利亞。為了牽制共產主義的蘇聯，英國和美國一度希望日本能北上進攻蘇聯，所以並沒有完全制止日本攫取滿洲，美國和英國都對中日之間的軍事衝突保持中立，甚至還出售給日本戰略物資。英國也在國際聯盟中阻止對日經濟制裁。

兩次世界大戰中，打破美國孤立主義參戰的都是民主黨籍總統。小羅斯福總統在一九三二年當選總統後，美國對於德日的擴張開始警覺。小羅斯福向來對英法和中國具有好感。中日戰爭在一九三七年爆發時，美國雖然保持中立，但他仍默許軍火輸入中國。一九四〇年他批准用五十艘舊驅逐艦換取美國對英國在大西洋上海軍基地的使用權，實際上是協助英國對抗德國的潛艇封鎖。一九四〇年十二月二十九日，他更在「爐邊談話」廣播節目中強調美國要成為「民主國家的兵工廠」。

日本在一九三七年發動對中國的戰事，雖然軍事上連戰連勝，但是無法一舉消滅中國，反而形成極大的經濟和軍事負擔。資源的消耗更是快速。要從哪裡取得繼續作戰的資源，成了日本所面臨的最大戰略議題。日本陸軍主張往滿洲國北部的西伯利亞擴張，海軍則傾向於主張南下奪取東南亞的殖民地。起初北進派勢力較大，但在一九三九年日本與蘇聯在當時的滿洲國與蒙古國的邊界諾門罕一帶發生諾門罕戰役，日軍慘敗，證明蘇聯紅軍對於日本陸軍來說仍是難以應付的敵人。因此北進派偃旗息鼓，南進派占了上風。

日本戰略方向的轉變立刻引起美國與殖民東南亞的英國（殖民馬來亞、緬甸和香港）與荷蘭（殖民印尼）的注意。由於威脅來臨，英國與美國開始對日本進行貿易制裁與經濟封鎖，開始了所謂「ABCD包圍網」，取自四個國家的頭一個英文字母，包括美國（America）、英國（Britain）、中國（China）與荷蘭（Dutch）。其中石油與鋼鐵的禁止輸入對日本的影響最大（刺激日本偷襲美國在太平洋上的珍珠港基地），日本也因此與美國、英國談判。美國則重申「不承認主義」，一九四一年，小羅斯福總統的美國國務卿赫爾（Cordell Hull）提出《赫爾備忘錄》（Hull note），內容包括日本全面從中國和法屬印度支那撤軍，承認重慶國民政府，美日互相解除資產凍結等，日本視為最後通牒，並開始準備對美戰爭。[9]

一九四一年三月，美國國會通過一七七六號法案，史稱「租借法案」，該法案授權美國總統「售賣、轉移、交換、租賃、借出、或交付任何防衛物資，予美國總統認為與美國國防有至關重要之國家政府」。法案最初授權總統借出不多於十三億美元的物資。小羅斯福隨即成立「租借法案管理辦公室」。在法案生效時，可使用國家僅包括大英國協，四月之後中華民國開始納入，並於十月允許蘇聯運用此法案採購物資。

為了抑制日本擴張，美國於一九四一年七月二十五日凍結日本在美資產。八月一日，小羅斯福總統下令對「所有侵略國」實施石油禁運與經濟制裁，英國與荷蘭同時跟進。對於石油、鋼鐵、工具母機有百分之七十從美國進口的日本來說，這政策極為致命，除非日本將軍隊撤出中南半島與中國，否則日本國內儲存的石油資源將會耗盡。日本不接受此條件，並決定進攻東南亞奪取該地資源，以維持日本的霸權，並持續對中國的戰爭。

美國在東南亞除菲律賓以外沒有殖民地，理論上日本要奪取資源可以不用和美國開戰。但日本已經認定美國會出手干預，所以與其等到美國出手干預，協助英荷之後再被動應戰，日本不如先發制人，先行摧毀美國以夏威夷珍珠港為基地的美國太平洋艦隊，再奪取菲律賓、關島、威克島等美國可拿來作為前進基地的領土，以排除奪取東南亞資源的阻礙。

日本為什麼會有這種戰略？這和美國沒有龐大的常備軍，以及不想捲入長期戰爭有關係。因為沒有龐大的常備軍，所以日本預計在戰爭初期可以取得優勢，而美國不想長期戰爭，所以有可能在夏威夷陷落後就談和。以事後之明來看，當美國沒有展現對抗武力侵略的意志與決心，疏於必要的戰備，反而招致了戰爭。

一九四一年十二月八日（美國時間是七日），日本以海軍艦載機偷襲美國太平洋艦隊的總部——夏威夷的珍珠港——造成美國艦隊巨大損失，史稱珍珠港事變。日軍同時進攻香港、菲律賓、英屬馬來亞，接著是荷屬東印度群島（現在的印尼）、關島、威克島等地。在馬來亞海戰中，日本又大敗英國東洋艦隊。由於日本軍力強大、作戰準備包含訓練、士氣都強過盟軍，又掌握制空制海權，在幾個月內就橫掃亞洲，掌握了戰前所覬覦的各項資源，並將西方國家勢力逐出大半個亞洲。

組織利益對美軍戰略的影響

珍珠港事變後，美國並未如日本所預期的因挫敗而退縮，反而被激發了同仇敵愾的愛國心理。小羅斯福總統在國會發表宣戰演說，痛陳「戰爭業已存在。誰也不能否認，我國人民、我國領土和我國利益正處於極度危險之中」。在戰略上，美軍決定先行鞏固夏威夷和澳洲的安全，以維持在太平洋上的戰略基地，作為海上和空中武力的前進基地，還有囤儲物資、修理軍艦與地面部隊集結、休整的場所。對於菲律賓、關島和威克島則決定暫時放棄，不再增援。接著啟動國內工業能量，全力生產各種武器裝備和軍需物資，在兵力具備優勢之後再展開反攻，最終戰略目標是打進日本本土，徹底擊敗日本。

至於反攻的軸線，羅斯福、邱吉爾與英美高階軍事將領在一九四三年五月的「三叉戟」會議中決定，以中太平洋和西南太平洋為兩大反攻方向。反攻的第一階段戰略目標是菲律賓。戰術目標則是在一九四四年之前攻破位於中太平洋加羅林群島的日本海軍前線基地土魯克（Truk Lagoo，有「太平洋上的直布羅陀」之稱），以及日本南方軍司令部所在，也是陸海軍的前線大本營，位於新不列顛島的拉布爾（Rabaul）。前者主要以美國海軍和陸戰隊實施，後者則由美國陸軍、海軍和海軍陸戰隊，結合英、澳、紐三國軍隊進行。**要分成兩條戰線的原因是美國要保持兵力投入與局部重點上的彈性，並讓日本不易確定盟軍主攻的方向**，但另外也有軍種各自的考量。

海軍認為中太平洋是夏威夷的前線，該地區的日本所屬島嶼是日本的前線基地，需要一一予以消滅，以保衛日本戰力遠離夏威夷，就是以攻擊代替防禦。海軍認為在這個區域作戰，海軍艦隊特別是航空母艦能夠充分發揮優勢，切斷各島之間的聯繫，孤立各島後再一一消滅。**戰前的「艦隊難題」演習結果，讓美國海軍強烈主張此一戰略**。相反的，在西南太平洋的所羅門群島和俾斯麥群島附近的海域，水道相對很狹窄，航空母艦行駛其中很容易遭到日軍在各島已經部署的陸基航空兵力的威脅。海軍認為在中太平洋將日軍艦隊消滅，菲律賓就門戶洞開，攻打菲律賓將更為容易。

陸軍的思維則跟海軍相反，認為西南太平洋戰線是澳洲的前線，政治上美國需要保衛澳、紐兩同盟國，因此需要在此開闢戰場。作法一樣是以攻擊作為防禦，逐步收復澳洲北方和西方被日本占領、並已建立機場的英國與荷蘭屬地，以鞏固澳洲的安全。因此美軍需要採用階梯式的戰法：逐步收復包括所羅門群島在內的一連串已經被日本占領的群島、新幾內亞島和荷屬東印度群島（印尼）。作戰策略是利用已占的島嶼作為下一步攻擊的跳板，先由陸軍和陸戰隊登陸（以陸軍為主），消滅島上日軍並同時構建機場，讓航空兵力逐漸向前推進，飛機一方面可支援登陸和登陸後的地面作戰，一方面可從空中切斷日軍對各島嶼的增援。西南太平洋戰線還可逐步切斷日本對這些資源產地的聯繫，更重要的是麥克阿瑟將軍認為，這一戰線能夠更快收復菲律賓。

台灣人甚至包括國軍指參教育，對太平洋戰爭的印象都是以中太平洋戰線為主，塞班島、關島和硫磺島戰役多數人都耳熟能詳；布納（Buna）、薩拉摩亞、保干維爾（Bougainville）戰役就幾乎無人知曉。**事實上西南太平洋戰線的政略戰略重要性高於中太平洋戰線，是太平洋戰爭中的主戰場，在這裡消滅的日本陸海空軍兵力也是最多的**[10]。就當時美軍的兵力分配，以及西南太平洋戰區統帥麥克阿瑟將軍戰後的地位高於尼米茲將軍來看就很清楚了。[11]

值得一提的是，澳紐兩國以人口比例來看，出動的軍隊人數高於美國，而且作戰英勇，在西南太平洋戰線有相當大的貢獻，並非無足輕重的盟友。

就美軍出動的兵力來看，除了海軍戰列艦、艦隊航空母艦、巡洋艦和潛艦以外，太平洋戰區所分配的陸軍地面部隊和飛機遠少於歐洲戰區。這當然和地理位置上難以施展大量地面部隊有直接關係。另一個重要的原因是美國和英國的決定是歐洲優先，擊敗德國優先於擊敗日本。但是美國在一九四三年年底以前，主要是和日本作戰。德國大部分的戰力都為蘇聯所吸收。

太平洋戰爭：美軍在失敗中記取教訓

一九四一年珍珠港事變後，美國失去了太平洋上的各島嶼，到了一九四二年五月只剩下中途島，是美國最前線的基地，菲律賓則堅守到一九四二年四月。一九四二年五月，日本決定攻打澳洲，美國出動艦隊應戰，爆發了珊瑚海海戰（Battle of the Coral Sea）。珊瑚海海戰是歷史上第一場航空母艦對航空母艦的海戰，是第一次雙方艦隊都在視線距離外進行，也是第一次雙方戰艦沒有直接交火的海戰。從戰術上來說，結果是日本獲勝，因其擊沉了美國當時最大的航母「萊辛頓」號，且美國損失的軍艦噸位是日本的四倍；但戰略上來說，澳洲的安全得到了保證。

雖然美國人在此戰中的表現並不理想，他們卻從中吸取教訓，改進自己的航母戰術和裝備，包括戰鬥機的戰術、攻擊機群之間的協調、換裝新的魚雷轟炸機，還有增設高射炮等防衛手段，雖然不是每項改革都在中途島海戰之前完成，但對於日後的戰鬥大有裨益。

雷達也在珊瑚海海戰中被廣泛運用，雖然實際作用還有限。早期軍艦上的雷達頗為笨重，又因為必須裝在軍艦上最高的地方以求擴大偵測範圍，而這會影響船艦的重心。所以此時的雷達必須裝在巡洋艦以上的軍艦，因為它們才有足夠的噸位（後來技術逐漸進步，體積重量縮小，才裝備到驅逐艦等級的軍艦）。除了偵測距離短之外，那些雷達解析度也不高，有時在瞭望員發現目標時，雷達還沒有偵測到。但隨著技術進步，以及盟軍的使用經驗逐漸豐富，雷達在美國海軍中的地位與日俱增。同時在痛失「萊辛頓」號之後，美國改善了航空燃油的存儲方式，亦對損管程序作出修改：美軍發現正是機庫內的汽油火災最終導致了萊辛頓號的災難。改進方法是在油管使用完畢後就立即排空，並且加注二氧化碳，以防這種情況再度發生。

珊瑚海海戰時間雖然短，**但已經展現出美國在太平洋戰爭中能夠擊敗日本的幾個特質：政略正確、情報可靠、能充分反思改進、官兵作戰英勇，也具備能支援這些英勇官兵的軍事體制**。兩個月後的中途島海戰，從「約克鎮」號上起飛的海軍俯衝轟炸機和「企業號」上的同袍炸沉了四艘日本航空母艦，獲得太平洋戰爭爆發後第一場大勝。

接著美軍立刻決定在西南太平洋戰線發動反攻。作戰方式是所謂的「跳島戰術」（Leapfrogging），即攻奪日軍已經興建飛機場的島嶼。因為這些機場足以發揮不沉的航空母艦的作用，阻止美軍發起登陸，另一方面若能奪取機場，美軍就可以進駐中型甚至大型的重型轟炸機，這對日本陸軍的威脅不亞於登陸該島，因為轟炸機不僅可以直接對付日軍，還可以打擊對島上日軍實施運補物資和增援部隊的船隻，切斷日軍對目標的補給。即使一時之間還未能奪下該島，但日軍總有吃光糧食的時候，並且將日軍鎖在島上，阻止他們支援其他作戰。

從一九四二年八月開始，美國海軍陸戰隊在西南太平洋索羅門群島的瓜達康納爾島（Guadalcanal）登陸，因為該地已經有日軍登陸並設置了機場。之後美日兩軍都不斷派地面部隊增援，雙方在陸地上展開激戰。同時雙方海空兵力則全力爭奪制空制海權，以運送地面部隊登陸與運輸補給。遙遠的南太平洋島嶼成了雙方的消耗戰戰場。之後的戰役以本書篇幅來說無法詳述，但模式幾乎都是如此。由於美、澳、紐軍在兵力、武器質量和後勤上都具有優勢，加上始終掌握制空權，因此戰無不克，日軍駐守的島嶼一一易手，且不斷地損失艦艇和飛機。

日本的工業生產力和軍力原本在數量上就不如美國，在歷次作戰中傷亡損失又遠較美軍為大，補給線又長，因此戰況很快就明朗開來。就是日本的失敗只是時間問題。在中太平洋的狀況也完全相同。

由這張簡單的大事記，可以看出西南太平洋戰區才是太平洋戰爭的主力，因為美軍目標在於菲律賓，自西南太平洋攻打過去符合地理形勢；同時可以直接威脅荷屬東印度群島，也就是切斷日本的石油來源。美軍在攻打各島時，廣泛得到各地原住民協助，對西方文明戰後進入許多原始蠻荒地區、甚至印尼的獨立運動也有很大影響。

太平洋戰爭大事記[12]

日期	事件	備註
1941年12月8日	日軍攻擊珍珠港、英屬馬來亞、香港、菲律賓	
1941年12月10日	日軍攻擊關島	
1941年12月11日	日軍進攻威克島	
1942年1月11日	日軍進攻婆羅洲、爪哇	位於現在的印尼，當時為荷屬東印度群島
1942年1月18日	日軍入侵英屬緬甸	
1942年1月23日	日軍進攻由澳大利亞控制的拉布爾，作為日本南方軍總司令部	拉布爾位於新不列顛島，現在的巴布亞新幾內亞國
1942年3月8日	日軍進攻由澳大利亞控制的巴布亞領地	包括新幾內亞、新愛爾蘭、海軍部群島、保干維爾島和所羅門群島，位於現在的巴布亞新幾內亞國
1942年3月23日	日軍進攻荷屬新幾內亞	位於現在的印尼西巴布亞省
1942年4月18日	美軍首次空襲東京	
1942年5月4日	珊瑚海海戰	
1942年6月5日	中途島海戰	
1942年8月7日	美軍反攻瓜達康納爾島（西南太平洋）	位於當時的所羅門群島，現在的所羅門群島共和國
1943年2月21日	美軍反攻邱賽爾（Choiseui）群島（西南太平洋）	位於所羅門群島，日軍提前撤守
1943年2月28日	俾斯麥海戰役，美軍大勝（西南太平洋）	
1943年6月30日	美軍反攻新喬治亞島（New Georgia）（西南太平洋）	位於所羅門群島，8月24日戰鬥結束
1943年6月30日	美澳軍登陸新幾內亞，攻打薩拉摩亞（Salamaua）	位於荷屬新幾內亞島，11月25日戰鬥結束

1943年8月15日	美軍反攻維拉拉維拉（Vella Lavella）島（西南太平洋）	位於所羅門群島
1943年11月1日	美軍反攻保干維爾島（西南太平洋）	位於所羅門群島，12月中戰鬥結束
1943年11月20日	美軍反攻吉爾貝特（Gilbert）群島（中太平洋）	
1943年12月26日	美軍反攻新不列顛（New Britain）島（南太平洋）	1944年中已占據該島大部，日本從拉布爾撤出所有海空兵力
1944年1月31日	美軍反攻馬紹爾群島（中太平洋）	
1944年2月29日	美軍反攻海軍部（Admiralty）群島（南太平洋）	位於荷屬新幾內亞
1944年4月22日	美軍反攻荷蘭蒂亞（Hollandia）（南太平洋）	位於荷屬新幾內亞
1944年5月27日	美軍反攻時針群島（Schouten）（南太平洋）	位於荷屬新幾內亞，現在的印尼西伊利安省
1944年6月15日	美軍登陸塞班島（中太平洋）	日本託管地
1944年6月25日	馬里亞納海戰，美軍大勝（中太平洋）	
1944年7月21日	美軍反攻關島（中太平洋）	現為美國屬地
1944年7月24日	美軍反攻提尼安島（中太平洋）	現為美國屬地
1944年10月20日	美軍反攻菲律賓、發生雷伊泰灣海戰，美軍大勝（南太平洋）	
1945年2月19日	美軍登陸硫磺島（中太平洋）	日本領土
1945年4月1日	美軍登陸沖繩島（中太平洋）	日本領土
1945年8月6日	美國在廣島投下第一顆原子彈	
1945年8月9日	美國在長崎投下第二顆原子彈	
1945年8月15日	日本投降	

不過特別值得一書的是，日本雖在軍事上居於劣勢，在各個戰場雖明知不可為卻仍然奮勇作戰。日軍從高階將領到基層士兵，普遍高度服從、精神抖擻，並造成了美軍相當的損失。特別是在中太平洋的島嶼作戰，日軍在各島都可說是戰至最後一兵一卒。神風特攻隊的奮勇決死精神，更讓美國為了減少傷亡、縮短戰爭，採取了三項重大決策：一是邀請蘇聯參戰，二是決心動用原子彈，三是團結一切抗日力量增加反攻實力。第三點自然包括中共在內，這也因此對戰後亞洲的世局和台灣的命運起了關鍵性的影響。

從一九四三年開始，美國更對日本展開「不對稱作戰」，就是對日本發動潛艇封鎖，將一切日本的船舶，不論軍艦還是民船，全部列為攻擊對象。日本從東南亞、朝鮮半島、中國大陸和滿洲國運送資源、石油回日本的船都是美國潛艇的目標，讓日本的經濟遭到了致命的打擊。日本戰後統計，戰時船舶的損失中被潛艇擊沉的高達百分之五十四點四。而潛艇部隊的人數只占美國海軍的百分之二。

接著展開的是戰略轟炸。從一九四四年開始，美國先以中國四川為基地，接著以奪得的太平洋島嶼作為戰略轟炸機的基地，對日本本土城市展開戰略轟炸，嚴重削弱了日本的工業生產能力。一九四五年起更啟動燃燒彈轟炸，以城市居民區為目標，將日本各大都市一一燒毀。戰後統計，煉油工業產能因空襲降低了百分之八十三、飛機發動機降低了百分之七十五。可以說美日國力的差距因為戰略轟炸而越拉越大。日本在軍事節節失利、敵人迫近本土時，本應該急速加強的戰力卻欲振乏力，這對日本的民心士氣影響很大。

更重要的是，戰略轟炸對日本菁英與人民的心理層面影響很大。他們雖然仍忠於天皇，但稍微有知識的人都知道軍方已經無法保衛國家，更使得日本領導階層開始考慮和盟國投降。即使是最頑強的軍方將領也知道要獲勝已經無望。雖然他們不願意投降，但有條件停戰在原子彈投落之前已經不再是不能討論的事。這也是後來天皇宣布無條件投降之後，日本本國和各地軍隊都迅速放下武器的原因。而日本民眾對軍方信心的喪失和城市的大規模破壞，則與戰後的非軍事化與和平主義興起有絕對關係。

大西洋戰爭：美國助英抗德

至於美國的對德作戰，則是先以大量軍火與物資援助和德國血戰中的蘇聯及英國，對兩國都有存亡絕續的關鍵作用。但是為減少傷亡，美國在陸軍未完成擴充和訓練之前，並未大量派兵投入戰場。美國對德國作戰的戰略性投入，首先是「大西洋之戰」。這項戰役是投入大量的資源給英國，協助它在大西洋上展開護航作戰，全力消滅德國潛艇，排除對英國海運線的威脅，同時將大量的軍隊和物資運往英國，支援對德的戰略轟炸和對西歐的反攻，派往歐洲作戰的陸軍和陸軍航空軍兵力超過六百萬人。

一九四三年，美國開始派軍前往北非，和英軍共同收復北非，接著進攻義大利南部。與此同時的是和英國一起對德國實施戰略轟炸。美國對德國轟炸的規模遠大於對日本的轟炸，除了摧毀德國的工業生產之外，還要毀滅德國空軍的力量，以利盟軍在歐陸作戰時更加順利。戰略轟炸對德國造成了慘痛的損失，不過美國的犧牲也非常大。一九四四年六月，美國、英國和加拿大軍隊在法國的諾曼第登陸，接著逐次光復法國、比利時，最後攻進德國本土，德國在一九四五年八月投降。美國在這一階段也投入了大量的兵力，傷亡遠大於太平洋戰區。但平心而論，蘇聯對於擊敗德國的貢獻是大於美國。

二戰後世界秩序的締造者

美國對於兩次世界大戰的參戰都起了扭轉乾坤的效果。對於第一次世界大戰的參戰原因，除了道德因素（認為協約國是好人，同盟國是壞人）以外，也包含經濟因素。也有學者指出威爾遜認為協約國已經接近勝利，參戰的成本不大。[13]

美國若未參加一次大戰，英法和德國之間可能是僵持多年後議和。據《大西洋月刊》資深政治評論家大衛．佛魯（David Frum）的推測，即使英法在議和中力保西線利益，德國與奧匈坐擁大半歐洲領土，必以專制國家姿態成為歐洲霸主，屆時將比二戰之後蘇聯進駐歐洲更危險。[14]而蘇聯已經退出了戰爭，在一九三〇年代就成為工業和軍事強國。若一戰繼續打下去，歐洲的毀壞勢必更嚴重，有可能蘇聯會更早占據西歐。

第二次大戰美國更被視為歐洲和亞洲的解放者。如果沒有美軍參戰，日本在亞洲的「大東亞共榮圈」恐怕無法撼動，中國、韓國、東南亞和台灣的命運勢必全盤改寫。歐洲甚至整個歐亞大陸則可能是納粹德國和共產黨蘇聯瓜分的局面。軸心國的黑暗暴虐統治將持續至今。美國除了出動大軍直接參戰，也藉由租借法案大量提供同盟國武器裝備和經濟援助，對於支持英國和蘇聯持續作戰進而勝利具有絕對的貢獻。

大戰結束之後，美國不要領土，反而是以馬歇爾計畫和其他援助讓大戰中嚴重受創的西歐國家與日本恢復經濟繁榮，協助日本和德國建立民主自由的政體，又推動聯合國等集體安全體制的建立，可以說一手締造了世界的秩序，影響一直延續至今。雖然之後世界上仍舊有共產主義擴張、兵連禍結的內戰和武裝衝突，但第三次世界大戰終究得以避免，像二次大戰那樣強國肆意侵吞其他國家的領土的事不復發生。而且幾乎全世界的經濟發展、自由貿易及人民生活水準都遠較當時提升，殖民地紛紛獨立為主權國家，而且各國大致都肯定民主體制、市場經濟、自由貿易、公海航行自由、以和平方式解決國際爭端等普世價值，都和美國在二次大戰中倡導、建立與捍衛的價值有直接關係。

美國在兩場大戰中能擊敗德國和日本，最顯而易見的原因就是國力的雄厚和軍事的強大。幾乎在每一場主要戰役，美軍在兵力上都居很大優勢，武器裝備除了極少數（如魚雷），在性能與數量上都優於敵軍，且後勤補給遠較敵軍充足，部隊訓練和生活待遇更是差距懸殊。科技發展和工業技術也是美國居於絕對優勢，**國際關係理論中現實主義中對於國家權力的要求和強權間相互關係的預言，完全在兩次大戰實踐了**。

發展出「攻勢現實主義」（Offensive Realism）的當代國關理論大師米爾斯海默（John Mearsheimer）認為，霸權制衡其他霸權的方式是採取「離岸平衡」的方式，也就是在敵對強權區域內結合一個盟友制衡它。除非該區域內已經出現權力失衡，霸權不會輕易出手。一九四一年以前，美國認為在亞洲還有蘇聯可以制衡日本。但在一九四一年六月，德國入侵蘇聯，美國判斷蘇聯在亞洲對日本的制衡力量大為削弱，因此介入亞洲和日本作戰乃是遲早的事。

這段時間中，美國的決斷還是先以外交為手段，一方面先明白表示政治立場的底線，另一方面仍然開始和日本接觸與談判，並非一開始就打算以軍事手段制止日本的作為。而美軍在珍珠港偷襲之後，果敢對日宣戰，極大地鼓舞了同盟國的信心，而動員全國力量、一肩擔起對日作戰的主要責任，也奠定了美國在亞洲的道德典範和領導地位。

其次，美國對日外交仍以先前的門戶開放政策及不承認主義為指引，再次呈現了美國外交像大船行動，不會驟然改變方向，而是有一定程度的連貫性。然而一旦到了本國領土遭到侵略時，美國絕對不惜動員全部的人力物力以求最後勝利。這時，**「減少傷亡」和「縮短戰爭」成了指導美國戰略和戰術的重要原則**。

此外，美國在大戰中被認為是正義的一方，**對外關係中的道德觀充分發揮**。而日本在占領地有許多劫掠財物、屠殺虐待戰俘和平民等戰爭罪行，相形之下，美國除了對於日本領土（包括台灣）及占領區下的平民曾經實施無差別轟炸以外，大體上達成了解放者的任務，善待戰俘、救濟平民，並且戰後也未霸占或奪取美軍軍事占領下的區域內的資源。在西南太平洋戰區，美軍血戰奪得諸島，讓日軍因消耗戰走上敗亡的命運，但戰後美國並未將任一島嶼主動納入版圖，[15]也未長期「代管」，而是將各島交由日本占領前的統治者，當然這又是另一個故事了。

前面提到，美軍的戰略是由東向西反攻。但是基於外交因素，仍然對英國和中國實施支援。兩國的戰場分別是緬甸和中國本土。兩地的作戰事實上對於美國在中太平洋和西南太平洋的攻勢沒有直接助益，唯一好處是讓日軍無法將兵力轉移來對付美軍。特別是航空兵力，因為兩戰場的陸軍兵力其實需要透過海運才能轉用於中太平洋和西南太平洋，但日本已經沒有太多海運力量可以做到此事。但是為了承擔身為同盟的責任，美國仍然對兩國實施援助。結果，對中國的援助實際上因為運輸困難數量有限，對中國抗日戰爭幫助不大。但是，美國為了執行援助任務而派遣到中國的參謀，他們對國民政府以及中共的印象相當程度影響了之後國共內戰中美國對於中華民國的態度和政策。這對中國的影響，筆者認為大過於二戰中的軍援對中國戰區的效果。

日軍誓死奮戰的意義

對台灣人來說，我們對一戰的歷史是比較陌生的。但一戰的教訓其實非常具有參考價值，特別是**英法兩國之所以能夠成功爭取美國參戰，就是摸準了美國的道德外交原則**，而德國則在這一方面完全失敗，甚至還讓自己站在美國的對立面。而美國戰後堅持公開外交、反對瓜分戰敗國領土，但是沒有做到「聯盟管理」[16]，導致戰時的聯盟完全解體，帶來了很大的負面作用。一方面讓國際聯盟的集體安全作用無法發揮，另一方面也因為對德國的處理過於嚴厲，在亞洲造成權力不平衡，在歐洲則是納粹的興起，美國對此都沒有有力地阻止，都是二次大戰的遠因。

日本在二戰中雖然戰略錯誤，和美國開戰蒙受慘敗的命運，但是軍民上下一心，奮勇作戰的精神和實績仍然得到了美國的尊敬和重視。由於美軍重視後勤，在後勤不完備的情況下絕不發動戰爭的軍事特質，因此遲遲未對日本發動登陸作戰，結果卻是以原子彈結束戰爭。美國達到了減少傷亡、縮短戰爭的目的，日本則在無條件投降之餘，因美軍、蘇軍均未登陸，不僅倖免德國的亡國命運，人民所遭受的傷亡和苦痛更遠低於德國，而且保留了完整的國家體制，對戰後的復興與發展有決定性的幫助。原子彈對日本來說可以說是因禍得福。同時可見，國民在戰爭時的抵抗意志及表現，仍然是主宰自己命運的重要因素，也值得我們一起來思考。

4 第四章

世界警察：美國領導自由世界對抗共產極權

雅爾達會議讓蘇聯食髓知味

二次大戰結束後，美國並沒有立刻把蘇聯視為敵人。一九四五年十月二十七日，杜魯門在海軍節慶典上演說，暢論美國外交政策的歷史論調，並且呼籲蘇、美兩國共同合作。他說，美國既不追求領土，也不追求建立軍事基地，「不要拿屬於其他國家的東西」。美國外交政策反映著美國的道德價值觀。「堅強地以正當、公義的基本原則為基礎」，並且拒絕與邪惡妥協。鑑於美國傳統上對公、私道德並重，杜魯門保證美國會不斷努力在國際事務中落實這個最高原則。杜魯門以強調外交政策的道德為楔子，呼籲蘇美和解。他宣稱美蘇之間並沒有無法化解的分歧，戰勝國之間沒有什麼利害衝突是重大到無法解決的。[1]

美國的重點是先對戰敗國解除武裝、實施占領、進行改造，之後簽訂和約；其次是構建「聯合國」以建立集體安全體系，避免再有戰爭發生；第三是實施戰時的各項宣言、會議結論及條約。第四是協助盟國重建經濟。這些都是美國累積過去的經驗進行反思的結果，對於之後的世局和最後美國與蘇聯的對抗，發揮重要的指導作用。

德國於一九四五年五月八日投降。但在投降之前，希特勒自殺，授權海軍總司令杜尼次（Karl Dönitz）元帥組織政府，但盟國並不承認這個政府，七月五日，英國、美國、蘇聯、法國四國在柏林簽訂條約，將二戰戰果以法律形式加以確認。七月二十三日，盟國決定逮捕杜尼次元帥和其政府所有成員，因此德國可以說是亡國了。**盟國這麼作的原因在於要極大化在德國的行動自由權，同時對之後和約的內容有更大操作權。**一九四五年六月至八月，同盟國領袖籌劃組建戰後德國新政府，重新訂定邊界。在波茨坦會議中，劃定戰後德國東部邊界為奧德河－尼斯河線（Oder-Neisse line），並討論德國的安排，包括非武裝化、去納粹化、工業非軍事化及解決戰爭賠償問題。這些事情由四國成立一個委員會來實施。[2]

美國對德國的態度和其他三國不同。由於戰爭已經結束，美國急著讓軍隊退伍返鄉，因此並沒有計畫在德國長期大量駐軍，也無意在歐洲追求領土或緩衝區，這和蘇聯要在東歐保持緩衝區的立場完全相反，因此很快就和蘇聯發生分歧。英國的態度則介於美蘇之間，英國不反對蘇聯在歐洲具有緩衝區，一來蘇聯立場非常強硬，二來英國認為這也可以牽制德國，至於德國戰後賠償問題，英國的胃口小於蘇聯，因為英國還有廣大的海外自治領，而且英國也不希望德國戰後完全無法翻身，讓制衡蘇聯的國家少了一個。因此，英國對美國的四大方向幾乎完全配合。

然而，蘇聯對於戰敗國的處理方式就和美國有明顯的分歧。在二次大戰中有多次國際會議討論這些問題並做出決定。但是戰後由於蘇聯共產主義的擴張，使得美國在履行對蘇聯的承諾時，出現了遲疑。但是此時美國的首要考量是不想再次捲入戰爭。這樣的思維並沒有像二戰前的綏靖政策那樣退讓，而是以幾項因素為基礎：圍堵政策、國際合作，以及意識形態和訊息。

圍堵政策起源於二次大戰中的國際會議中，美國對蘇聯意識形態的不信任與打算在戰後擴張勢力範圍的反感。

一九四五年二月，美英認為有必要和蘇聯商討在德國戰敗後，歐洲對歐的權力該如何分配的問題，並商議下一步的對日作戰計畫，於是在黑海海濱召開所謂的雅爾達會議。對歐洲大陸，英美希望蘇軍加強對德攻勢，因此需要討論誰攻克的地區戰後由誰控制，還有某些特定重要地區（如波蘭、戰後德國）該如何治理。

在亞洲，美軍已經在菲律賓開展一系列登陸戰，並且準備攻打琉球，開始把對日作戰的重點朝向進攻日本本土；在東亞大陸上，日軍占領大片中國土地；並擁有滿洲國的遼闊土地與大量重工業設施，七十萬日本關東軍也尚未直接參戰。因此美英希望蘇聯盡快轉入對滿洲、朝鮮半島日軍的進攻，形成從南北雙方夾擊日本的態勢。

這裡有一個重點是中國並未被邀請參加。原因是美英認為中國在二戰中的貢獻有限，不僅對於歐洲戰局完全沒有參與，就算在東亞，也因為國力和軍力的先天不足，加上內部腐敗，沒有能力參與反攻日本和滿洲的行動，甚至連在中國本土的日軍都無力驅逐，徒然讓中國的國土成為供養、補給日軍的沃土，助長了日本與盟國長期對抗並得以談判的念頭。中華民國的讀者們看了當然很難接受，但的確是當時盟國的想法。

美國的會議目的是希望遊說蘇聯終止《日蘇中立協定》、對日宣戰，並且支持盟國在太平洋作戰，另一個重要目的是遊說蘇聯參加戰後維護國際和平的「聯合國」。英國因為不希望蘇聯勢力過於膨脹，威脅英國的安全和對中東的控制，所以希望蘇聯在戰後能放棄部分對東歐的控制權，並「自由」選出「民主」政府。在蘇聯方面，史達林則認為蘇聯在戰爭中付出巨大代價，希望能控制東歐，因為可以為蘇聯留下戰略緩衝區。其次，蘇聯想要嚴厲報復德國。第三是要讓中國承認外蒙古獨立。第四是要收回日俄戰爭後俄羅斯失去的土地。可以看出，蘇聯是要利用戰勝軸心國的地位大舉擴張勢力。雅爾達會議的結果是蘇聯的主張幾乎都得到了滿足。

蘇聯能在會議中獲得幾乎所有想要的結果，自然要歸因於美國的同意與配合。這又和美國傳統上要減少傷亡和不想長期戰爭的意願有關。美國比很多更小、更窮、人口更少的國家都更難以忍受長期戰爭。滿足蘇聯的要求，也就是聯蘇滅德日，可以減少美國的傷亡，又可以縮短戰爭。而蘇聯所要的東西，也不是美國的直接利益所在。換言之，至少是在當時看來，美國沒有損失，而且史達林也同意了加入聯合國。還有，三方領袖本來也須建立章程以管理戰後的德國。因此美國並不認為雅爾達會議是失敗。

然而世事難料，蘇聯從雅爾達會議桌上所得到美國默許的利益，之後反而讓美國認為蘇聯是一個擴張性的帝國。為什麼會有這種轉變呢？原因在於蘇聯認為美國等於是給出了一個清晰的訊息，就是武力有效論。的確，蘇聯為什麼可以得到它所想要的各項利益呢？就是因為它有強大的軍力，可以在擊敗德、日的戰爭中發揮最關鍵的作用。既然武力有效，任何領袖自然就會想要不斷利用。蘇聯認為美國既然能在會議中因為蘇聯的武力而讓步一次，就可能會讓步第二次。這種食髓知味的心態和之後的做法，就讓蘇聯在戰後成為一個擴張主義者。

土耳其危機與杜魯門決心援助歐洲

一九四六年二月二十二日，美國駐蘇聯大使館副館長喬治・凱南（George Kennan）向美國國務院發了一封長達數千字的電報，即著名的「長電報」（long telegram），對蘇聯的內部社會和對外政策進行了深入分析，凱南認定蘇聯認為自己處於與資本主義的永久戰爭之中，因此，將使用資本主義世界中可控的馬克思主義者作為盟友。而這種擴張不符合俄羅斯各民族的觀點或經濟現實，而是符合帝俄時期的歷史心理和偏執。同時蘇聯政府的結構阻止了對內部和外部現實的客觀或準確描述。凱南提出了最終被美國政府所採納的對付蘇聯的長期戰略，也就是「圍堵」政策。

凱南的說法引起了美國政府的高度關注。一九四六年初又爆發了伊朗問題，原來在二戰時期，包括蘇軍在內的盟軍就進駐伊朗，以保障石油的供應，但是戰後的蘇軍卻仍然不肯撤離。一九四六年一月二十五日，伊朗駐英國大使在倫敦的聯合國安全理事會上正式對蘇聯提出控告，指責蘇聯紅軍扶植分裂勢力、阻止伊朗平定叛亂的行為違反聯合國憲章，要求聯合國進行調解。聯合國安全理事會因此接連通過二號、三號和五號決議，要求蘇聯從伊朗撤軍。

土耳其是另一個問題。二戰結束後，史達林向土耳其要求安納托利亞東部領土，認為這些地區是土耳其從喬治亞偷走的。如果蘇聯的要求成功，將加強它在黑海的地位，並削弱大英帝國在中東的影響力。美國這次再度出手，反對蘇聯吞併任何土耳其領土。這完全是意識形態的問題；那塊土地和美國沒有絲毫淵源，美國這麼作的原因完全是反對蘇聯的擴張主義，並且讓人回想起當初希特勒併吞捷克蘇台德區的侵略行為。

杜魯門面臨非常困難的決策環境。一方面二次大戰剛結束，美國社會一樣需要休養生息。一九四五年的一項蓋洛普民意調查，指出美國人民認為最嚴重的問題是就業和罷工。但是國際環境比戰前複雜許多，容不得美國政府放心退回北美洲大陸。因二次大戰摧殘而極度疲弱的英國，覺得它不再能夠為東地中海提供安全。美國必須決定是否任由真空狀態在東地中海出現，或取代英國為希臘與土耳其提供援助。但這麼做在相當程度上打破了美國不介入歐洲事務與不長期駐軍海外的傳統外交政策慣例。

杜魯門在向國會解釋這項政策轉變時，沒有談到美國必須為希臘與土耳其提供援助、以維護東地中海權力均勢，他談的是美國必須為全球各地的自由人提供保護。這種以道德與意識形態角度來說服美國民眾支持美國政府援助其他國家的思維，就是所謂的「杜魯門主義」（Truman Doctrine）。當時已經回到國務院的喬治·凱南，反對這種從意識形態角度解釋政策的做法，他認為這麼做太沒有彈性，會讓美國陷入困境。事實上，因杜魯門主義衍生的圍堵政策確實也有太多模糊不清的地方。譬如說，究竟美國關心的是防堵蘇聯勢力，還是防堵共產主義意識形態？在一開始，防堵蘇聯勢力與防堵共產主義意識形態似乎是一回事，但在冷戰後期、共產運動出現分裂以後，這種模稜兩可的問題就愈加嚴重了。以越戰為例，美國政府一開始宣傳美國必須全力支持南越對抗北約，因為一旦南越淪陷，會產生「骨牌效應」，亦即共產勢力會一個接著一個吞噬全世界。然而，哈佛大學國際關係問題專家約瑟夫·奈伊（Joseph Nye）指出，這種說法忽略了共產國際並非鐵板一塊，各個共產國家仍然有其民族主義的考量，未必都會聽從蘇聯的號令。越南淪陷後，共產主義也並未在東南亞持續擴散。[3]

一九四七年三月十二日，杜魯門發表《國情咨文》，主張：

在世界歷史的現階段，幾乎每一個民族都必須在兩種生活方式之中選擇其一。這種選擇大都不是自由的選擇。一種生活方式是基於多數人的意志，其特點為自由制度、代議制政府、自由選舉、個人自由之保障、言論與信仰之自由，且免於政治壓迫。第二種生活方式基於強加予多數人頭上的少數人意志。它所依靠的是恐怖和壓迫、操縱下的報紙和廣播、內定的選舉，和對個人自由之壓制。我相信，美國的政策必須是支援各自由民族，他們抵抗著企圖征服他們的掌握武裝的少數人或外來的壓力。我相信，我們必須幫助自由民族通過他們自己的方式來安排自己的命運。我相信，我們的幫助主要是通過經濟和財政的支持，這對於經濟安定和有秩序的政治進程來說，是必要的。世界不是靜止的，而現狀也不是神聖不可侵犯的。可是我們不能聽任用諸如脅迫一類方法，或政治滲透一類詭計，違反聯合國憲章來改變現狀。美國幫助自由和獨立的民族去維護他們的自由，將有助於聯合國憲章的原則發揮作用。

國會兩院經過辯論後，被杜魯門的主張說服。分別於四月二十二日和五月八日通過關於援助希臘、土耳其的法案，撥款四億美元援助希臘和土耳其政府。儘管希臘共產游擊隊是由與蘇聯分裂的南斯拉夫的狄托提供主要支援，美國仍指控蘇聯暗中企圖顛覆希臘的君主政權以圖擴展蘇聯的影響。

北約提供的集體安全保障

一九四八年蘇聯封鎖西柏林，打算逼迫美國和英國撤出當地，引發了第一次柏林危機。杜魯門決定以空運方式支援柏林，並表達西方絕不撤出柏林、也絕不在意識形態威脅下妥協的決心，同時也有作戰的準備。在英國的全力配合支援下，蘇聯解除了封鎖，但也讓美國意識到二戰時期和蘇聯的合作已經徹底告終。

一九四九年四月四日，美國、加拿大、比利時、法國、盧森堡、荷蘭、英國、丹麥、挪威、冰島、葡萄牙和義大利在華盛頓簽署了《北大西洋公約》（North Atlantic Treaty），決定成立「北大西洋公約組織」（North Atlantic Treaty Organization，縮寫NATO，中文簡稱「北約」）。在冷戰結束前計有十六個會員國，包括希臘、土耳其於一九五二年、聯邦德國於一九五五年、西班牙於一九八二年正式加入該組織。

北約成立以來的主要活動，是通過部長理事會和防務計劃委員會就國際重大政治問題密切磋商、協調立場；在軍事方面研究和制定統一戰略和行動計劃；每年舉行各種軍事演習。

依據《北大西洋公約》第五條：

各締約國同意，凡是任何對於歐洲或北美之一個或數個締約國之武裝攻擊，應視為對締約國全體之攻擊。因此，締約國同意，如果此種武裝攻擊發生，每一締約國按照《聯合國憲章》第五十一條所承認之單獨或集體自衛權利之行使，應單獨並會同其他締約國採取視為必要之行動，包括武力之使用，協助被攻擊之一國或數國以恢復並維持北大西洋區域之安全。此等武裝攻擊及因此而採取之一切措施，均應立即呈報聯合國安全理事會，在安全理事會採取恢復並維持國際和平及安全之必要措施時，此項措施應即終止。

由於蘇聯也是安全理事會常任會員國，這條是讓蘇聯不完全視北約為敵人的一種緩和措施。因為此一條款，北約行動理論上仍受聯合國安理會約束。武裝攻擊若來自蘇聯以外而迫使北約採取行動，是有可能在蘇聯參與下的安理會採取措施後中止的。這可以讓蘇聯不會因為蘇聯以外的軍事行動讓北約採取行動時，誤以為北約是以蘇聯為目標而產生威脅感並進而升高對立。不過自北約組織成立後，從未援用第五條對蘇聯或其他任何共產國家採取軍事行動。

北約組織的成立是「獵鹿賽局」的反映；「獵鹿賽局」是由政治思想家盧梭所提出的一種非零和博弈的思想實驗。在這一場景下，兩名獵人說好一起去打獵，他們可以獵取鹿，也可以獵取野兔。獵鹿需要兩個人合作才能成功，而野兔一個人就可獵得，但獵鹿所得的收益大於獵野兔所得的收益。而為了聯合獵鹿，任何一位獵人必須放棄剛好在身邊發現的兔子，卻無法確定他的同伴會不會為了獵取一隻兔子而放棄合作。如果自己放棄兔子，但對方卻背棄合作去追捕兔子，自己就會兔、鹿兩失，而對方卻靠兔子吃飽。當然，對兩人來說，最好的結果就是信守承諾，合作獵取鹿。北約組織成立後，歐洲各國得到了集體安全（獵鹿的收益），蘇聯無法個別說服西歐國家保持中立以得到個別安全（獵兔的收益）。

北約組織是人類在和平時期建立的最大軍事同盟。它充分發揮了國防的規模經濟效應，同時徹底消弭了西歐國家數百年來的一切安全問題，各國的合作、信心和互賴達到了國家與國家之間所能達到的極致。歐洲的統合完全奠基於此。它同時是美國道德外交、現實主義外交和自由主義外交三者的完美展現，對北約的支持是冷戰時期美國戰勝蘇聯的主要手段。

一九五六年，蘇聯出兵鎮壓匈牙利民主運動、一九六一年開始強行興築柏林圍牆（史稱第二次柏林危機）、一九六八年出兵鎮壓捷克「布拉格之春」，一九七〇年波蘭因工人罷工爭民主而實施戒嚴，都讓西歐國家感到蘇聯的軍事威脅近在眼前，美國都在這時候堅決支持北約，並提升戰備以威懾蘇聯；並以「核保護傘」保護歐洲。在羅馬尼亞和阿爾巴尼亞採取較為獨立的外交路線時，北約的存在讓蘇聯幾經考慮，沒有採取具體的鎮壓。

《大西洋憲章》的意義

美國的道德外交意識在一九四一年由邱吉爾與小羅斯福總統共同發布的《大西洋憲章》中說得非常清楚：

一、他們的國家不尋求任何領土的或其他方面的擴張；
二、他們不希望看見任何與人民意志不符合的領土變更；
三、他們尊重所有民族選擇他們願意生活於其下的政府形式之權利；他們希望看到曾經被武力剝奪其主權及自治權的民族，重新獲得主權與自治；
四、他們要在尊重他們現有的義務下，努力促使所有國家，不分大小，戰勝者或戰敗者，都有機會在同等條件下，為了實現它們經濟的繁榮，參加世界貿易和獲得世界的原料；
五、他們希望促成所有國家在經濟領域內最充分的合作，以促進所有國家的勞動水平、經濟進步和社會保障；
六、在納粹暴政最後被消滅之後，他們希望建立和平，使所有國家能夠在它們境內安然自存，並保障所有地方的所有人在免於恐懼和不虞匱乏的自由中，安度他們的一生；

七、這樣的和平將使所有人能夠在公海上不受阻礙地自由地航行；

八、他們相信為了現實的和精神上的理由，世界上所有國家必須放棄使用武力。如果那些在國境外從事或可能以侵略相威脅的國家繼續使用陸海空武器裝備，則無法維持未來的和平；所以他們相信，在一個更普遍和更持久的全面安全體系建立之前，必須解除這些國家的武裝。同樣，他們會協助和鼓勵一切其他可行的措施，來減輕愛好和平的人民在軍備上的沉重負擔。

道德的意義不僅包含良善的價值，也包含「你應以你希望得到的待遇去對待別人」。但在國際政治和外交上，甚麼是良善的價值？第一應該是不擴張領土。因為擴張領土最常見的方式就是戰爭，所以如果大家都不擴張領土，戰爭的可能性就會大幅降低（當然在那個年代還沒有想到恐怖主義或恐怖活動也是戰爭的主要原因）。其次是民族自決和民主政治。第三是公平的國際貿易。第四是透過國際合作促進各國均衡發展。

二戰結束後美國的決斷是建立集體安全制度。當初國際聯盟的失敗，使得日本和義大利在一九三〇年代初期的侵略沒有被遏制，導致第二次世界大戰的發生，使美國決心在二戰後一定要建立國際性的集體安全體制，以落實《大西洋憲章》。這個體制必須包括以下成分：

一、讓大國可以扮演國際警察，得以制裁侵略，同時也彼此約束；

二、處理戰後的德國和日本，避免過度報復和戰勝國領土的擴張；

三、提供世界各國一個在外交、經濟等新興跨國問題上共同合作的平台；

四、以此一體制為基礎，盡可能公正處理殖民地民族自決的問題；

五、以此一體制為基礎，協助世界各國發展經濟、改善衛生，以求根本消除貧窮等戰爭、動亂的誘因。

這五大要素的理想非常崇高，道德動機非常強。美國如果像陰謀論或一些地攤文學作家那樣想要稱霸世界或主宰他國，大可不需要創造聯合國這樣一個國際組織。

金日成因美國撤軍而決意南犯

美國在二戰後根據《大西洋憲章》第八條進行軍事裁減，卻也因此越來越無力管理南韓。同時，基於《大西洋憲章》第一條，美國原本就無意將朝鮮半島納入領土，再說這裡也和美國向來沒有任何政治上的關聯，二戰中美軍也沒有在朝鮮半島進行地面作戰，因此美國一開始就定位對朝鮮半島的軍事管理只是暫時的。

一九四五年八月，蘇聯對日宣戰，進占朝鮮半島，結束了日本的統治。隨後根據雅爾達協議，蘇聯與美國協議以北緯三十八度線為界分別接受日本投降，占領朝鮮半島。此外，根據雅爾達會議的安排，朝鮮半島由中國、美國、英國、蘇聯四國共同託管。因此朝鮮半島先後被劃分為南北兩塊勢力範圍。

一九四五年九月八日，美軍在仁川登陸，並設立「駐朝鮮美國陸軍司令部軍政廳」（United States Army Military Government in Korea），但因為韓國民意期待獨立，再加上美軍政廳任用日本官僚繼續協助統治，引發韓國人民的抗議。之後，美國又設立了「朝鮮諮議會」（Korean Advisory Council），大部分席位給了美國支持成立的韓國民主黨黨員。十二月，在莫斯科召開了美、英、蘇三國外長會議，磋商早先議定的對朝鮮實行四國託管，解決由誰來組成臨時政府的問題。然而，美蘇兩國都不承認對方所支持的黨派和人士。會議最後決議成立一個只有美蘇兩國占領軍當局參加的「聯合委員會」，負責同朝鮮半島各民主政黨「諮商」，然後組織託管下的朝鮮半島臨時統一政府。

一九四六年二月，美國占領區的臨時議會和政府建立，分別由金奎植和李承晚負責。三月，根據莫斯科美英蘇三國外長會議決議，「美蘇聯合委員會」在漢城成立，但在五月八日宣布無限期休會，半島成立臨時統一政府的計畫無疾而終。[4]

一九四七年十一月十四日，美國將韓國問題提交聯合國，之後聯合國大會通過一一二號決議，決定由聯合國「南韓臨時委員會」（後改稱聯合國韓國問題委員會）監督，在美蘇管轄區同時舉行選舉，然後美蘇軍隊撤出朝鮮半島，由當地人民自己管理自己的國家。但蘇聯拒不承認這一決議，並拒絕委員會進入其管轄的朝鮮半島北部地區。一九四八年四月三日，發生了「濟州四三事件」。濟州島發生民眾大規模抗議警察暴力和經濟蕭條，被認為是共黨鼓動，導致約三萬人被南韓軍警逮捕甚至殺害。這項鎮壓是在美軍管當局的同意甚至支援下進行，一方面造成南韓民間出現反美情緒，**另一方面更加強了美國退出朝鮮半島的速度**。

一九四八年五月，美軍占領的朝鮮半島南部在聯合國委員會的監督下選舉國會，在左派組織抵制下，選舉投票率是百分之九十五。八月十五日，親美的李承晚當選總統，宣布「大韓民國」政府成立。一個月後，「朝鮮民主主義人民共和國」在北方成立，選舉金日成為內閣首相，蘇聯集團立即予以承認。十二月十二日，聯合國大會通過一九五號決議，承認大韓民國是唯一合法政府。美國立刻決定與大韓民國建立國與國的關係，設置駐韓大使館。但是，這時候的大韓民國政府對北方已經成立的朝鮮民主主義人民共和國政府採取高度敵視的政策。

一九五〇年五月，南韓舉行國會大選，李承晚總統的政黨居然只得到二百一十個席位中的二十二席。金日成認為李承晚已經失去主導能力，六月七日，朝鮮勞動黨委員向南北雙方的人民發出呼籲，要求在全朝鮮半島舉行大選，在此基礎上「實現國家的和平統一」。六月十一日，北方的三名代表越過北緯三十八度線，打算向南韓各政黨領導人遞交雙方和平統一的呼籲書，被南韓政府逮捕。隨後三名代表因拒絕發表變節聲明而被處決。**「兩國交戰不斬來使」的原則遭到摒棄，金日成從此認定南方絕無和平統一的誠意。此外，美國的退出政策也非常明顯，不僅不支持南方政權武統北方，甚至連像樣一點的軍備都很少提供。**

其次，金日成從選舉結果中認為南方政權不得人心。不得人心的理由又有兩項：第一是在終戰之後，美軍政當局仍持續讓大批親日派或在日本統治時期的基層官吏、舊日軍、資本家擔任行政職務或壟斷經濟，大韓民國政府成立後這股勢力成為政府骨幹，導致知識分子、青年學生和日本統治時期的民族主義愛國人士極為不滿，而南韓政權當時也對他們採取敵視甚至鎮壓的態度。第二是朝鮮半島在二戰中沒有直接遭逢太多的戰火，光復後日本離去，技術管理人員的大批撤離，大批企業處在癱瘓狀態，而美國跟蘇聯以三十八度線分據南北，也隔斷了日占時期朝鮮半島「北工南農」的經濟聯繫，使南部能源、原材料和設備得不到供給，通貨膨脹嚴重，經濟蕭條，失業嚴重，令左派力量大為興起。金日成認為已經有在南韓實施共產主義的經濟與社會基礎。

相形之下，金日成在北韓有蘇聯支持，軍備上較南韓遠居優勢；蘇聯基於擴張共產主義世界革命的思想基礎，也會對北韓南下統一朝鮮半島予以支持，和美國毫不支持南韓統一北方形成鮮明對比。金日成建立了朝鮮勞動黨，統治強固，以蘇聯訓練的共黨職業革命家為統治主力，這批人始終是抗日的，勞動黨也逐步清洗了社會上大部分的親日勢力，因此北方的社會矛盾不如南方強烈，甚至在南方也有相當的支持度。濟州島四三事件就有一部分出於「南朝鮮勞動黨」（朝鮮勞動黨的地下組織）鼓動。而南韓李承晚雖然自己是抗日的，但政府和軍隊裡大部分是日本時代為日本做過事的人。

美國對希臘和土耳其反共鬥爭的支持並沒有嚇阻金日成。美國對於中華民國在中國大陸的放棄對蘇聯和金日成而言是非常可喜的信號，中華人民共和國的成立更讓朝鮮勞動黨政權有了穩固的大後方。

一九五〇年六月二十五日韓戰爆發，美國政府為了堅守西太平洋的反共防線，在收到美國駐韓大使館的報告後，一改先前的消極態度，立刻提交聯合國安理會。聯合國安全理事會很快通過第八十二號決議，「斷定」「北朝鮮部隊對大韓民國施行武裝攻擊」，「構成對和平之破壞」，「要求立即停止敵對行動」，「促請北朝鮮當局即將軍隊撤至北緯三十八度」，美國總統杜魯門立刻授權在朝鮮半島北緯三十八度以南地區出動美國海軍、空軍部隊攻擊朝鮮人民軍，沃爾頓・沃克（Walton Harris Walker）將軍奉令率美軍第八軍團阻擊。聯合國安理會隨後又通過第八十三號決議，「須採取緊急軍事措施，以恢復國際和平與安全」，「建議聯合國會員國給予大韓民國以擊退武裝攻擊及恢復該區內國際和平與安全所需之援助」。

六月二十七日，杜魯門發表「韓戰聲明」（Korean War Statement），除了宣布台灣海峽中立化，並派遣第七艦隊協防台海外，同時表示：

> 福爾摩沙若遭共產勢力占領，將會對太平洋區域及美國於此區之維和勢力造成直接威脅……台灣未來的地位，必須等待太平洋地區的安全恢復，以及對日本的和平條約成立，或經過聯合國討論後，再作決定。（英文原文為："In these circumstances the occupation of Formosa by Communist forces would be a direct threat to the security of the Pacific area and to United States forces performing their lawful and necessary functions in that area. …… The determination of the future status of Formosa must await the restoration of security in the Pacific, a peace settlement with Japan, or consideration by the United Nations."[5]）

此即為台灣地位未定的起源。

雖然杜魯門總統在一九五〇年一月五日宣布美國不會防衛台灣，國務卿艾奇遜一月十二日的演講也不把台灣列入美國防衛圈之內。戰爭爆發後，美國政府還是改變了政策。

美國軍事決策體系是絕對的文人領軍。總統任命並指揮國防部長，國防部長再直接指揮十個作戰司令部的司令。如果美軍在海外作戰，則由國防部長直接指揮美軍在戰區的最高指揮官。（詳見第六章的討論）在兩次世界大戰中，戰區的最高指揮官都是陸軍將領。韓戰也不例外。

韓戰爆發後，美國立刻派遣陸海空軍（這時已設立獨立的美國空軍）和海軍陸戰隊前往韓國作戰，並且將當時最先進的武器，包括噴射戰鬥機、M－47戰車、直升機等送往朝鮮半島參戰。首先美軍鞏固了釜山防衛圈，讓後續部隊和補給品能夠順利上岸，逐漸穩住陣腳；接著發動仁川登陸，切斷朝鮮人民軍後路，逼迫朝軍後撤；接著與聯合國軍併同韓軍反攻，越過北緯三十八度線，到一九五〇年底已經接近統一整個朝鮮半島。這時中共介入，將韓戰硬是拖長了接近兩年半。

美國出兵協助大韓民國抵抗北韓進攻，是美國「道德外交」的最高表現。中國方面在當時的宣傳是美國侵略朝鮮半島，然而這顯然是罔顧事實，刻意忽略了美軍在北韓發動進攻前就已經全部撤出。如果美國要侵略朝鮮半島，怎麼可能會這麼做？美國也是第一個將朝鮮問題提交給蘇聯扮演重要角色的聯合國去處理的大國。如果美國圖謀占據朝鮮半島的任何部分，它沒有必要這麼做。北韓在韓戰初期的軍事勝利，恰恰否定了美國侵略朝鮮半島或南韓的說法。因為他們只碰到微不足道的美軍抵抗，這些美軍還是緊急從日本調來的。另一方面，**美國也沒有侵占朝鮮半島的資源，相反的**

它還提供南韓大量經濟援助，是國際政治上「鐵肩擔道義」的最高表現。美國純粹為了反對共產主義的擴張，在自身沒有遭到直接威脅和攻擊的情況下，犧牲了三萬六千多官兵，挽救了大韓民國免於赤化，今天的韓國已經是世界上主要經濟體，各項發展居世界前列，國民生產總值和俄羅斯約略相當；而北韓則是世界上最封閉、政治最獨裁、人民最不自由的國家之一。

韓戰是美國對外政策原則的完美展現。除了道德以外，美軍以軍事手段保衛大韓民國，又阻止中共進犯台灣，防止共產主義進一步擴張，但也不支持中華民國「反攻大陸」和大韓民國「北進」，維持台海和朝鮮半島分立，可以說是道地的權力平衡概念。因為朝鮮半島一旦赤化，日本有可能就是下一個對象，或者是走上親蘇的路線。另一方面，美國以聯合國名義，糾集多國協助，是集體安全原則的最高發揚。

雖然韓戰沒有正式和蘇聯發生戰爭，但韓戰讓蘇聯意識到與美國的冷戰是可以隨時轉變成熱戰的。但是，美國堅拒對中國發動原子彈攻擊，也不讓蔣介石派兵參加，顯示無意再捲入中國內戰，這樣的態度也讓蘇聯知道美國在其本土未遭直接攻擊時，運用武力的底線。韓戰讓蘇聯有很好的機會清楚了解美國的行為模式，降低了國際關係中最可能引起戰爭的因素，即彼此的不信任及資訊不透明。這是後來冷戰始終沒有爆發成熱戰的關鍵因素。

韓戰之後，美國隨即面臨一個新的挑戰。

阿拉伯國家無意與美國合作反共

二次大戰結束後，美國在中東面臨的挑戰分別來自於四大因素：以色列的出現、蘇聯的擴張、石油政治的登場和阿拉伯民族主義。

美國第一個同意猶太人建國的正式文件是在一九二二年美國國會通過的《洛奇－費雪決議案》（Lodge–Fish Resolution）[6]，決議案聲明美國支持「在巴勒斯坦建立猶太人的國家」（"United States of America favors the establishment in Palestine of a national home for the Jewish people."）。一九二二年九月二十一日，哈定總統簽署了此一決議，使它成為美國政府的政策。同一天，國際聯盟理事會同意了這一主張。

然而，在之後整個羅斯福和杜魯門政府時期，美國陸軍部和國務院都擔心蘇聯與阿拉伯國家之間可能成為同盟，以及阿拉伯國家可能會對美國採取石油供應限制，因此反對美國直接插手干預猶太人的建國問題。

一九四七年十一月二十九日，在美國的支持下，聯合國大會通過了第一八一號決議，即《聯合國巴勒斯坦分治計劃》，決議要求英國於一九四八年八月一日之前結束在巴勒斯坦的委任統治，並撤出其軍隊；兩個月後，在總面積兩萬七千平方公里的巴勒斯坦的土地上建立兩個國家，即阿拉伯國和猶太國。根據分治決議的藍圖，阿拉伯國國土約一萬一千多平方公里，約占當時巴勒斯坦總面積的百分之四十三，人口中阿拉伯人為七十二萬人，猶太人相當稀少。猶太國國土約為一萬五千平方公里，約占巴勒斯坦總面積的百分之五十七，人口中阿拉伯人為四十九萬人，猶太人為五十九萬人。決議還規定：成立耶路撒冷市國際特別政權，由聯合國來管理。投票受到猶太復國主義支持者的大力遊說，後來杜魯門本人也指出了這一點，但決議案遭到了阿拉伯人的反對。當時聯合國有五十七個會員國，三十三國贊成，十三國反對，十國棄權。當時已經是聯合國會員國的六個阿拉伯國家（埃及、伊拉克、黎巴嫩、沙烏地阿拉伯、葉門和敘利亞）全部反對。

阿拉伯國家的反對讓美國非常憂慮，杜魯門雖然同情猶太復國主義事業，也承認以色列，但最關心的是救濟在巴勒斯坦地區流離失所的人（主要是阿拉伯人）；美國國務卿喬治・馬歇爾擔心，美國支持猶太國家將損害美國與穆斯林世界的關係，中東地區可能限制美國的石油供應，從而破壞該地區的穩定。後來也證明了美國的憂慮並不是沒有道理。阿拉伯國家在之後幾乎全部轉向蘇聯。而以色列除了農業援助之外，在一九六八年之前得不到美國的軍售。法國成為以色列主要的軍事裝備來源。換言之，現在大家習慣以為美國政府總是對以色列力挺到底，但這情況在早期是不存在的。

蘇聯在中東的擴張和二戰的結束幾乎是同步的。在地理位置上，蘇聯和中東非常接近。在政治立場上，蘇聯對於阿拉伯國家反抗歐洲的民族解放運動也表示支持的態度。以埃及來說，它是文明古國，後來卻成了英國的半殖民地。一九二二年二月二十八日，英國被迫承認埃及獨立，但仍保留對埃及國防、外交、少數民族等控制權，埃及當局仍然是英國控制下的衛星國，按英埃政府間協議英國可以隨時為了保護英國在埃及利益對埃及出兵。這樣的國家當然不會對西方國家有好感。一九五二年七月二十三日，以納瑟（Gamal Abdel Nasser）為首的軍人發動軍事政變，推翻法魯克王朝，成立「革命指導委員會」，掌握國家政權，獲得真正獨立。蘇聯立刻承認了新政權。

伊朗也是反對聯合國一八一號決議案的國家。一九五一年，伊朗將石油工業收歸國有，要求英國中止對伊朗石油工業的掌控。這時，美國一方面不希望英國繼續在中東延續殖民帝國的地位，因此並不支持英國在伊朗和埃及企圖維持原有控制力的軍事行動。另一方面，美國也不希望蘇聯繼續軍事擴張或在這一區域發展影響力。此外，美國希望這些新興的獨立國家了解美國對殖民主義的態度和歐洲老牌帝國主義截然不同，加上美國本身獨立建國的歷史，會讓這些國家認為美國是朋友，進而支持美國的外交政策，主要是加入美國圍堵蘇聯的行列。但是這三個目標經常可能是自相矛盾的。

一九五三年起，美國分別同土耳其、伊拉克、伊朗等國先後締結雙邊軍事協定。一九五五年二月二十四日，伊拉克和土耳其在巴格達簽訂《互助合作公約》，即《巴格達公約》。隨後巴基斯坦與伊朗政府也宣布加入。十一月，所有成員國齊集巴格達，宣布「巴格達公約組織」正式建立；組成了部長理事會和軍事、經濟、反顛覆、聯絡等委員會，總部設在巴格達，由一位秘書長領導，常設秘書處，以主持日常工作。美國沒有正式加入，以「觀察員」身分列席「巴格達公約組織」的會議。因為美國不想擔任領導工作，以免讓成員國家認為該組織是美國控制中東的工具。

然而，阿拉伯國家並沒有真心想加入美國圍堵蘇聯的行列。首先，以色列的建國讓他們認為消滅以色列比抵擋蘇聯共產主義重要，而且各國甚至還認為蘇聯是他們對抗以色列的重要夥伴。其次是各國間的分歧和仇恨遠大於他們對共產主義的畏懼。一九五九年三月，伊拉克退出《巴格達公約》，組織總部亦從原來巴格達遷至土耳其安卡拉，改稱為「中部公約組織」。

以色列與英法策動蘇伊士運河危機

埃及是當時最麻煩的問題。

美國在中東的決策一開始是決定圍堵蘇聯，讓共產主義無法將此一地區赤化。為了達到這個目的，美國需要派駐軍隊，同時讓這個地區接受西方的民主。但是很快的就發現當時這裡除了利比亞以外，沒有國家願意提供土地給美國建設軍事基地。其次是阿拉伯國家普遍無意建立美式的民主政體。雖然美國本身就是民族解放和解殖趨勢中誕生的國家，但美國的經驗在這一區域沒有吸引力。中東國家，甚至包括以色列，沒有國家視美國為可以作為模範的「山上之城」。[7]

美國後來將策略轉向爭取「領頭羊」。當時設定的領頭羊正是埃及。美國認為需和英國合作，決定用兩個方法爭取埃及：一個是調停以色列和埃及之間的衝突，另一方面是出錢協助埃及興建亞斯文水壩。埃及拒絕加入「巴格達公約組織」，代表它對共產主義的威脅不在意，所以沒辦法藉由協助它反共為手段和它合作。

一九五六年五月十六日，埃及承認中華人民共和國，六月，埃及決定接受蘇聯對亞斯文水壩的資金與工程援助。美國決定威嚇納瑟。美國國務卿杜勒斯向埃及表示，美國不會支援亞斯文水壩的興建。美國當時認為如果蘇聯食言，埃及就會受到懲罰，因為兩頭落空。如果蘇聯願意履行承諾，那麼美國可以向所有共產國家宣傳蘇聯寧可讓你們貧窮，也要拿錢砸在非洲的沙漠裡。

納瑟認為遭到了美國的羞辱，決定將埃及境內的蘇伊士運河國有化。英國和法國決定聯合以色列出手干預。一九五六年七月，英法決定聯合採取軍事行動。美國在八月一日表示不能讓運河為單一國家掌控，這讓英法認為對軍事行動是一種鼓勵。

英法決定以以色列為合作對象。值得注意的是，**以色列之所以願意加入英法是因為美國的緣故。美國當時的中東戰略是避免得罪阿拉伯國家，因此對以色列非常冷淡，不肯軍售以色列，讓以**

色列不得不和法國和英國買武器。一九五五年九月，蘇聯以捷克為代理，與埃及締結了軍售協定，蘇聯將提供埃及約兩百架米格十五型噴射戰鬥機等等大批各式海陸空武器裝備。埃及即將接收的這批武器，在質與量兩方面都堪稱空前。這些武器在埃及手中將對以色列構成極大的威脅。讓以色列憂心的還有另一個原因，就是蘇埃還計畫組織聯合軍事指揮部。

以色列總理裴瑞斯（Shimon Peres）竭盡全力促使法國與以色列結盟。儘管此舉遭到以色列政府內部若干人士的批判甚至嘲弄，但裴瑞斯在法國下的工夫終於有了成果：他從法國取得不少武器，還與法國內閣部長、軍官與國會議員建立了信任與友好關係。一九五六年六月，以色列與法國簽署「高潮」（Ge'Ut）協定，法國開始大舉提供以色列武器。[8]

當然，納瑟執政之後，高張的阿拉伯民族主義和反猶色彩也讓以色列深刻感到威脅。這時候和英法結盟，誠然會面對戰爭，但不和英法結盟，一旦埃及來攻，以色列怎麼辦？因此，以色列決定賭一次。「獨眼龍將軍」戴陽（Moshe Dayan）向英法提議，派遣一支小規模部隊空降西奈，地點選在蘇伊士運河以東約三十英里（約四十八公里）處，對運河造成明顯威脅。法國與英國再宣布運河陷入危險，向埃及與以色列發出最後通牒，要求兩國撤軍到距離運河兩側各十英里的新防線。這等於是要埃及撤出整個西奈半島，讓以色列占據西奈，將勢力伸入運河附近。以色列會接受這項通牒，而埃及當然會拒絕。法國與英國於是有了藉口，在以色列出兵三十六小時以後，發動對埃及的軍事行動。

一九五六年十月，英國、法國和以色列舉行了秘密會議，並在十月二十四日達成秘密的三方協定。會議的三方制訂了重奪蘇伊士運河的計劃，原則上採取了戴陽的建議。

十月二十九日，以色列不宣而戰，幾個小時後英法出於運河航運安全發表了最後通牒，（要求兩國立即停火，並從運河兩岸各向後撤退十英里），以色列表面接受停火卻繼續入侵，兩天後占領了加薩走廊和整個西奈半島，並迅速向運河區挺進。但納瑟總統拒絕英法的停火提議，從而為英法兩國入侵埃及，奪取蘇伊士運河並推翻納瑟政權提供了藉口。

十月三十一日，英法兩國調動了一百多艘包括航空母艦在內的各式軍艦，二百餘架飛機從賽普勒斯、馬爾他島上起飛，對埃及進行轟炸並摧毀埃及的空軍力量。兩國調動的飛機數量多得要臨時啟用一個已經沒有保養的機場。十一月五日，英軍傘兵在運河旁邊的塞得港（Port said）登陸，英國皇家海軍陸戰隊則占領了海灘，從而占領了運河部分地區，塞得港遭到巨大損害。在西奈的埃及主力軍隊不得不後撤保衛運河。英法的主要目的是奪下運河，但是遭到了埃及軍隊和城市居民的強烈抵抗，並在街頭進行了激烈的巷戰。

美國不滿這次秘密行動，他們將英法的侵略看作是殖民主義的再次體現。美國總統艾森豪直接致電英國首相艾登（Robert Anthony Eden）施壓。十月三十日，蘇伊士運河的問題被遞交到安理會進行討論，但是英法使用否決權，以防止美國和蘇聯通過安理會決議對其軍事行動進行譴責。美國在聯合國安理會也提交議案要求英法立即撤軍，遭到英法兩國否決後又敦促聯合國大會召開緊急會議，正式通過決議要求停止戰爭並從埃及撤除所有外國軍隊，並建議建立臨時聯合國軍進入埃及。但是英法並沒有立即停止。

另一方面，蘇聯表示支持埃及，並警告英法兩國，必要時蘇聯將動用核武器（雖然北約的情報顯示，蘇聯當時根本沒有能夠直接從本土襲擊巴黎或倫敦的飛彈）。一九五六年十一月五日，蘇聯向三國發送外交照會和最後通牒：如果不停止侵略行為，將採取軍事措施，並從以色列撤回了蘇聯大使，同時向美國提議聯合軍事行動阻止其繼續侵略。

美國不支持英法以出兵埃及對蘇聯是很大的鼓舞，但艾森豪認為道德上美國不該再支持殖民主義，這是首要的原因。其次希望能夠拉攏第三世界國家，避免他們倒向蘇聯社會主義陣營。此外，英法的軍事行動事先並沒有通知美國和其他北約盟友，英法沒有履行自己的責任，因此美國認為自己沒有責任幫助英法。最後，三國的侵略行為，給了蘇聯勢力進入這一地區的藉口，蘇聯之前的勢力除了在埃及以外，非常微弱。對蘇聯來說，還能通過插手蘇伊士運河危機，淡化國際社會對其出兵匈牙利的關注。

一九五六年十一月六日，在強大的國際、特別是美國之壓力下，英法兩國被迫接受停火決議。

隔天，各方軍隊停火。以色列也在十一月八日同意撤出西奈半島。但是實際上以色列遲至隔年三月才從西奈半島和加薩撤出。

一九五六年的事件相當程度是美國未能遵守「權力平衡」原則的結果。以色列願意當英法馬前卒的原因是美國不支持它的安全。權力平衡又因為蘇聯的介入倒向埃及一方，逼得以色列只能選擇和英法合作。美國不滿意英法的行為，但它的作為恰恰讓英法朝它不想要的方式發展。因為它沒有給出正確而夠有力的訊息，未能嚇阻英法採用武力。

英法干預蘇伊士運河的舉動在美國的反對下挫敗，讓英法在這個地區的影響力大為降低，之後美國只能單獨在這一地區圍堵蘇聯。不過以色列也藉此證明了本身的力量讓美國不需派兵參加以阿戰爭。**因為沒有傷亡的顧慮，之後這讓美國支援以色列的成本降低到任何政黨執政都願意也能夠承擔，不需要以結束對以色列的介入作為政治訴求，這是美國在中東議題上能夠保持一定的政策彈性的重要原因。**美國可以不必以派兵的方式來支援以色列，而援助有許多形式可以採用，可多可少，且不像出兵一定要有正面的結果才行。對美國來說，如果派兵，就算打勝了也要面臨戰後的收拾重建問題。**從一九五六年開始，美國的政策開始傾向施惠於讓它能有更大彈性的對象。**

艾森豪主義開始美國對中東的積極介入

為了讓中東局勢恢復平靜，艾森豪在一九五七年一月五日發表演說，意旨若中東國家受到另一個國家武裝侵略，可以跟美國提出經濟或軍事上的援助，只要這些國家面臨「國際共產主義控制的任何國家的武裝侵略」。艾森豪在演說中提到中東對自由世界的重要性，而聯合國不可能是一個完全可靠的自由保衛者，因此他要求美國國會授權總統為了保衛中東的主權獨立與領土完整，可以使用美國武裝部隊，並在一九五八年和一九五九年兩個財政年度內可自由支配約兩億美金於相關事務。此即「艾森豪主義」（Eisenhower Doctrine）。最初僅有伊朗、伊拉克、土耳其和巴基斯坦少數幾個國家支持，後來含沙烏地阿拉伯亦在內的十三個國家表態支持。[9]

一九五八年七月十四日，伊拉克發生政變，建立伊拉克共和國。艾森豪總統稱其為「韓戰後最嚴重的危機」。伊拉克革命後第一天，美國馬上派遣兩萬名海軍陸戰隊員登陸黎巴嫩，準備干預伊拉克。在亞洲，美國的軍事行動讓毛澤東認為亞洲出現權力真空，成為他發動一九五八年金門砲戰的主要原因之一。

一九六〇年代美國對中東石油的依賴開始增加。但是當時中東石油仍然是由七家西方國家的石油公司控制，號稱「七姊妹」[10]，七姊妹聯合行動，壓低產油國家所能分到的售油利潤。一九六〇年九月十日至十四日，來自伊朗、伊拉克、科威特、沙烏地阿拉伯和委內瑞拉的政府代表齊聚巴格達，商討如何提高本國生產的原油價格，以及如何應對跨國石油公司的單方面行動。儘管美國強烈反對，各國決定組成「石油輸出國家組織」（OPEC），以確保可以從主要石油公司獲得最優惠的價格。一九六一年一月，OPEC正式宣告成立。阿拉伯國家認為開始有了有效的武器可以反制以色列和西方國家。蘇聯也決心在中東發展影響力，大量軍援埃及和敘利亞，支持他們的反以鬥爭。

一九六七年以色列和埃及、敘利亞和約旦爆發戰爭，結果以色列大勝，占領了埃及的西奈半島、約旦的約旦河西岸及耶路薩冷東部和敘利亞的戈蘭高地。埃、敘認為是奇恥大辱，積極準備復仇，蘇聯答應供應埃、敘兩國所有需要的武器。以色列和埃及展開了消耗戰。

一九七三年十月六日，埃及和敘利亞再次對以色列發動戰爭，這次以色列基於政治因素，沒有先發制人，而埃敘兩國的戰爭準備比之前充分許多，所以初期以色列陷入苦戰，但埃敘的損失也相當大。因此，雙方分別和蘇聯與美國尋求軍援。尼克森決定全面空運軍火到以色列。到了十月十四日，尼克森決定援助不能再耽擱下去了，下令美國空軍「把所有能飛的玩意都飛往以色列！」。這項名為「五分錢救援行動」（Operation Nickel Grass）的任務於是展開，大量C－141和C－5運輸機開始飛往以色列，蘇聯也同步增援埃及，最後以色列取得勝利，美蘇聯手要求參戰各國停火，戰爭結束。

美國的軍援讓「石油輸出國家組織」極為憤怒，為了打擊對手以色列及支持以色列的國家，宣布石油禁運，暫停出口，造成油價上漲。禁運最初針對的國家是加拿大、日本、荷蘭、英國和美國，後來又擴展到葡萄牙、羅德西亞和南非。第一次石油危機直至一九七四年三月結束。

在以色列軍事上最危急的時刻，美國發動這種規模的空運支持以色列的重要原因之一是美國在一九六七年之後已經投資下去了，至少阿拉伯世界已經認定美國是支援以色列的。如果美國在以色列最需要美國的時刻不支持以色列，阿拉伯不見得會感謝美國，反而會認為美國甘心承認輸給了阿拉伯民族主義，這對美國在這一地區的影響力只有更壞。其次是蘇聯的影響力將居於絕對主導地位，這是冷戰時代美國所難以接受的。

美國在中東的介入讓今後的幾十年，中東問題一直都是美國外交決斷的最重心。不僅是因為以色列的遊說深入國會，也因為以色列是這個區域內唯一的民主國家，支持以色列符合美國的道德外交原則。以色列也是美國在中東最有價值的情報來源。中東的石油關係美國和自由世界的經濟甚鉅，若遭蘇聯控制，美國將直接在冷戰中失敗。

一九七九年，伊朗國王被推翻，伊朗由反美政權所掌握，採取激進的反美路線，同時以美國、沙烏地阿拉伯等波斯灣周圍的阿拉伯國家、以色列三者為敵，於是伊朗一直到今天還是美國最頭痛的安全問題。美國在這一區域需要保持一定實力，以維護石油資源不落入蘇聯之手，並防止伊朗輸出伊斯蘭革命，控制中東阿拉伯國家。這無疑是現實主義的路線。另一方面，美國也出面調停以色列和埃及之間的衝突，達成了自由主義的國際合作。

一九七八年九月六日，在卡特總統的邀請下，美國、埃及和以色列三方在大衛營舉行高峰會議。與會的三國首腦除了美國總統卡特之外，有埃及總統沙達特（Muhammad Anwar el-Sadat）及以色列總理比金（Menachem Begin）。在持續十二天的會議後，雙方簽署了《關於實現中東和平的綱要》和《關於簽訂一項埃及同以色列之間的和平條約的綱要》兩份文件，即著名的「大衛營協議」（Camp David Accords）。埃、以雙方並在第二年正式簽署了和平條約，內容包括兩國相互承認、停止自第一次中東戰爭以來一直存在的戰爭狀態、關係正常化，以色列同意完全從一九六七年六日戰爭期間占領的埃及西奈半島撤出其武裝部隊和平民。埃及同意離開非軍事區。該協議還規定以色列船隻可以自由通過蘇伊士運河。

「大衛營協議」成功地促成三十年內發生四場大戰和無數衝突的兩個國家走上談判桌，從勢不兩立到化敵為友，同時雙方取得了雙贏的結果，以色列得到和平及外交承認，埃及則不費一兵一卒以和平方式收回失土。**自此之後，美國在中東的影響力確立，埃及完全脫離了蘇聯的掌控，因此被認為是美國外交上的最高成就。**

越戰讓美國身陷泥淖

二次大戰的重大影響之一就是日本的侵略削弱了歐洲列強在亞洲殖民地的力量，並且掀起了民族解放運動。在越南北部，共產黨（起初名為勞動黨）以抗法為號召，建立了「越南民主共和國」（北越），南方則在一九四九年建立了君主立憲的「越南國」（南越）。越南共產黨和法國進行了九年的戰爭，一九五四年在奠邊府戰役中擊敗法軍，法國撤出中南半島。之後美國為了阻止北越的共產黨勢力向南越擴張，全力支持越南國首相吳廷琰在南越建立反共政權，打算圍堵共產黨。

一九五五年，吳廷琰在西貢發動政變推翻越南國皇帝保大，建立「越南共和國」，世稱「南越」。一九五九年，越共中央委員會決定以武力統一越南，並且在一九六〇年，組織南越的反政府力量，組織了「越南南方民族解放陣線」，一般稱之為「南解」，號召成立一支人民的軍隊，目的是推翻美國在越南南方的統治，和平統一祖國。之後「南解」開始在北越支援之下，於南越展開游擊戰。

一九六一年二月十五日，越南南方民族解放陣線把越南共和國境內各地的人民武裝統一組成「越南南方人民解放武裝力量」，從事游擊戰，這支部隊一般稱之為「越共」，事實上由越南勞動黨南方局（北越的派出機關）實施集中統一領導指揮。北越同時派遣軍隊滲透到南方來作戰，這些軍隊一般稱為「北越軍」。

面對北越的武力統一壓力，艾森豪政府時期決定不出兵介入，只是提供軍事和經濟援助給南越，並且派遣軍事顧問指導南越使用美援武器。一九五五年一月起，美國將「美駐印度支那軍事顧問團」改為「美駐南越軍事援助顧問團」。這時候，美國出現了所謂的「骨牌理論」，就是假如中南半島落入共產黨的控制，其他東南亞國家都會出現骨牌效應，逐漸被共產黨赤化，因此美國覺得有必要盡力協助南越。隨著越共游擊戰強度的增加，美軍顧問團從幾百人不斷擴大。到一九六三年底，美國在南越的軍事顧問和支援部隊達一萬六千三百人。

一九六一年一月二十日，甘迺迪就任美國總統，就職演說中稱：

> 為確保自由的存在和自由的勝利，我們將付出任何代價，承受任何負擔，應付任何艱難，支持任何朋友，反抗任何敵人。這些就是我們的保證——而且還有更多的保證。

當時在寮國已經出現共黨叛亂，美國軍事顧問開始以特種作戰方式對共黨作戰，**但若是北越真的以武力統一南越，無疑是直接挑戰甘迺迪所闡揚的價值**。一九六四年八月，美國兩艘驅逐艦在越南東京灣外海，遭受北越的魚雷攻擊。美國立刻決定出兵協助南越對抗北越侵略，並派軍轟炸北越。這被稱為「東京灣事件」。

一九六五年七月，詹森總統批准投入十二萬五千名美軍，佐以空中支援，被認為足以構成優勢兵力對付北越軍和越共的游擊戰。結果戰況越演越烈，到一九六五年底，增至十八萬四千人，一九六六年達四十二萬，一九六八年達到五十四萬四千人。這種逐次增兵的副作用很大，因為這形成了一種美國始終無法戰勝共產黨的印象。讀者可能會問何以不一次增兵到位？原因是美方每次增兵時都認為那是已經足以消滅所面對敵人的絕對優勢兵力。**問題出在於，美國始終沒有足夠的情報以正確估計北越的決心與續戰的能力**。美國軍事學家發現逐次增兵還有另一個副作用，即有助於北越逐漸習慣美軍的力量。

越戰是二次大戰之後規模最大的戰爭，各方直接參戰兵力最多的時候超過二百萬人，美國在南北越投下的炸彈超過了二次大戰的總量。從一九六五年開始，美國以海空軍飛機對北越發動轟炸，稱為「滾雷作戰」，一開始是報復越共游擊隊對南越美軍設施的攻擊，後來就被賦予戰略意義：第一要增強南越西貢當局的低落士氣；第二要迫使北越放棄對南越境內共產主義暴動的支持；第三要摧毀北越的運輸系統，工業基地和空防系統；第四是阻截由北越向南越境內開進的人員和物資。

另一方面，美國陸軍和海軍陸戰隊則開抵南越，協助南越對抗北越軍和越共游擊隊的攻擊。美軍很快就發現敵人的數量與戰鬥力遠超過當初的估計。因此必須不斷增兵，越戰成了以南越為主要戰場的消耗戰。一方面，美國和南越軍以「搜索和殲滅」為基本戰術原則，盡可能搜出北越軍和越共，再發動攻擊消滅他們；北越軍和越共則以不斷的伏擊和偷襲作為回應，當兵力足夠時，也會對美越軍發動大規模的正面攻擊行動。美軍的作戰還包括大量的空中支援，就是當地面戰鬥進行時，以空軍、海軍及陸戰隊飛機對地面部隊實施密接空中支援。另外投入大量直升機，從事運兵、傷患後送、物資運輸和火力支援。同樣的作戰型態也在柬埔寨和寮國進行，只是美國對兩地沒有投入地面部隊，只是以空中武力進行轟炸。

為了對付美軍的轟炸，蘇聯和中國援助了北越整套國土防空系統，包括雷達站、防空飛彈、米格戰鬥機和各種口徑的高射砲。而且無償無限地提供一切北越所需的武器裝備和物資，雙方都將當時最先進的軍事技術（除了核武以外），送往北越參戰。美國空軍很快發現，它的戰機性能及飛行員的訓練方式都是為了完成對蘇聯的戰略轟炸任務，換句話說，它們只適於打核戰爭，忽略了空戰格鬥技巧。又因為美國擔心轟炸行動會誤炸蘇聯的軍事顧問讓蘇聯捲入戰爭，對北越轟炸的目標都由華府，甚至是詹森總統親自指定。這當然完全符合美國政治文化中文人領軍以及分權的傳統，甚至為了避免誤炸平民，滾雷行動之初僅限於軍事目標。這不僅讓轟炸行動綁手綁腳，也讓詹森和美國政府負起了太重的責任。

轟炸效果不彰讓詹森政府受盡抨擊，因為美國國會和民間沒有辦法在軍事上看見北越攻勢的明顯緩解。在政治上更因為被擊落飛行員淪為戰俘的數量不斷增加而飽受壓力，原先的四項戰略目標也被認為完全沒有達成。[11]這些都轉化成對詹森政府的質疑和責難。地面部隊的傷亡更讓美國社會掀起巨大的反戰、反徵兵浪潮。這些讓詹森作出了放棄競選總統連任的決斷。由於美國在參戰近四年後仍無法讓北越停止南侵，一九六八年北約發動的「春節攻勢」更嚴重挫傷了美國政壇和民間的信心。雖然從軍事面來看，春節攻勢和八二三炮戰結果是一樣的——美國協助它的反共盟友擊退了共產黨的攻勢，戰前和戰後的情勢幾乎完全相同，但是詮釋的不同決定了之後的命運。當然這種詮釋也和先前美國的投入有關。當美國人民看見南越人民在美國如此大規模的傾力相助後，仍然沒有像他們期望的那樣支持西貢當局和美國，不由地產生退出越戰的念頭。

一九六八年十月，美國宣布停止轟炸北越。十一月尼克森當選美國總統，一九六九年，美國開始實施「越戰越南化」政策，開始與北越和南解進行會談。

尼克森犧牲南越與中華民國

美國推動的「越戰越南化」其實是合情合理的。就筆者看來，任何國家的人民本來就該自己為自己的生存奮鬥，向外國尋求援助雖是天經地義，但不能等同於直接要求甚至倚賴由外國軍隊來代自己作戰。詹森放棄競選連任以後，尼克森以結束越戰作為競選訴求，策略是逐步撤軍，並且為了釜底抽薪，他決定改善與中國的關係。尼克森有三重戰略目的：近程是希望緩解中國對北越的支援，以保美國退出越戰後，南越不會立刻崩潰；中程是希望中國和美國站在同一陣線，減少革命輸出，避免骨牌效應（中南半島一一赤化）太快發生；遠程是聯合中國對抗蘇聯。尼克森的具體作法則是讓南北越簽訂和平協議，同時和中華人民共和國關係正常化。

尼克森很清楚他這樣做必然會犧牲南越和中華民國，除非他們能夠在軍事與外交上自立。南越的問題是軍事，因為它正直接遭到北越的軍事攻擊，美國一撤出越戰，它就可能在軍事上崩潰。中華民國的問題是外交，因為從一九六〇年代以後，它的外交合法性就直接遭到中華人民共和國的直接攻擊，主要是各個非共國家逐漸將外交承認從台北轉向北京，聯合國的會籍也遭受嚴重挑戰，美國再一次轉向「聯中制蘇」策略，它就可能在外交和正當性上倒下。但尼克森認為他必須這樣做，因為美國民意要他退出越南。

透過與中國合作來結束越戰的正當性，可分從三個層次來看。在道德層面上，當時美國參與越戰被認為不符合道德原則，因為轟炸對南越民間造成慘烈的破壞，更何況南越被認為本是一個貪腐無能的政權。就現實政治考量來說，聯中制蘇完全符合現實主義中的權力平衡，而且看來沒有不符合美國利益的地方。當然和共產主義握手言和並不符合美國圍堵共產主義的意識形態，但在多數歐洲非共國家已經承認中華人民共和國之後，這也不是主要問題。從自由主義角度來看，若能簽訂和平協議終止戰爭，並非不能接受。

美國人民對詹森最不滿的地方除了越戰傷亡之外，就是認為他沒有說實話，沒有告訴美國人民真實的狀況。詹森一直告訴美國人民「事情正在好轉」，他不肯增稅以支應支出，約瑟夫．奈伊認為詹森這麼做的原因是他不想被認為是懦夫，也不想引起「大砲和奶油孰重」[12]的辯論，以防國會不支持他推動民權與緩解社會問題的「大社會」（the Big Society）政策。

為了滿足美國人民的期待，尼克森決定逐步撤退駐越美軍。但是同時他解除了詹森時代對轟炸目標的限制，升高對北越的轟炸，進攻柬埔寨以摧毀北越的基地，並且派飛機以水雷封鎖北越的海防港。這些強硬舉動讓尼克森表面上看來像鷹派，其實他準備簽訂和平協議，讓美國軍事力量一勞永逸地撤出越南。

另一方面，他不斷向台灣方面重申支持態度，其實暗地裡他正準備和中共破冰，因此才需要安撫國會和台北。尼克森在共和黨內屬務實派，意識形態雖反共，外交上卻奉行大國地緣政治的實用主義。他當選總統前，曾於一九五三到一九六七年間六次訪台，是擔任過美國總統中的人訪台次數最多的一位。一九五三年十一月八日，韓戰剛結束，他就以艾森豪政府的副總統身分訪問台灣，蔣介石夫婦親赴松山機場歡迎尼克森夫婦，邀其入住士林官邸，待以上賓之禮，「飲食，行動，一任其自便」。首次來台，尼與蔣正式談話四次，共有十小時之多，宋美齡全程參與。蔣在日記中這麼記錄他與尼的談話：「每次談話雖時間已到，而彼仍不忍終止，認為余之意見增加其新的思想，為其政府決定新政策時之寶貴參考資料也。」尼克森對蔣全心全意要解救中國人民，使其脫離共產黨統治的立場「印象良深」，卻認為蔣的反攻計畫不切實際。他明確告訴蔣，美國軍力不會用來支持他的反攻行動。

一九六七年四月十日，尼克森最後一次訪台，這時他已在爭取成為共和黨總統候選人。蔣再次接見尼克森，就世界局勢及亞洲反共情勢交換意見。尼告訴蔣：「越戰如至明年不能解決，則其美國人民不耐，必皆厭戰，不惜任何代價，要求和平矣。」在此，尼克森明確警告蔣，美國會「不惜任何代價」，但蔣似乎沒有重視這項警告。[13]

一九七二年，尼克森派遣國家安全顧問季辛吉開始和北越接觸談判。一九七三年一月二十七日，美國、南越、北越和越南南方民族解放陣線簽訂了《巴黎和平協議》，協議的目的是停止越南戰爭，謀求和平。協議內容包括在八十日內釋放戰俘、成立「國際控制及監察委員會」監察雙方停火、南北越舉行自由及民主選舉、美國撤軍，以及兩越統一。之後，美國不再直接參戰，然而北越並沒有遵守協議。

一九七四年三月十五日，尼克森暗示北越若破壞停火，美軍將出兵干預，但是當時已經沒有人支持美軍重返越南，尼克森本人又身陷水門事件中，他的發言反而被認為是轉移他自己的政治危機。六月四日，美參議院通過了禁止出兵干預越南的決議。八月，尼克森因為水門事件即將遭到彈劾，他選擇辭職。美國國會表決削減對南越的援助資金，由每年十億美元削減到七億美元。南越失去了美國的支持，民心士氣迅速崩盤。北越於一九七五年發動攻勢，消滅了西貢政府。

美國在越戰上犯了什麼錯？

越戰對美國外交的影響不下於二次大戰。首先是由於越戰慘痛的教訓，美國從此對出兵干預外國內戰採取非常審慎的態度，甚至盡可能避免。美國知識界分析在越戰這件事上美國犯下的錯誤，很少是認為美國因此損失了一個反共的夥伴，**而是美國的決策錯誤，意即美國一開始就不該介入這場戰爭**。他們的理由包括這是一場民族解放戰爭，美國不該干涉越南人民的自由選擇；美國不該也無須支持不受當地人支持的政權；即使是較為右派的人士，也認為美國不該介入這種力有未逮的衝突。

台灣的反美人士經常認為越戰是美國「始亂終棄」，認為是美國讓南越陷入共黨之手。這種說法和另一種常見觀點很類似，就是若無美國調停國共內戰，國民黨不會輸掉中國內戰。兩者邏輯相同，都把內戰失敗的責任推給美國。蔣中正就經常在日記中將國民黨的失敗歸咎於美國，忽略了國民黨的貪汙腐敗和內部鬥爭和美國沒有關係。國民黨政府若干嚴重的政策錯誤，如濫發金圓券，也不能怪罪美國。

事實上，筆者認為越戰仍然是美國「鐵肩擔道義」的表現。越南對美國完全沒有任何值得一提的資源，美國出兵參加越戰也不是為了要擴充領土吞併越南，純粹只是像韓戰一樣，為了阻止共產主義赤化南越。在過程當中當然有犯下不少錯誤、態度傲慢和過度使用武力的問題，但一個國家純粹只是為了弘揚自由民主的意識形態，願意投注這麼龐大的資源、承受如此慘重的犧牲，可以說是史無前例的。

除了阻止北越侵略之外，美國也希望南越建立一個民主的國家、一個富足的社會。因此除了大量軍援以外，美國對南越投入了龐大的經濟援助，包括在鄉村修建公路、橋梁等基礎設施、學校、醫院等等，還有救濟難民、改善公共衛生、為南越民眾免費義診、施打疫苗和推動農業改良（以贈送或低利貸款方式讓農民得到農耕機械和家畜、農耕指導、新作物引進、贈送肥料、重修水利設施等等），同時促使西貢當局從事政治、經濟和社會改革。一九六七年南越制定第二共和憲法，實施總統和國會的全面普選，一九七〇年南越通過「耕者有其田」法案，實施土地改革，廢除佃農制度，將土地分配給自耕農。雖然戰火不斷，南越人民的民主政治和生活水準都大幅提高，是不爭的事實。而西貢政府雖腐敗，但在南越遭北越統一後，原有的民主政治完全消失，生活水準更一度大幅下降，造成大批難民外逃，更有許多知識分子、資本家，甚至包括「南解」的幹部和支持者都被大量清洗、拘禁甚至處決。

美國在越戰犯下的錯誤不是去幫越南打仗，而是沒有研發出足以勝利的戰術戰法。因為如無美國參戰，相信北越可以早十年統一南越，並不存在「南越可以打贏，是美國來打仗才讓南越失敗」的可能性。

越戰和韓戰雖然經常被拿來類比，其實仍有很大的不同。韓戰得到聯合國的授權，但越戰沒有。韓戰時，美國高度支持南韓李承晚政權，雖然李政權也有許多白色恐怖的劣跡。越戰時，美國以不夠民主為理由，支持軍方將領發動政變推翻吳廷琰。軍事上，美國在韓戰時作戰決心比較堅決，一路越過北緯三十八度線，幾乎殲滅了整個北韓，後來雖然因為中國參戰被回推至三十八度線以南，但北韓已經元氣大傷。但在越戰中，美國始終沒有派地面部隊進攻北越，讓北越可以始終維持一個主動進攻的態勢和實力。

此外，北越滲透南越可以透過在柬埔寨與寮國的「胡志明小徑」來進行。美國始終沒有辦法阻斷這種滲透，這使整個南越變成戰場。綏靖作戰的困難和戰爭的附帶損傷讓南越人民不支持美國，而在韓戰時北韓沒有這樣的優勢，無法假道一個虛弱的陸地鄰國來滲透南韓。之後越南直接干預柬埔寨的赤柬政權，派軍進攻並將其推翻，赤柬成了第一個，也是截至目前為止唯一一個被武力推翻的共黨政權。自由民主與共產陣營在冷戰中對峙多年，多次瀕臨戰爭邊緣，然而，最終真正曾經推翻共產政權的竟然是另一個共產政權，不得不讓人興嘆歷史的耐人尋味。

進軍巴拿馬推翻獨裁者

美國入侵巴拿馬雖然是在冷戰結束之前，實際上已經是美國單極力量的一次展現，也是一年多後第一次波斯灣戰爭的寫照。

一九八三年，巴拿馬軍事強人諾瑞加（Manuel Antonio Noriega）通過政變自任巴拿馬國防軍總司令，實際掌握軍政大權。諾瑞加是美國的老朋友，美國長年透過他，支持尼加拉瓜反抗軍以對抗蘇聯和古巴支持的尼加拉瓜桑定政府（Sandinistas）。諾瑞加也利用這個機會發展個人帝國，包括成為大毒梟。

一九八九年五月，巴拿馬舉行總統大選，反對黨聯合推舉之總統候選人吉列爾莫．恩達拉（Guillermo Endara）獲得選舉勝利，但諾瑞加宣布選舉無效，發動政變成立軍事政權。同年九月美國對巴國實行經濟制裁，十二月十五日，諾瑞加操縱的巴拿馬全國民眾代表大會採取緊急措施，任命諾瑞加為政府首腦，授予絕對權力，並宣布巴、美處於戰爭狀態。

十二月二十日，以保護美國僑民、保護民主選舉，和打擊販毒的名義（巴拿馬當時為國際販毒的一大洗錢中心），美國總統老布希下令兩萬七千名美軍展開代號「正義之師作戰」（Operation Just Cause）的軍事行動，以推翻諾瑞加的軍事獨裁，讓在之前選舉中勝選的恩達拉就任總統。諾瑞加兵敗逃入教廷駐巴拿馬大使館，後來出降，在美國接受審判並服刑至二〇〇七年。

美國進攻巴拿馬的行動對世界各國來說是「門羅主義」的變型再現。從某個角度來說，諾瑞加當局可說捋了美國的虎鬚，他不顧美國在巴拿馬運河區駐紮有數萬軍隊的事實，公然發動美國所不支持的政變，又和美國宣戰，遭到迎頭痛擊是必然。反之，美國直接以軍隊介入推翻政變後的政權，扶持民選文人復位，並且在一九九九年依據承諾，將巴拿馬運河區的控制權完全移交給巴拿馬政府，這又是道德外交的展現。許多台灣人批評老布希政府單方面入侵巴拿馬是一種粗暴的帝國主義惡行，這樣的批評忽略了巴拿馬國內政治的前因後果。

出兵伊拉克挽救科威特

伊朗於一九七九年發生宗教革命之後，國內政治一時陷入混亂，伊拉克認為有機可乘，在一九八〇年九月二十二日對伊朗發動攻擊，雙方陷入長期的消耗戰。打了八年的兩伊戰爭在一九八八年結束以後，伊拉克的經濟極端惡化。伊拉克總統海珊努力阻止石油輸出國家組織大量增產石油而導致油價下降，沙烏地和科威特卻仍然在提高石油產量，伊拉克對此極為氣憤。一九九〇年七月下旬，伊拉克與科威特之間的談判停止，伊拉克在科威特邊境大量駐軍。七月二十一日海珊發表談話，指責科威特在過去十年不斷地在邊界地區偷石油，要求科威特撤消所有外債並支付二十四億美元。科威特拒絕後，伊拉克於八月二日派戰車和步兵開入科威特。在兩天的激戰後，伊拉克獲得了決定性的勝利。八月八日，伊拉克正式吞併科威特，將之設為伊拉克的第十九個行省。

美國要求聯合國安理會召開會議，聯合國通過第六六〇號決議譴責伊拉克對科威特的入侵，要求伊拉克撤出科威特。美國總統老布希很快就宣布美國將發動一項旨在防止伊拉克入侵沙烏地阿拉伯的防禦行動——「沙漠之盾行動」（Operation Desert Shield）。接著美軍大舉進入沙烏地阿拉伯，另有超過二十個國家提供支援，包括出兵、提供後勤及財政支援，情況一如一九五〇年的韓戰。

以美國為首的多國部隊在取得聯合國授權後，於一九九一年一月十七日開始對科威特和伊拉克境內的伊拉克軍隊發動進攻，主要戰鬥包括歷時四十二天的空襲、在伊拉克、科威特和沙烏地阿拉伯邊境地帶展開的約一百小時的陸戰。多國部隊勢如破竹，重創伊拉克軍隊。伊拉克最終接受聯合國安理會第六六〇號決議，並從科威特撤軍。

這次戰爭是美軍自越南戰爭後主導參加的第一場大規模局部戰爭，也是第一場聯合國會員國之間的戰爭。美國在外交和軍事上都大獲全勝，一方面確立了世界領導者的地位，一方面一掃越戰失敗的陰霾。第三個收穫是和中東地區的阿拉伯國家建立了穩固的關係。美國因為在一九七三年的第四次中東戰爭支援以色列而與阿拉伯國家鬧壞了關係，至此完全恢復。不過我們也要注意到，伊拉克在攻占科威特之後就按兵不動，讓美國有接近六個月時間從容部署軍隊，美軍是在獲得了戰力上的絕對優勢後才發動攻擊大敗伊拉克。未來美國和它的盟國可能不會有這樣的好運氣。

波斯灣戰爭雖然對冷戰情勢沒有直接影響，但美國展現的外交和軍事優勢還是對蘇聯政府與人民都形成了一定程度的衝擊。不過，美國在光復科威特之後立刻撤軍，並未順勢解決海珊政權，同時卻駐軍中東，強化了沙烏地阿拉伯這樣被伊斯蘭世界許多人批評為腐敗又專制的政權（一方面是為了確保石油來源，一方面也為了制衡伊朗），為後來賓拉登的蓋達組織埋下了反美的因子，導致了多年之後的九一一事件和反恐戰爭。

雷根啟動軍備競賽

雷根於一九八一年就任美國總統後，決定全力對蘇聯展開軍備競賽。但同時美國也全力聯合中華人民共和國以制衡蘇聯，在意識形態和地緣戰略上同時採取攻勢。他有兩個目標：第一，遏制蘇聯的擴張，讓蘇聯受挫或停止；第二是重建軍備，扭轉蘇聯的戰略優勢，並且使蘇聯的戰略優勢變為戰略負債。

美國總統有一定任期，現任總統有連任的壓力，因此會對介入衝突沒有耐心。越戰是最好的例子，而蘇聯領袖沒有任期，不須面對民意壓力，因此看來比美國更有長期衝突的本錢。但是蘇聯的國力不如美國，不能期待非共國家自動選擇共產主義，只能以大量的資源援助和美國作對的國家，藉此維持它的影響力，甚至企圖讓對方轉型為共產國家。這就和雷根的策略針鋒相對，只是這次雷根不再像越戰那樣出兵代為打仗，而是全力強化美國的軍事力量，要讓美軍從越戰的損傷中恢復起來。雷根還發起軍備競賽。事實上，此時美國的核武已經足夠摧毀蘇聯，但是雷根決定要多毀幾次。

當時美國的戰略核武策略有所謂的「三腳架」概念。三腳架的第一隻腳是洲際彈道飛彈。這是威力最大的核子武器。到一九七〇年代末期，一枚洲際彈道飛彈可以攜帶十枚不同的核子彈頭，每枚有廣島原子彈二十倍的爆炸威力。它從美國飛往蘇聯只需三十分鐘，而且它的速度和彈道讓它幾乎無法被攔截。第二隻腳是戰略轟炸機，可以從空中發射核子飛彈或投擲核子彈。第三隻腳是部署在核子潛艦上的潛射彈道飛彈。它的原理、功能和洲際彈道飛彈相同，只不過是以潛艦為基地。

三種核武都各有優缺點。地面發射的洲際飛彈速度最快、威力最大，也最準確，但是發射基地固定，因此很容易遭蘇聯先制打擊摧毀。戰略轟炸機速度最慢，但是可以攻擊各種目標，特別是其機動性使其有戰略上的特殊意義。轟炸機只要一升空，就可產生確定的戰略嚇阻優勢。因為蘇聯無法知道，美國也不會讓他們知道，美國在地窖裡的洲際彈道飛彈是否已經瞄準目標，甚至連美國自己也不能保證洲際彈道飛彈是否在需要發射時能正常發揮功能，因為那是一次性使用的武器，平時不可能試射。相反的，轟炸機在平時是可以藉由飛行訓練和戰略值班飛行確定其可靠性。[14]

潛射彈道飛彈則因為隱藏在茫茫大海之中，因此在面臨可能的核武「第一擊」的威脅中，可以保持安全，是最可靠的反擊武力。但潛艦本身是移動的，以一九七〇年代的科技，要精確確定本身的位置不是那麼容易，這就影響到它的命中精度。因為命中精度取決於彈道，而彈道的精確計算由飛彈和目標間的相對位置決定，座標越精確，命中率越高。同時，潛艦本身成本非常高昂，其費用包括建造、操作和人員訓練，因此造成的財政壓力遠比陸基彈道飛彈高。此外，當它回港時，艦上飛彈通常須解除戰備，不像洲際彈道飛彈可全時待命發射擔任嚇阻任務。

針對洲際彈道飛彈的缺點，雷根做總統時決定發展威力更大、更準確的MX飛彈（LGM-118 Peacekeeper），還有可以機動發射的「侏儒」洲際彈道飛彈（MGM-134 Midgetman）；又為了改進轟炸機易被攔截的問題，開始發展隱形轟炸機，可以突破蘇聯雷達網展開第一擊；發展更新的「三叉戟」潛射飛彈，射程更長，可以在更遠離蘇聯的海域發射，這樣就等於是增加了它的匿蹤範圍。而潛射飛彈的提升，也使它逐漸具備精確打擊蘇聯核武基地的能力。

為了制衡首要敵人，雷根還決定援助敵人的敵人。阿富汗游擊隊直接和蘇聯交戰，安哥拉游擊隊和古巴作戰，都得到美國的大力支援。雷根也持續在中東支持以色列和埃及的和平架構。兩伊戰爭中，雷根支持伊拉克以制衡伊朗。

然而雷根做的最大戰略決策就是全面和中國合作，支持中國改革開放，並且協助中國強化軍事力量。中國的改革開放核心理念是「打開門、允許動、減少管」，由鄧小平在一九七九年開始推動，而雷根在一九八一年就職，恰好形成結合。一九八一年六月十六日，鄧小平會見雷根的國務卿海格（Alexander Haig），鄧針對台灣問題向美國提出警告：

> 擺在我們面前最敏感的問題還是美國向台灣出售武器。現在台灣海峽形勢很平靜，有什麼必要不斷向台灣出售武器？這樣的問題涉及到中國最大的政策之一，就是要統一祖國，使台灣回歸祖國。就中國方面來說，希望發展兩國的關係。但我們也不迴避。不能不想到，假使這個干擾行動太厲害會引起相應的反應，導致中美關係停滯，甚至倒退，思想上要有這種準備。

鄧小平說得很硬氣，如果美國不理會中共的民族感情，那就讓中美關係倒退吧。面對鄧小平的威脅，雷根政府作了巨大讓步，最終與中國簽署了《八一七公報》，確認美國今後「向台灣出售的武器在性能上和數量上不超過中美建交後近幾年的水準」，並答應對台軍售「經過一段時間導致最後的解決」。但是雷根終究拒絕了鄧小平希望他施壓蔣經國接受「一國兩制」的要求。[15]

雷根同時還啟動「戰略防禦計畫」。一九八三年三月二十三日，雷根宣布了他的這項構想，其核心內容是：以各種手段攻擊敵方的外太空洲際戰略飛彈和外太空太空飛行器（主要是人造

八一七公報

1982年8月17日

發生背景：

- 《上海公報》和《建交公報》一直沒有有效解決美國對台灣的軍售問題。雙方只是闡明了各自的立場，未達成共識。
- 雷根總統啟動冷戰升級，把蘇聯視為頭號目標，中華人民共和國的戰略重要性於是大幅提升。中方乃順勢要求美國解決台灣問題，特別是美國對台灣的軍售。

對台灣的影響：

- 美國承認中華人民共和國政府是中國的唯一合法政府，並承認中國的立場，即只有一個中國，台灣是中國的一部分。
- 美國政府非常重視與中國的關係，並重申無意侵犯中國的主權和領土完整，無意干涉中國的內政，也無意執行「兩個中國」或「一中一台」政策。美國政府理解並欣賞1979年1月1日中國發表的告台灣同胞書和1981年9月30日中國提出的九點方針中所表明的中國爭取和平解決台灣問題的政策。
- 美國政府聲明，向台灣出售的武器在性能和數量上將不超過中美建交後近幾年供應的水平，並準備逐步減少對台灣的武器出售，並經過一段時間導致最後的解決。

以上中文翻譯採自美國在台協會公布的「中美關係重要文件」，https://web-archive-2017.ait.org.tw/zh/taiwan-relations-act.html

衛星），以防止敵對國家對美國及其盟國發動核武打擊。其技術手段包括在外太空和地面部署高能定向武器（如微波、雷射、高能粒子束、電磁動能武器等）或常規打擊武器，在敵方戰略飛彈來襲的各個階段進行多層次的攔截。

「戰略防禦計畫」的目的在於「打瞎眼、打斷手」。所謂「打瞎眼」是指摧毀蘇聯的人造衛星，讓蘇聯喪失大部分監控、預警美國洲際飛彈攻擊的能力，確保美國具備可能的「第一擊」能力。而「打斷手」則是指以定向武器摧毀蘇聯還擊的飛彈（因為蘇聯的戰略轟炸機實力遠不如美國），這樣蘇聯就無法對美國的「第一擊」實施報復。

戰略防禦計畫的外交意義在於它揭示了美國戰勝蘇聯的決心，這個訊息非常明確，可以有效避免過去美國因為沒有明確表達防禦決心與實力而招致的戰爭。其次，它有助於美國強化、結合同盟。如果美國能在太空攔截蘇聯對付美國的飛彈，同樣的技術和部署也可以保護北約和日本，因此盟國不會反對；第三是美國因此發展出來一系列軍事技術，是盟邦可以參與發展和共享的。當然最重要的是對蘇聯形成了巨大的震撼。蘇聯知道它的科技實力和美國有差距，很難部署同樣的武器來抗衡，又加上雷根的核武更新策略，蘇聯陷入了新一輪軍備競賽的困境，最終因經濟被拖垮而崩潰。

為意識形態而戰的世界警察

美國從韓戰開始，確定了圍堵的具體作為必須以現實主義與自由主義兩者的結合為基礎。現實主義強調國家生存是最重要的，因此需要重視軍事力量、國家地位與疆界，以及權力平衡。自由主義強調國際組織、國際合作和集體安全，也重視「普世價值」，致力於弘揚國際政治的道德層面，包括民主政治、自由市場經濟和民族自決。不可否認，不是在每一件事情上美國的作為都無可非議——為德不卒、執行手段錯誤，與雙重標準的案例並非罕見。但和歐洲強權在過去的殖民主義、擴張領土和肆意切割、瓜分其他民族的土地、掠奪本國以外土地上的資源相比，理性的國際關係學者都不會認為可以把美國與舊殖民強權相提並論。

冷戰時期的特徵是美蘇對抗，約瑟夫．奈伊曾在《理解國際衝突》中提到，「在十九世紀，托克維爾（Alexis de Tocqueville）曾經預言，美國與俄羅斯必將成為世上雄霸大洲的大國。現實派因此可以預測，這兩個國家遲早會出現若干形式的衝突。」[16] 托克維爾當然無法預期之後會有布爾什維克革命，為這種衝突添上一層意識形態的意涵。二次大戰後，由於美、蘇以外其他強權均告沒落而形成兩強獨霸的兩極化，以及戰爭削弱了英法兩國，因此導致的權力真空，改變了美國和蘇聯間的關係。早先，兩國之間雖說互不信任，但保有相當距離，在國際事務上沒有甚麼交鋒，因此在二次大戰以前，兩國可以敬而遠之。但二戰讓兩大強權在歐洲必須正面交鋒，意識形態和對戰敗國處理方式的不同所產生的激烈衝突在一九四七年以後開始出現，使對抗無可避免。

從一九四七到一九九一年這段時間裡，美國削弱蘇聯的方法就是支持和美國有相同政治體制、意識形態的國家，向鐵幕「吹風」，並廣泛介入國際事務以推動自由民主與市場經濟的散播，甚至不惜投入武力。**可以說同時擔任「世界牧師」和「世界警察」，而組建各類國際組織、提供國際援助，調停各類衝突，等於是擔任「世界村長」**。雖然美國沒有直接攻擊蘇聯本土，但韓戰讓蘇聯察覺到美國會在完全未遭攻擊的情況下，為意識形態而戰。所以蘇聯為了自身體制的安全，只能長期投入和美國競爭的軌道中。為了避免被自由民主影響，蘇聯封閉社會，其代價就是經濟和思想的僵化與停滯。圍堵政策和美國對區域戰爭的積極，讓蘇聯不得不把國民生產總值的百分之二十投入軍費，這讓蘇聯最終走上崩潰之路。

奈伊指出：

> 難道兩極化結構一定會造成這種衝突效應嗎？再怎麼說，蘇聯是一個以陸地為基礎的國家，而美國是一個強調海權的國家，難道兩國就不能各霸一方、互不侵犯嗎？問題就在於，世界政治的關鍵，也就是那些足以影響權力均勢的國家都位在蘇聯周邊，特別是日本與歐洲尤

然。大戰結束後，喬治．凱楠在描述世局時指出，世上有美國、蘇聯、歐洲與日本四大科技與產業創造區，這四大區的結盟足以改變全球權力均勢。歐洲與日本成為美國盟友、與蘇聯作對的事實，對全球權力均勢有深遠的影響。[17]

筆者認為，這種態勢來自於美國外交的三原則：第一，道德外交讓美國在意識形態上能夠團結歐洲和日本，並結為同盟；第二，現實主義讓美國重視軍事和權力平衡，因此得以保衛歐洲和日本，並在嚇阻蘇聯發動戰爭的情況下以軍備競賽拖垮蘇聯；最後，自由主義強調的國際合作和集體安全則在歐洲促成了北約，讓日本非軍事化。二戰後獨立國家紛紛出現，削弱了歐洲的力量，也讓美國更能藉由國際合作鞏固它在美洲以外的力量，無論是硬實力或是軟實力。美國在中東的作為不論如何，完全排除了英法的影響力，無論以色列或阿拉伯國家都知道，也相信美國才是這個地區的老大。

不過，美國對民主政治的支持，優先順序經常排在反共意識形態之後，這一點台灣人應該都很熟悉，因為這從美國仍支持李承晚政權和蔣中正戒嚴體制都可以看得出來。李承晚拒絕和北韓商量進行全韓大選，處決北韓特使，又在國會大選中慘敗，都沒有讓他失去美國的支持。對中華民國的支持也完全是同樣的邏輯；同樣的，為了對付更大的共產黨敵人（蘇聯），美國可以和較小的共產黨敵人（中國）合作。在冷戰結束後這個邏輯沒有變，只不過合作的對象從中國轉為越南，敵人則變為中國。

看起來，現實主義是冷戰中國際關係的主軸，**但是我們不能忽略，「道德外交」是美國勇於和蘇聯對抗的鑰匙。美國的一切國際行動被讚許或批判，道德因素的完整與否是關鍵。美國以「維持現狀」、「避免或調停衝突」為警察行動的目的，也可用這個因素來解釋。畢竟戰爭造成人命的傷亡，被認為是最違反道德的。**

但中國透過改革開放，設法將自己整合進冷戰後的「世界新秩序」，避免直接接替蘇聯的冷戰地位，成為美國的主要敵人。由於中國和美國的龐大貿易關係，加上中國並不威脅歐洲，美國難以聯合歐洲對抗中國，因此中國得以安然度過冷戰後的最初十年。九一一事件更讓一切為之改變。

5 第五章

美國獨霸的年代

塞爾維亞對新世界秩序的挑戰

蘇聯解體後，美國迎來了作為世界獨強的年代。美國的道德外交和意識形態被認為是冷戰勝利的原因，早在蘇聯尚未正式解體的一九九〇年，美國就認為「世界新秩序」已經來臨。一九九〇年九月十一日，老布希總統對美國國會發表演說，指出「新秩序」是：

建立一個「穩定而安全」的世界，一方面鞏固圍堵的成果，維持同蘇聯抗衡時的軍事力量，另一方面有效地應付地區衝突以及諸如環境汙染、武器擴散、毒品走私、恐怖主義、全球經濟等超越國界的問題；

按照美國的價值觀，在全球鞏固和推進自由與民主，促進政治多元化和自由市場經濟。為實現以上目標，美國要充當領導角色；以聯盟為基礎，協調聯盟各國的集體行動，共同分擔責任；爭取美蘇合作，建立美蘇合作體制；以軍事力量為後盾，確保美國在世界各地的利益；維護地區穩定；發揮國際組織，特別是聯合國的作用；強調解決全球經濟問題對建立世界新秩序的重要性。

他的話很快就接受了考驗。蘇聯的解體並不必然帶來區域的和平。一九九一年三月十六日，塞爾維亞總統米洛塞維奇（Slobodan Miloševi ）在電視上宣布南斯拉夫聯邦結束。斯洛維尼亞、克羅埃西亞、馬其頓隨後分別宣布脫離南斯拉夫獨立。在波士尼亞與赫塞哥維納通過公投於一九九二年獨立後，原南聯邦內部僅存的塞爾維亞共和國和蒙特內哥羅共和國則合建了全新的南斯拉夫聯盟共和國，即南聯盟（為行文方便，下文簡稱為塞爾維亞）。

另一個新成立的民族國家克羅埃西亞也是衝突的一方。早在一九九〇年八月，一場名為「圓木革命」的叛亂在克羅埃西亞境內塞爾維亞人口聚集地內爆發。這些叛亂地區隨後宣布將加入塞爾維亞，同時更名為「塞爾維亞克拉伊納共和國」（Republic of Serbian Krajina，僅存在五年）。一九九一年六月，克羅埃西亞發表獨立宣言後，克羅埃西亞部隊和留在克羅埃西亞境內的塞爾維亞居民發生零星的衝突。九月二十二日塞軍襲擊克羅埃西亞首都札格雷布（Zagreb），衝突正式升高克羅埃西亞和塞爾維亞正規軍的戰爭。戰爭最激烈的地區是多數塞爾維亞人群居且靠近塞爾維亞的斯拉弗尼亞地區（Slavonija）。

米洛塞維奇當時訴求的主張是「全體塞爾維亞人生活在一個統一的國家」，即在那些獨立的國家中塞族人要有民族自決權。這一政策導致民族混居的地區產生衝突，被反對者批評為「大塞爾維亞主義」。在波士尼亞和赫塞哥維納共和國（為行文方便，下文簡稱為波士尼亞）內居住的穆斯林因此和塞爾維亞人產生了嚴重衝突。塞爾維亞人武力較穆斯林為強，因此控制了波士尼亞約七成的土地，並且對穆斯林展開驅逐和屠殺。一九九二年四月六日，就在歐洲共同體承認波士尼亞與赫塞哥維納共和國獨立的當天，其境內五個塞爾維亞人自治區宣布聯合成立「塞族共和國」（Republic of Srpska），獨立於波士尼亞之外，但依然留在南斯拉夫社會主義聯邦共和國之內。塞爾維亞人的行動立即招致了波士尼亞政府的鎮壓，駐紮在波士尼亞與赫塞哥維納境內的塞軍亦招致穆斯林和克羅埃西亞兩族武裝部隊的攻擊。四月七日，塞軍出動飛機轟炸了克羅埃西亞族武裝力量的彈藥庫，武裝衝突驟然升級。衝突由首都塞拉耶佛向外蔓延，引爆全面內戰。

一九九四年三月，波士尼亞境內的穆斯林和克羅埃西亞人雙方同意共組聯邦，以共同對抗境內塞爾維亞人。一九九五年八月，克羅埃西亞陸軍對塞爾維亞克拉伊納共和國發動正面攻勢；前者在經歷數日戰鬥後大勝，而支持克羅埃西亞一方的波士尼亞軍則獲得了戰略性勝利，擊敗了反叛的「西波士尼亞共和國」。[1]

美國最早介入這一地區，是在一九九五年二月，克羅埃西亞希望美軍給予軍事支援，以平定塞爾維亞克拉伊納共和國。當時美國沒有同意支援，因為當時美國的軍事戰略是以同時打贏兩場大規模的區域戰爭為基礎。在一九九五年時，這兩場區域戰爭是朝鮮半島和波斯灣。

然而，塞爾維亞在波士尼亞的殘暴種族清洗讓歐洲人認為這是希特勒在二戰時的暴行重演，因此北約組織決定介入，首先是在波士尼亞境內設立安全區，派遣「保護部隊」保護當地的穆斯林，隔開各方的武裝部隊。之後任務逐漸複雜化，因為塞軍依然故我，因此北約保護部隊如果不和塞軍衝突，就無法達成其任務，但北約各國又不想真的派遣足夠的兵力和塞爾維亞真的進行地面戰爭。這可能招致大量傷亡，這是歐洲各國最不願意的。

柯林頓政府參與北約軍事行動

美國這時的決斷就成了最重要的一環。美國的作法是支持北約，因為這畢竟是發生在歐洲的衝突，而且冷戰剛結束，北約的未來充滿一定程度的不確定性，需要有一件能夠群策群力完成的事來予以鞏固。波士尼亞的衝突是北約二戰後第一次集體實際從事軍事行動，如果失敗，北約存在的目的會受到很大的打擊。

其次是嚴重的難民問題。在這兩場戰爭中，關於各方對平民進行種族清洗式大屠殺的指控層出不窮。一九九五年在波士尼亞與赫塞哥維納發生的屠殺，有人懷疑是米洛塞維奇控制下的塞爾維亞特種部隊所為，米洛塞維奇後來因此被控犯有種族屠殺罪。

第三是俄羅斯的態度。蘇聯解體後，俄羅斯會走向怎樣的發展道路，一直是美國和北約組織所非常注意的。發生在原南斯拉夫地區的這些衝突，會不會讓俄羅斯認為因為該地區陷入無政府狀態或衝突，讓俄羅斯有機會藉由干預或援助武器等拓展勢力範圍，近而威脅西歐？美國必須有所行動避免這種危險的發生。

一九九七年七月，同年科索沃自治省的叛軍「科索沃解放軍」成立。他們襲擊塞爾維亞部隊，並殺害塞族官員和他們認定的與塞爾維亞合作的阿爾巴尼亞人和塞爾維亞人。塞爾維亞部隊和科索沃解放軍的衝突截至一九九八年造成在科索沃境內阿爾巴尼亞人數百人死亡以及上萬名平民的流離失所。

一九九九年二月六日，在北約的壓力下，塞爾維亞所派出的代表跟在科索沃境內阿爾巴尼亞人所派出的代表舉行和平談判，談判的基礎是美國草擬的方案，其主要內容是：尊重塞爾維亞的領土完整、科索沃享有高度自治、塞爾維亞軍隊撤出科索沃、「科索沃解放軍」解除武裝、按當地居民人口比例組成新的警察部隊維持治安，以及北約向科索沃派遣多國部隊保障協議實施。這個方案對雙方來說都難以接受，在科索沃境內的阿爾巴尼亞人堅持最終要走向獨立，並且不願解除武裝，塞爾維亞則不同意科索沃獲得自治共和國的地位，亦反對北約部隊進駐科索沃。

但是，主持談判的北約表示，這個方案的內容不許改變，雙方都必須接受，否則拒絕的一方將受到懲罰。在談判陷入僵局後曾一度休會，之後阿爾巴尼亞人代表簽署了協議，但塞爾維亞方面仍然拒絕簽字。三月十九日，北約向塞爾維亞發出最後通牒，五天後北約發動了空中打擊，科索沃戰爭爆發。北約對塞爾維亞的軍事目標和基礎設施進行了連續七十八天的大規模空襲，米洛塞維奇最終妥協，接受協議基本內容，同意從科索沃撤軍，由北約接管科索沃，允許多國部隊進駐科索沃。

在柯林頓的決斷下，美國決定出動最先進的空中力量支援北約行動，七十八天的空戰中，北約總共出動了三萬八千零四架次，其中美國空軍居主導地位，占了三萬零十八架次。但是，奇特的是美國並沒有聯軍的最高指揮權。北約組織在整個作戰全期，所有決定都需要十九個會員國一致通過。這些決定包括對空襲目標的選擇。因此許多目標都因為疑似有平民出沒而不能被攻擊。**事實上，北約共識決就是道德外交的一種展現，意思是大國不能支配小國。所有軍事行動都需由北約秘書長索拉納直接下令或同意後**，再交由歐洲盟軍總司令，美國陸軍的克拉克上將（Wesley Clark）執行。

科索沃戰爭期間的美軍不僅願意與盟軍協同作戰，而且還特別注意不可傷及平民。這在他們對AH－64阿帕契攻擊直升機的部署一事上就可以看出來。鑑於在高空中飛行的固定翼攻擊機速度太快，很難發現藏匿在樹林或建築物之間的這類目標，克拉克上將要求美國國防部派遣駐歐美軍的AH－64阿帕契攻擊直升機到戰區，因為阿帕契直升機的任務就是獵殺塞爾維亞的戰車和裝甲人員運輸車。然而，依據戰場經驗，攻擊直升機由於速度比一般固定翼攻擊機慢很多，飛行高度又低，因此特別容易遭受敵人低空防空武器（如肩射防空飛彈、高射炮甚至輕武器火力）所傷。所以依據美國陸軍準則，阿帕契直升機不會單獨執行任務，而需要地面大量的火力支援，主要包括多管火箭發射器和陸軍戰術飛彈系統（Army Tactic Missiles，簡稱ATACMS），以數以千計的集束小炸彈橫掃目標區，以制壓敵人的防空砲火和防空飛彈。但在科索沃戰區，北約的接戰準則是盡量避免平民傷亡，導致這種戰術根本不可行，因為不能在可能還有平民所在的地區就發射大量彈藥橫掃該地區。但不這樣做又被認為不能保障阿帕契直升機能順利執行任務。結果就是，在整個戰役全期，美國陸軍部署了二十四架阿帕契直升機，但從未出過一次任務。

柯林頓的作為堪稱威爾遜以來美國外交三大支柱的完美典範——道德外交（阻止對弱勢族群發動的種族屠殺）、現實主義（以美國強大武力消滅「壞人」）和自由主義（國際合作與集體安全）。同時美軍幾乎零傷亡，而且美國算是做到了充分尊重區域內國家的意願。柯林頓的典範可以進一步延伸來解釋川普為什麼如此不受歐洲國家歡迎，因為美國承擔的義務和責任向來就遠大於歐洲各國。一九九九年柯林頓總統在美國承擔八成的戰鬥任務時，並沒有開口要德國或義大利多負擔費用。而川普則是在美國並沒有付出這麼大兵力和資源的今天，開口責難歐洲。

師出有名的阿富汗戰爭

阿富汗戰爭經常被和伊拉克戰爭相提並論，但其實有很大的不同。因為各國普遍同意九一一事件是阿富汗塔利班政府庇護的蓋達組織所為，因此美國的軍事行動在國際間得到更多支持。

九一一事件後，美國向塔利班政府發出最後通牒，要求他們：第一，把蓋達組織高層成員交給美國；第二，釋放所有被監禁的外國人；第三，保護在阿富汗的外國記者、外交人員與支援人員；第四，讓美國人員檢查所有恐怖分子訓練營，證實它們全部被關閉。塔利班政府則拒絕與美國對話，但他們也透過在巴基斯坦的大使館要求美國提供證據，讓他們自行在伊斯蘭法庭起訴賓·拉登。後來他們提出把賓·拉登移送到中立國，但小布希總統拒絕這些條款。聯合國安理會在二〇〇〇年十二月十九日要求塔利班移送賓·拉登到美國或第三國就一九九八年的恐怖攻擊接受起訴，以及關閉所有武裝訓練營，否則將會制裁阿富汗。[2]

北約組織在九一一事件後，首次動用上一章曾提及的《北大西洋公約》第五條創立的集體自衛機制，和美國一起採取軍事行動以支持反對塔利班的勢力，並迫使其土崩瓦解。美軍在阿富汗戰場的行動大致分為兩個階段。第一階段是二〇〇一年至二〇一四年的代號為「持久自由行動」（Operation Enduring Freedom）大規模軍事作戰行動，目的是打擊和消滅基地組織，以及支持他們的阿富汗塔利班。第二階段則是二〇一五至今的代號「自由哨兵」（Operation Freedom's Sentinel）的維持和平行動，目的是保護和扶植阿富汗的民選政權。二〇〇二年六月，阿富汗主要的反對勢力領袖以及流亡分子成立臨時政府二〇〇四年進行政權的重建進程，確立新憲法及籌備總統選舉。十月，阿富汗人民依據新憲法選出第一位民選總統卡爾扎伊（Hamid Karzai）。二〇〇九年八月，阿富汗舉行第二次總統選舉，卡爾扎伊連任。五年後，阿富汗又舉行第三任總統選舉，加尼（Ashraf Ghani）當選。經過新的阿富汗政府與美國交涉，美國決定於二〇一四年撤離阿富汗。

近年來，阿富汗政治與經濟重建雖取得積極進展，但安全局勢持續不靖，塔利班依舊活躍，腐敗、毒品氾濫等問題也威脅阿富汗的穩定和發展。**不過在民選政府成立後，塔利班也同意和談，這是歐巴馬決定美軍逐步撤離的理由之一**。二〇一〇年十月成立了塔利班執政前的前總統拉巴尼（Burhanuddin Rabbani）擔任主席，眾多前聖戰領導人參加的「高級和平委員會」（The Afghanistan High Peace Council），負責推動阿富汗政府與塔利班等反政府武裝組織和談。二〇一二年一月，阿富汗塔利班宣布在卡達設立和談辦公室，用以與美國等接觸和談。經過多年的談判，二〇二〇年二月二十九日，美國與阿富汗塔利班在卡達首都杜哈簽署協議，美軍將在十四個月內全面撤出阿富汗，結束十八年來的武裝衝突。

重挫美國的第二次伊拉克戰役

二〇〇二年九月，小布希總統發表演說，認為伊拉克正在研發大規模毀滅性武器（核子和化學武器），呼籲聯合國執行早先安理會對伊拉克的幾項決議案。之後，聯合國安理會通過決議，要求伊拉克總統海珊與國際查核人員全面合作，證明他確實遵照十年前通過的決議，交出一切大規模核子與生化武器方案。海珊准許國際檢查人員四年來第一次重返伊拉克。

但是，美國已經大舉增兵進駐與伊拉克接壤的科威特與卡達，國會也通過法案，授權美國對伊拉克用兵。二〇〇二年十二月與二〇〇三年二月，國際檢查人員提出報告說，伊拉克當局與他們局部合作，但沒有全面合作，並且要求給他們多一些時間，讓他們完成任務。布希政府擔心當地天氣即將轉熱，又鑑於部隊備戰工作已經完成，認為再拖延下去只會折損部隊銳氣，也讓伊拉克有更多的準備，因此美國要求安理會通過第二項決議案，授權對伊拉克用兵，但沒有成功。美國、英國以及一小支聯盟軍，於是以早先的決議案已經為用兵提供法理基礎為由，於二〇〇三年三月侵入伊拉克。不到三個半星期，巴格達淪陷，海珊逃走。[3]根據美國國防部長倫斯斐（Donald Henry Rumsfeld）的說法，美國對這場戰爭最終要達成的目的包括：一、剷除海珊政權，強勢主導伊拉克人民建立新政府。二、搜尋並銷毀藏匿在伊拉克境內的大規模殺傷性武器以及恐怖分子。

這次戰爭中，美國沒有得到像一九九一年波斯灣戰爭那樣的國際支持，因為許多國家看來，美國這項行動幾近於侵略，因為伊拉克對美國並沒有構成迫在眉睫的威脅。事實證明，打贏戰爭容易，贏得和平難得多。雖然一開始，部分長期遭到海珊政權迫害的什葉派與庫德族地區的居民對美軍表示歡迎，但前遜尼統治團體與一些什葉派組成叛軍與占領軍展開戰鬥。[4]這些叛軍獲得一些外國恐怖分子的援助，其中包括約旦出生的基地組織頭目奧薩加維（Abu Musab al-Zargawi）。奧薩加維越界進入伊拉克，希望在伊拉克繼續基地組織的反美聖戰。布希政府沒有備妥足夠兵力，無力處理海珊政權崩潰後發生的搶奪劫掠，也沒有做好因應叛軍的準備。美國原本可以運用重建爭取伊拉克民心，提升美國在當地的軟實力，但海珊政權崩潰後發生的暴力與叛亂事件阻礙了重建工作。

歐巴馬在二〇〇八年競選總統時，以結束伊拉克戰爭為主要政見，他上任後開始撤軍。二〇一〇年，美國單方面宣布戰爭正式結束。八月十八日，最後一批美軍戰鬥部隊跨越伊拉克與科威特的邊境，伊拉克戰爭正式結束。但截至二〇一一年十月，美國仍然在伊拉克保留三萬以上的軍隊，負責保護美軍基地和訓練親美伊拉克政府的安全部隊。美軍與伊政府談判二〇一二年延長駐軍合約時，希望保留三千人以上駐軍，並希望未來美國駐軍不受伊拉克法律管轄，但未獲伊政府同意。因此美國時任總統歐巴馬於十月二十一日宣布，美在伊拉克駐軍將於二〇一一年底前全部從伊拉克撤除。此時美軍在伊拉克喪生人數已達四千四百七十六人。到了二〇一一年十二月十八日，最後一批美軍戰鬥部隊撤出伊拉克。

這場戰役違反了先前美國干預區域戰爭的原則。首先是美軍兵力不足以維持伊拉克全境的治安，除了增加傷亡之外，也讓美軍陷於被動，因為不足的兵力無法徹底掃蕩敵對分子，或斷絕他們的武器供應。依據現實主義的標準，美軍的軍事規劃與執行都不及格。若從自由主義的角度來衡量，美國政府在國際合作方面更是負分。出兵伊拉克沒有獲得聯合國授權的事實，導致許多國家認為美軍入侵伊拉克根本不合法。也因此，這些國家對伊拉克重建工作的參與也有限。

戰爭結束後，沒有找到任何大規模毀滅性武器，美國政府於是信譽掃地，以往廣受好評的軟實力遭到重挫。美國在入侵以前提出進兵伊拉克的三大理由，事實證明其中兩項——伊拉克有大規模毀滅性武器，以及與九一一事件有關——都是錯誤情報與政治性誇大扭曲的產物。不過還有第三項理由：剷除海珊的獨裁政權以後，可以促成民主的伊拉克，進而推動中東地區的民主轉型。伊拉克確實在二〇〇五年之後成功舉行了三輪全國性選舉。然而，當社會因種族與宗教區隔而四分五裂，國家機構軟弱無力時，光憑選舉不能造就完全的自由民主。不過，到二〇〇九年，伊拉克暴力事件也已經降低，因此歐巴馬總統決定美軍已經可以撤出都市地區，減少駐伊拉克總兵力，把目光轉向阿富汗國內死灰復燃的塔利班政權。

伊拉克在美軍撤軍後，二〇一四年遜尼派極端恐怖組織「伊拉克和黎凡特伊斯蘭國」

（Islamic State of Iraq and al-Sham，俗稱伊斯蘭國）趁著中東局勢混亂向伊拉克大舉進攻，導致伊拉克戰火重燃。六月，伊斯蘭國攻陷伊拉克西部和北部大片地區，包括伊拉克第二大城市摩蘇爾和多個大城，並進迫首都巴格達。但在美國和伊朗的支援下，伊拉克政府在隨後三年裡陸續收復失地。二〇一七年十一月十七日，伊拉克政府軍攻克伊斯蘭國在伊拉克境內最後的軍事據點。伊拉克恢復完整和獨立已無問題，只是需要時間重建戰爭的創傷。

北韓核武問題難以化解

伊拉克戰爭的結果讓美國要解決其他國際問題更為吃力，其中之一就是北韓。北韓也是因為持有核武而遭聯合國長期制裁的國家，並成為美國外交戰略上的隱憂。[5]在現在的世界裡，禁止核武擴散是國際共識，世界各國不分政治體制和軍力大小，都一致願意接受禁止核武擴散的協議。因為如果沒有這些措施，一些國家可能會用核武威脅他國，最後每個國家都得準備核武以防衛外來威脅，這不是每個國家都能負擔得起的。此外，如果各國都有核武，軍事衝突居於下風的國家可能就會訴諸核武，這麼一來戰爭的結果都是毀滅性的。因此，全球性的禁核體系乃維持下來，而北韓就是因為擁有核武而遭聯合國，也就是全球所有國家的制裁（至少是形式上）。[6]

一九九一年北韓主動提出朝鮮半島無核化。南北韓於當年十二月三十一日簽定《關於半島無核化協議》。一九九二年一月，又簽訂《保障監督協定》，北韓接受國際原子能機構的監督並多次接受其核查。但是之後北韓的態度開始出現反覆。

一九九四年五月三十日，聯合國安理會提出對北韓進行核計畫調查並對其反覆不合作的態度進行制裁。一九九四年六月，前美國總統卡特前往平壤斡旋後，美國總統柯林頓與北韓政府達成了《朝核問題架構協定》（DPRK-U.S. Nuclear Agreed Framework）此一協議，是北韓核危機的直接淵源。按照《朝核問題架構協定》的要求，北韓必須凍結其各種核計畫，並在所有核設施上加裝監控系統，禁止一切已經關閉的計畫的重啟。然而，另一方面，美、日、韓三國原本承諾協助北韓拆卸石墨反應爐，並建設兩座輕水反應爐和每年提供重油，卻遲遲沒有兌現。**北韓認為美國對條約沒有誠意，只是想箝制北韓發展。美國則認為北韓無意遵守協議，只是緩兵之計，事實上仍在秘密研發核武。**

小布希總統上台後，在二〇〇二年初把北韓列為「邪惡軸心」，並將北韓列為核武攻擊對象之一。當年十月，美國根據情報研判掌握了北韓仍在秘密研製核武器的證據，從而對北韓核計畫再次提出異議。北韓當局當即承認了美國的指控，北韓核危機正式爆發。二〇〇五年二月，北韓在官方電視台的新聞節目中，正式宣布他們擁有核武器。二〇〇六年七月五日，北韓在無預警情況下試射七枚導彈，並全部落入日本海。十月九日上午，北韓進行了一次地下核爆，之後又多次進行試爆。

歐巴馬時代，狀況僵持未解。川普在二〇一六年當選總統後，計劃改變二十多年來美國對北韓的政策。二〇一七年七月四日，在美國的國慶日北韓試射了一枚飛彈，飛行高度達兩千八百多公尺，飛行距離為九百三十三公里，在飛行三十九分鐘後準確擊中目標，眾多軍事專家分析這已經是理論上的洲際飛彈，可以打到夏威夷和阿拉斯加等美國邊緣領土。九月三日北韓進行第六次試爆，爆炸當量達十萬噸黃色炸藥以上，平壤聲稱其為氫彈。

為此，川普採取破冰策略，先後與北韓領袖金正恩會談三次。二〇一八年四月二十一日，北韓宣布終止核彈和洲際飛彈試驗，關閉北部核試驗場，並宣布只要北韓不受核威脅挑釁，絕不使用核武器，也不泄漏核武器和核技術。五月二十四日，以爆破方式拆除豐溪里的核試驗場。但在二〇二〇年十月十日，朝鮮勞動黨七十五周年黨慶閱兵裡，北韓又展出新式洲際飛彈，是否恢復核計畫，仍在未定之天。

朝核議題陷入國際關係理論中的囚徒困境，也就是美朝雙方都缺乏互信，擔心合作會被對方出賣，因此只好採取對抗作為，以在萬一被出賣時仍得以自保。金正恩擔心一旦棄核，萬一外國勢力特別是美國「侵略」，北韓會落入伊拉克海珊政權或利比亞格達費政權的下場。

在北韓來看，海珊政權或格達費政權垮台的原因並不是主動對外部發動戰爭，但依然遭外國的軍事干預。在本身軍力無法戰勝外敵（也就是美國）的情況下，國內反對勢力將有所依靠，而導致政權垮台。更令平壤當局擔心的是，海珊或格達費還不用面對另一個能統一江山取代自身的南伊拉克或南利比亞，又有石油為憑藉，不至於讓人民食不果腹。但即使如此，伊拉克、利比亞在外部干預下尚且無法保住政權；因此以核武的巨大破壞力以遏制外國軍隊干預，就成為平壤的唯一理性選擇——伊拉克戰爭中海珊的傳統軍力在美軍之前不堪一擊，正是平壤所要極力避免的命運。

對美國來說，要讓平壤放心棄核，就必須提供安全保證和經濟援助。前者或許比較容易，因為美國是可以作出不主動摧毀平壤政權的承諾；但經濟援助則未必能遂北韓所願。因為北韓的經濟凋敝非一朝一夕，經援會是無底洞。且美國也不可能完全對南韓統一朝鮮半島的願望予以明白拒斥，甚至還要予以支持（韓國《憲法》第四條規定：「大韓民國嚮往統一，為制訂實行立足於自由民主主義基本秩序的和平統一政策而促進之。」）。這一方面有韓國人的民族主義因素，另一方面若北韓發生嚴重亂局甚或解體，還是只有由南韓出來收拾，一如兩德統一。換言之，美國基於對南韓的承諾與尊重，不可能全然答應北韓。但華府一天不明白拒斥首爾的主張，北韓就一天不可能純然相信美國。

反恐戰爭的得與失

冷戰後美國的外交戰略是積極根據道德外交、現實主義和自由主義三項原則，來打造一個符合美國價值的秩序，並尋求與其他國家共同合作重塑世界秩序，打造成美國所要的樣貌，並且將他們吸納進美國所設計的制度和遊戲規則中。意識形態的鬥爭似乎已經成為過去。但是，世界上仍有兩類國家被美國認定為敵人，一類是共產國家，一類是美國認為的流氓國家。美國對付它們的方法也還是和冷戰時期相同：阻止它們獲得大規模毀滅性武器，進而設法變更它們的政治制度。

然而，事情的發展經常出人意表。蘇聯解體雖然大幅削弱了共產主義的號召力，但是也讓東歐過去因為蘇聯壓制的種族問題開始爆發，並形成軍事衝突。美國自身追求反殖獨立，形成美洲國家的典範；蘇聯解體後各加盟共和國紛紛自決，也形成東歐的典範。

恐怖主義的興起是另一個問題。游擊戰在人類歷史上並不罕見。但是現代的恐怖主義結合了許多民主體制不易妥善解決的因素，如貧富差距、發展差距，與種族問題。因此以傳統軍事力量，藉由戰爭方式在阿富汗與伊拉克消滅恐怖分子，再用民事方式提供經濟援助、降低貧富和發展差距，更重要的是推廣民主政治，建立開放參與的政府以化解種族問題，成了美國在這一時期的最重大決斷。

中國在蘇聯解體後，戰略重要性陡然下降，但是美國仍然決定要強化和中國的交往、貿易和合作。中國勞工可以提供美國消費者廉價的消費品、美國廠商廉價的代工生產地。美國在二〇〇一年發生九一一事件之後，在阿富汗和伊拉克發動反恐戰爭，於是美國政府更認為需要中國的合作。這也讓中國得到了重要的戰略發展期。就國際關係理論上看，美國爭取中國支持反恐戰爭，符合自由主義裡面的重視國際合作原則。但是，一如冷戰時期那樣，美國重視盟邦是否一同合作反對共同的敵人，甚於對方是否遵守民主法治規範。中國沒有改善其人權，更談不上政治改革和推動民主，但是美國需要中國一定程度的配合。中國也樂得在新的伊拉克大舉爭取訂單，鞏固石油來源以支持其經濟發展。

就筆者個人的看法，反恐戰爭耗費了美國相當大的資源，但並不像越戰那樣掀起美國社會那麼大的反彈和分裂，原因在於傷亡相對越戰少很多，因此和美國「減少傷亡」的政策目標並沒有那麼背離。再說，軍隊又已經是全志願役制度，沒有徵兵的問題，沒有人被迫投入戰爭，導致美國社會比較能容忍戰爭時間的漫長。

此外，反恐戰爭被美國歷任政府認為有兩大戰略目標：一是在當地建立民主體制，二是消除足以庇護恐怖分子的「安全天堂」。前者不能說毫無成績，至少伊拉克、阿富汗兩國都已經建立民主政體，雖然還有很多不完美之處，但比起之前的海珊政權和塔利班政權，兩國在人權與自由的保障上有大幅進步，沒有主要學者和輿論認為今不如昔。批評的人認為美國耗費鉅資卻只換來兩國慘重人命損失，這點筆者同意。但是筆者認為，一般評論對這些國家民主政治品質的批判也有欠公允，政治學者無不同意民主政治的發展需要長時間的醞釀及發展茁壯，美國和歐洲達到今日的民主政治也非一朝一夕之事。阿富汗在塔利班被推翻，建立民主政府之後，已經舉辦四次選舉，在經濟、人權保障、性別平等和社會發展有相當大的進步，這是不爭的事實。顯然，誰也不能說他們永遠沒有資格享有民主，或是斷言獨裁專制一定能比民主更能處理他們的問題。

不過，反恐戰爭造成伊斯蘭國的崛起則是當初始料未及。倫敦國際戰略學院（International Institute for Strategic Studies）於二〇〇四年的研究結論是，美國出兵伊拉克至少在全球反恐問題上適得其反；美軍在伊拉克的行為直接成為伊斯蘭極端主義組織在中東地區層出不窮的主要原因。另外，美軍出兵伊拉克也造成中東地區遜尼、什葉派勢力平衡的失衡，使得伊朗勢力的滲透到伊拉克和周邊地區。[7]

至於消除庇護恐怖分子的「安全天堂」也有所斬獲，因此美國從九一一事件之後就再未遭到類似的大規模恐怖攻擊。這也是反恐戰爭能夠持續下去，而未遭社會強烈反彈的重要原因。小布希總統能在二〇〇四年連任，就是一個明證。另一方面，歐巴馬在二〇〇八年以結束反恐戰爭為訴求而當選，但是他仍然同意對阿富汗增兵。他幾乎將在伊拉克的美軍地面部隊全部撤出，改以無人機獵殺、訓練當地部隊和資訊戰等方式從事軍事介入。本質上看，歐巴馬政府這麼做還是回歸美國軍事戰略奉行的「減少傷亡」和「縮短戰爭」原則。因為地面部隊是最容易傷亡的單位。

因為上述原因，反恐戰爭讓美國集中資源在反叛亂作戰、綏靖和精確對地支援之上。相反的，傳統上用於對抗蘇聯這種大國的武力，如先進戰鬥機、海軍航空母艦、先進的水面戰艦、潛艦都因為派不上用場。這導致在反恐戰爭期間，這些軍備的發展受到資源排擠而變慢，讓中國和美國的差距大幅縮短，演變成今天的巨大挑戰。

在這段時間裡，美國推動的政策是以武力在兩個國家內塑造美國期盼的國際秩序，並建立民主政治體制。伊拉克戰爭的最後效應究竟如何，或許要等十年或更久的時間才能加以評斷，但民調顯示，許多美國人開始認為這場戰爭成本高於獲利，得不償失。無論發動這場戰爭的原意是什麼，美國政府未能精心策劃適當手段是事實。

對台灣人來說，重點不是去指責或肯定美國的作為，而是去了解決定美國這段時間外交走向的關鍵利益、思想、與機制是什麼。這個外交方向如今發展到什麼階段或程度，是成功還是失敗？如果是失敗的，今後的美國會怎麼演變？對全球與台灣的影響又是什麼？

就筆者看來，決定這段時期美國外交決策的關鍵因素在於「美國自己是否感受到了直接威脅」。如果美國沒有感受到直接威脅，外交手段就會優先於軍事手段。而採用軍事手段的前提在於威脅感大小和彼此實力的對比。**實力的對比並不是單純拿美國的總體軍事實力和對手相比，而是「能部署到戰場的軍事實力」**的對比。而能部署多少軍事實力到戰場，就受戰場區域內的國家影響。

美國能夠打塞爾維亞、阿富汗與伊拉克的前提是因為能夠在周邊國家部署能夠發動攻勢的軍隊，當然得到周邊國家的同意。**而周邊國家是否同意，取決於戰爭對他們的威脅程度、被攻擊的國家和他們的外交關係，還有最重要的是否會遭到敵軍反擊**。塞爾維亞是北約共同感到的威脅，因此在道德、現實主義和自由主義三方面的考量來看北約都有責任，因此歐洲國家同意讓美國部署軍力，甚至自己也出兵。攻打阿富汗是因為美國自己遭到了攻擊，歐洲國家也擔心這樣的攻擊會發生在自己的國土，同理心很強，周邊國家也和塔利班政權關係不佳，同意美國部署軍隊，因此美國採取了軍事行動。

攻打伊拉克則欠缺直接威脅的理由，所以歐洲出兵的意願就遠不如出兵阿富汗那麼堅強了，但是削弱伊拉克對周邊國家有利，伊拉克和他們的關係也不好。同時塞爾維亞、阿富汗和伊拉克都沒有能力對周邊支援美國軍事行動的國家實施反擊，因此波斯灣周邊國家都支持美國在伊拉克的軍事行動。

北韓的問題就不同了。美國沒有對北韓採取軍事行動的原因在於美國認為威脅還不嚴重，周邊國家也不支持美國主動發動對北韓的攻擊，特別是中國和南韓，南韓和日本更會擔心北韓可能的反擊。北韓每次刻意將飛彈射進日本海，就是嚇阻日本不要輕易提供基地讓美軍可以攻打北韓，否則必遭戰火波及。

一旦中國武力犯台，台灣最在意的是美國是否會派兵援台與中國開戰。這裡可以從反恐戰爭得到的經驗是美國的軍事行動相當程度受**周邊國家同意程度的限制，這就取決於戰爭對他們的威脅程度、台灣和他們的關係，還有最重要的是否會遭到中國反擊**。

反恐戰爭對台灣還有三個重大的影響。第一是為了爭取中國支持，美國和中國全面改善關係，促進了中國的壯大；第二是影響了美國的軍事建設方向；第三是讓美國從此對對外出兵變得更加小心謹慎，這對將來中國武力犯台時，美國是否會出兵援台，恐怕會產生更多的變數。目前美國政府沒有明白地承認反恐戰爭是錯誤還是正確，如果這一問題被加以定性，對於美國將來是否要繼續作為「世界警察」，必然有深遠的影響。

6 第六章

決定美國外交政策的機構

總統的選舉方式決定其政策思維

美國於一七七六年獨立時，十三州各自分立，沒有聯邦政府，自然也沒有設置聯邦總統這一職位。一七八七年，十三州代表群聚於費城召開制憲大會，制訂了聯邦憲法，才有了現在的聯邦總統。聯邦之所以要設立總統，和制憲時各州認為需要有一個共同的外交代表和軍隊統帥有關。因此，美國憲法對美國第二條關於總統的規定，除了選舉方式之外，他的權力幾乎只集中在這兩個方面。

第二款：總統為合眾國陸海軍的總司令，並在各州民團奉召為合眾國執行任務時擔任統帥；他可以要求每個行政部門的主管官員提出有關他們職務的任何事件的書面意見，除了彈劾案之外，他有權對於違犯合眾國法律者頒發緩刑和特赦。

總統有權締訂條約，但須爭取參議院的意見和同意，並須出席的參議員中三分之二的人贊成；他有權提名，並於取得參議院的意見和同意後，任命大使、公使及領事、最高法院的法官，以及一切其他在本憲法中未經明定、但以後將依法律的規定而設置之合眾國官員；國會可以制定法律，酌情把這些較低級官員的任命權，授予總統本人，授予法院，或授予各行政部門的首長。[1]

有一個很重要的觀念在此必須探討，亦即美國獨特的選舉制度影響了歷屆美國總統在外交決斷上的思維與作風。**美國總統選舉採取由各州派出「選舉人」選出的間接選舉制度**。每一個州的選舉人數和該州參、眾兩院議員人數相同，除了緬因州和內布拉斯加州以外，其他四十八州和哥倫比亞特區的選舉人都採「贏者全拿」制度，也就是任何人獲得該州選民在總統選舉中最多數支持（總統普選投票自一八二四年開始），該州選舉人就全數支持該人擔任總統。

美國憲法規定以這種奇特的制度來產生總統，背後有一個重要的歷史因素，就是在制憲時各州都有或多或少的奴隸。歐洲人殖民中南美洲和美國時，甘蔗、菸草和棉花等農產品是主要的經濟來源；但是農耕是沉重的體力負擔，來自歐洲的白種人不適於承受當地的炎熱氣候，曾經有成百上千的人死亡；而非洲黑人出身的奴隸，比較能忍受這種氣候。所以，用特製的黑奴船把黑人運到美洲殖民地，當時就成為一種正常的海上貿易活動了。

這裡何以要提到歐洲人奴役黑奴的歷史，原因在於一部美洲甚至美國開拓史，其實就等於是黑人被奴役的歷史。黑人是以這麼不人道的方式被強押到美洲，黑白種族的問題會延伸至今就絲毫不

足為奇。[2]美國在制憲時，將聯邦權力以列舉方式載明，總統的職權也限於國防和外交，很大原因是容許蓄奴的南方各州不希望聯邦過多地干預它們的自主與經濟發展。因此憲法不得不對奴隸制作出妥協。

獨立戰爭期間，黑人為革命的勝利作出了重大的貢獻，大陸會議亦曾作出過終止奴隸貿易的決議，但革命結束後，黑人要求解放的強烈願望不僅沒有實現，奴隸制度在南方還得到了進一步的鞏固和發展。制憲過程中，雖然民主派提出過廢除奴隸制的問題，但在南方種植園主人的堅持下，雙方達成了最大的妥協，正式的《憲法》條文中確認了它的合法存在。如《憲法》第一條第二款規定：

> 眾議員人數及直接稅稅額，應按聯邦所轄各州的人口數目比例分配，此項人口數目的計算法，應在全體自由人民——包括訂有契約的短期僕役，但不包括未被課稅的印第安人——數目之外，再加上所有其他人口之五分之三。實際人口調查，應於合眾國國會第一次會議三年內舉行，並於其後每十年舉行一次，其調查方法另以法律規定之……

條文中雖沒有明言奴隸，但所謂「全體自由人民數目之外」，指的就是黑奴。（原文為：

"which shall be determined by adding to the whole number of free persons, including those bound to service for a term of years, and excluding Indians not taxed, three fifths of all other Persons.")

此外，《憲法》第一條第九款規定，對於現有任何一州所認為的應准其移民或入境的人，在一八〇八年以前，國會不得加以禁止，但可以對入境者課稅，惟以每人不超過十美元為限。這實際上等於准許美國在二十年之內繼續進行奴隸貿易。《憲法》第四條第二款規定，「凡根據一州之法律應在該州服役或服勞役者，逃往另一州時，不得因另一州之任何法律或條例，解除其服役或勞役，而應依照有權要求該項服役或勞役之當事一方的要求，把人交出。」這就是美國憲法中最黑暗的奴隸條款。

奴隸數量越多也代表該州的經濟實力越強，因為奴隸是當時主要的生產力。某一州裡奴隸的人數和白人男性選民人數也直接相關。當時的選舉權有性別、財產和納稅額的限制，通常是莊園主人才有選舉權。所以，選民和奴隸越多的州，越是大州。

大州當然希望有更大的代表權。但又不可能同時給白人選民和奴隸直接投票權。但奴隸畢竟也是人，所以最後採用的方式就是以自由選民和奴隸的總人數決定各州能產生的代表（選舉人）的數量，也就是間接選舉。但是為了表示奴隸地位低於白人，因此奴隸數量乘以五分之三，也就是五個奴隸等於三個白人。但是這也等於保障各州蓄奴，這點一直成為美國制憲先賢最被後世詬病之處。

奴隸在計算人口時，不等於白人，又沒有投票權，但又被作為計算眾議員名額的人口基數。這種矛盾的作法讓憲法規定總統的產生，兼以各州的人口數與代表權同時作為基礎，因此產生了獨特的選舉人制度。

「贏者全拿」的選舉人團制影響了總統的權力行使方式。以二〇二〇年總統大選的情況來說，假定有兩個候選人，甲候選人在紐約州（該州擁有二十九張選舉人票）大贏乙候選人百分之三十的普選票，但在威斯康辛州（只有十張選舉人票）、明尼蘇達州（十張）和南卡羅來納州（九張）各輸乙候選人一個百分點，在普選票上甲可能贏乙一百萬票，但在選舉人票上是平手的。所以，**總統候選人必須要以全國都關切的議題來取勝。太過著重地方議題是不行的。最能被全國都關切的議題就是總統本身的道德表現和個人操守，其次是經濟，再來就是外交議題。**雖然多數人不大理解外交議題的細節，但是外交議題容易形塑形象，**美國民眾經常會用總統在外交議題，特別是重要的外交議題上的表現來判斷他是否有領導能力**。因此國會議員資歷很重要，因為國會議員有非常多機會可以參與外交事務，包括提出法案、在重要外交人事的審查會上發言……等等。其次是州長；二戰之後的兩黨正副總統和正副總統候選人超過六十五人，只有艾森豪和川普沒有這兩項資歷中的任何一項。

其次，總統未必要出身於大州，也不一定非要擔任過重要的機構主管，整體形象和口才，是能否獲得黨內提名進而在大選獲勝的重要因素。

二次大戰結束之後，美國總統的地位上升到了「地球球長」，馬歇爾計畫和針對韓戰、越戰中侵略行為而發動的「警察行動」，讓全世界對美國總統寄予厚望。美國總統的外交政策方向和他處理事情的方式也因此成了影響國際事務最關鍵的因素。每一任總統都要揭櫫弘揚民主、維護自由和人權、調停或解決衝突和捍衛盟邦等原則，以及為了達到這些目標，他要端出什麼樣的具體作為。這自然就確保了「道德外交」不會從美國外交政策中消失。雖然成效有限，但從沒有一任國會或總統會說「道德外交」不重要。誠然政客的話未必句句可信，然而七十年來，協助他國發展民主、維護公海航行自由、不動用核武、對違反人權的國家實施制裁，終究已經成為政策。

美國總統影響外交的方式在於他的世界觀以及對首要目標的設定。另外就是他和國會的關係。因為國會和總統分開產生，而且美國人民天生喜歡看到總統受到國會的監督制衡，所以國會議員不像台灣需要依賴總統站台輔選。總統任期最多八年，國會議員連任幾十年的比比皆是。

整個聯邦行政機構可分為兩個部分。一部分是選舉產生的領袖及其政策下的追隨者。大約有二千個總統任命的職位，直接接受總統的領導，這些人構成行政部門的政策執行者。另一部分是各行政機構，現在由文官制度所控制。不過美國沒有像台灣這樣的文官考試制度，政府機關都是各自招考（招聘），即使不是政務任用的文官，一般也都會有接近「機關首長可隨時解聘」的服務契約，特別是國務院。二〇一六年川普就任總統之後，國務院大幅裁員約百分之十；此外，國會也可以用凍結預算的方式逼迫聯邦政府裁員。因此美國公務員較能貫徹上級意志。

不可忽視的國會外交權

早期來到北美殖民地的人仿照英國體制，融合《五月花號公約》的契約精神，在各殖民地都設置了議會，總督和官吏都必須要向議會負責。今天，美國外交決策受到三權分立的制約。雖然總統掌握重要行政權之一的外交權，因此可以設立機構、任命官員，但這些人必須向國會負責。

國會可以透過立法來決定外交政策，很多臨時性的事情都可以立法，譬如一九九五年國會特別通過具法律性質的決議讓國務院必須發簽證讓李登輝總統訪問康乃爾（參見第八章）。另外一項重要職權是批准條約，因此可以說國會有一定程度的外交權。國會強烈反對的事，總統會限制或收回其決策，譬如威爾遜時代對於國際聯盟的參加，和尼克森時代對南越最後的援助。國會也可用否決條約或不撥款的方式，讓總統的外交決策受到監督。

在一七七六年獨立之後制定的《邦聯條例》（Articles of Confederation，即北美十三州在成立聯邦政府前共同批准、遵循的邦聯憲法）中，各州代表同意美國國會為一院制，各州代表數量相同。

但是《邦聯條例》沒有建立起一個有足夠力量的中央政府，資源都須仰賴各州提供，任何決議都需要獲得十三個州的一致通過後才能得以實施。會議也沒有任何徵收稅賦的權力，而陷入只可以向各州請求資金的窘境。各州也往往不能全額滿足會議的請求，使得會議與軍隊長期處於資金匱乏的狀態。會議為籌集資金，印發了大量紙幣，結果自然是大幅貶值。因為不存在邦聯級的領導人和法院，也無法管制或協調。

在《邦聯條例》約制下，聯邦政府運作很無效率，最後使得國會於一七八七年召開大陸會議討論《邦聯條例》的修正問題。除羅德島外的各州都同意委派代表與會。許多州代表對於邦聯議會的運作也不滿意，認為應增設第二議院，並以英國上議院為原型。維吉尼亞州代表要求兩院制國會，下議院由人民直選，而其上議院由下議院選出。維吉尼亞的提案對大州有利，因為人口多的大州可以同時控制兩院。如德拉瓦之類的小州則傾向於兩院制，但要求在兩院中都有均等代表權。

幾經討論，終於達成了稱之為「康乃狄克妥協案」（Connecticut Compromise）的折衷方案（因其由康乃狄克州代表提出）；國會中的一院（眾議院）採代表制，議員人數依據各州人口比例產生，另一院（參議院）採平均制，議員人數各州都相同。為了讓大州滿意，一七八七年七月十二日，賓州代表提議所有直接稅法案應由眾議院提出，得到了大陸會議通過。[3] 一七八八年，新規定經十三州中的九州正式批准通過，於一七八九年三月四日全面實施。

美國參議院有一百名參議員，每州兩名，任期為六年，其任期交錯，故每兩年有約三分之一的席次改選。因為任期交錯的安排，任一州的兩名參議員不會在同一場大選中相互競逐。參議院改選在十一月第一個完整星期的星期二舉行，與眾議院改選在同一天。

因為美國參議員人數為偶數，因此美國副總統擔任參議院議長。但他並不行使參議員的職權，只在正反雙方表決結果平手的情況下，副總統有權投下決定票（casting vote）；若副總統不在場，該議案就算是被否決。

參議院設有「美國參議院外交委員會」（United States Senate Committee on Foreign Relations），它是參議院的常設委員會之一。外交委員會建立於一八一六年，是參議院歷史最為悠久的委員會之一，負責領導參議院的外交政策立法與討論。它的職權包括監督與提供美國的對外援助、武器銷售等，同時也負責審核國務院主要官員的提名。

美國國會的議事規則非常複雜，源於建國以來「議會代表民意形成政治」的傳統，國會議員的權威相當高，如台灣立法院多數政黨藉由動員表決強壓少數黨的情況很少發生。尤其是在參議院，冗長的辯論是常態，且其經常是少數黨甚至個別議員杯葛的作法。[4]在一九七〇年代的參議院改革中，中止辯論提付表決的規定從出席議員的三分之二（即若有一百位出席，其中的六十七位）下修為六十位參議員，目的在使終止辯論提付表決能夠容易些，並降低議事阻撓手法的使用。事實上，這項改變跟沒改差不多。因為仍然要有五分之三的出席參議員通過，才能停止個別參議員的冗長杯葛，但參議員通常不願支持要同黨參議員停止杯葛的提案，單一政黨在參議院掌握超過五分之三席次的情況也絕無僅有，更別提跨黨合作是家常便飯，所以實際上還是很難的。

美國國會一般都採公開投票，使得計算投票者數目更容易。在一九七一年改革以前，絕大多數的國會投票並非公開記錄的，自從此項改變後，國會議員已經更直接向選民和監督的利益團體負責。

總統是三權分立的最明確象徵，但美國的總統制和英國的內閣制之不同在於，總統和國會是分開產生，總統所屬政黨也經常不是國會多數黨。因此總統需要花費時間和資源爭取國會的支持。這裡的資源通常不是金錢或撥款，**更多的是為了要國會支持總統的特定政策，而在其他國會堅持的地方進行交換與妥協**。

例如，卡特在任內的主要外交目標是與中國建交、與蘇聯達成限制戰略武器協定和通過《巴拿馬運河條約》[5]。但是針對這三件事，國會裡都有龐大的反對聲音，美中建交甚至可能讓國會杯葛《巴拿馬運河條約》。因此卡特把建交延到《巴拿馬運河條約》通過，並且不否決國會提出的《台灣關係法》。雷根要加快和中國結盟的速度，和中國簽訂《八一七公報》，但也是因為國會的反對，雷根作出了「六項保證」。六四事件後，老布希並不想封鎖中國或用面對蘇聯的態度對待中共政權，但在國會的道德壓力下，他批准了對台灣的F－16軍售案。柯林頓認為讓李登輝去康乃爾大學演講並無必要，但他也不想第一次否決國會的立法「就是為了中華人民共和國」，因此改變了態度。（參見第八章）

美國憲政體制的特色之一就是民選官員的任期固定，只有期滿後才需要重新競選。但在英國等很多內閣制國家，執政黨可以突然宣布舉行選舉，也可以因政府被投以不信任票而不得不舉行選舉。在內閣制國家，國家元首有權解散議會和宣布重新舉行議會選舉。在美國，總統是不能解散國會的。

總統不能解散國會對於美國的政治發展和外交決策形成了非常深遠的影響。

首先，總統不能解散國會，代表總統在很多情況下對黨內的控制力，特別是國會議員並不大。在內閣制國家，總理或首相自己就必須是國會議員，幾乎在出任總理或首相前一定是資深議員和派系領袖，對同黨議員有很大的約束力。內閣閣員也由總理或首相指派議員出任。若議員反對總理或首相，總理或首相可以解散國會讓大家都當不成議員。但在美國，總統缺乏這樣的威勢。

其次，國會任期固定，所以國會議員的獨立性很強。總統也不一定是黨魁，甚至不一定是黨內最有權威的人，甚至可能只是「贏得黨內總統初選」的人。

詹森就是最典型的例子。一九六八年總統大選，由於繼任原總統任期不超過兩年，因此詹森有資格再度競選連任，但因為國內反越戰浪潮浩大，詹森雖然是現任總統，在新罕布夏州初選中僅以百分之四十九對四十二微弱優勢取勝，加上他在黨的權力及地位日益受到挑戰，黨內多位重量級人士，包括甘迺迪的弟弟羅勃・甘迺迪參選，他最終被迫宣布不再參選。

卡特原本是職業軍人。二戰後的總統當中當過軍人的很多，但只有艾森豪和卡特是職業軍人。卡特畢業於美國海軍官校，從潛艦軍官做到艦長，甚至還是美國第一批核子潛艦軍官。一九七四年，卡特宣布參加民主黨總統提名競選。**雖然卡特在民主黨內籍籍無名**，因為他從來沒有當過國會議員（只擔任過一任喬治亞州州長），也不曾在民主黨執政時（包括杜魯門、甘迺迪和詹森）在聯邦政府出任過任何職務，也缺乏一個全國性政治地盤或重要支持力量，但他不懈的努力和有計劃的競選活動，加上水門事件之後人民對於華府傳統政治與共和黨的雙重反感，使他獲得大批南方選票，**居然贏得民主黨提名為總統候選人**。來自南方的卡特選擇北方明尼蘇達州的自由派聯邦參議員蒙代爾（Walter Mondale）為他的競選夥伴，於一九七六年大選擊敗時任總統福特。這也是民主黨在二〇二〇年之前最後一次在美國南部勝出並贏得全部選舉人票。

二次大戰之後，和蘇聯持續的對抗使危機處理成為美國總統的主要工作。蘇聯的獨裁體制讓美國總統必須更加掌握權力，以便談判中答應或不答應甚麼。科技的發展和通訊方式的革新縮短了決策的時間。核武的發明和破壞力更讓軍事指揮權必須極度講究時效。**這四個因素讓帝王型總統逐漸**

出現，總統日益擴權，使國會制約機制逐漸失去效力。二百多年來，國會總共只宣戰五次，許多次軍事行動都是由行政部門未經宣戰而進行的。雖然許多軍事行動並沒有演變成大的戰爭（例如，一九五八年艾森豪下令美國部隊在黎巴嫩登陸，以保護親西方政府，或一九八四年雷根派遣海軍陸戰隊到黎巴嫩維持秩序），但還是有不少「不宣而戰」的戰爭發展到了超大規模的地步。十九世紀的墨西哥戰爭，和二十世紀中的越南戰爭都淪為許多社會大眾與政治人物猛烈批判的對象，從而導致提出削弱總統對外宣戰權力的建議。

一九七二年，國會立法要求國務卿必須在十日內將總統簽署的國際條約送達國會。一九七三年通過的《戰爭權力法》（War Powers Act）規定，總統只能在美國軍隊遭到攻擊、需要保護海外美軍、需要保護海外美國公民、需要完成美國簽訂的某些具體的軍事條約義務等四種情況下，才能在未經國會宣戰的情況下採取軍事行動，而且在使用武力四十八小時之內須向國會報告，使用武力的期限不得超過六十天。國會也可以以多數票通過決議，在六十天內勒令軍隊撤離，而且該決議不受總統否決。所以總統任意對外動武的權力受到國會的制約。[6]

國會對於總統的行為能有哪些約束，從小布希總統於二〇〇六年九月六日針對反恐戰爭的講話可以充分了解：

因此，今天我請求國會立法澄清關於我方參加反恐戰爭的人員的規則。

首先，我請國會列出根據《戰爭罪行法》（War Crimes Act）應視作犯罪的具體而明確的違規行為，以便我方人員明確瞭解在對付恐怖主義敵人時，哪些做法屬於被禁之列。

其次，我請國會申明：通過遵守《在押人員待遇法》（Detainee Treatment Act）的標準，我方人員正在履行美國基於《日內瓦公約》第三條所承擔的義務。

第三，我請國會闡明：被抓獲的恐怖分子不得援引《日內瓦公約》在法庭——美國法庭——上控告我方人員。我們的保護者不應當由於履行自己的職責而擔心被恐怖分子告上法庭。[7]

在美國歷史上，國會主導外交的情況經常發生。第一次世界大戰結束後，雖然威爾遜總統設立及推廣國際聯盟的努力令他在一九一九年獲頒諾貝爾和平獎，但因為協議在美國參議院遭到反對，美國居然沒有加入。兩位共和黨參議員洛奇及威廉・博拉（William Edgar Borah）尤其強烈質疑，導致美國雖然是國際聯盟的倡議者，但竟然因為國會不批准而無法加入。

另一方面，在一九七九年撤銷承認時，儘管行政部門非常冷淡，國會仍然主動制定了《台灣關係法》。其中明確提到，此法為「**國會授權**美國政府繼續維持美國人民與在台灣人民間之商業、文化及其他關係，以促進美國外交政策……與外國、外國政府，或是類似實體所進行或實施的各項方案或交往關係，同樣適用於台灣人民。」**要和台灣維持何種層級的關係，理論上是屬於行政權，但國會直接以立法方式規定美台關係須維持商業、文化關係，等於國會實際制定了政策。**該法案又規定：「美國將向台灣提供必要數量的防衛物資及技術服務，以使台灣能夠維持足夠的自衛能力。」但是，有關美國將向台灣提供的防衛物資及服務的種類及數量的決定將由總統和國會決定。**足見行政權和立法權會一起決定美國的外交政策**。

二〇一八年，眾議院通過的《台灣旅行法》（Taiwan Travel Act，H.R.535），其內容規定「美國在政策上應該允許所有層級的美國官員前往台灣政府，並與對應的台灣政府官員會面；允許台灣政府官員進入美國，並在適當的尊重條件與美國官員——包括國務院、國防部以及其他內閣機構官員會面；鼓勵駐美國台北經濟文化代表處及任何台灣政府在美國成立的機構在美國進行正式活動，並使美國國會成員、聯邦及各州政府官員、台灣政府高層官員參與其中，而不再受到限制。」然而，截至二〇二〇年九月，美國國務院仍未有副國務卿以上官員訪台。不過，雖然行政機關對此反應冷淡，未來國會仍然是台灣在美國最重要的夥伴。

後冷戰時期至今，美國對蘇聯最重要的政策倡議經常不是來自首要的行政官員，而是來自國會領袖，他們不只將問題放到議程上，並立法通過處理的行動計畫，再要行政部門執行。舉例來說，《納恩－路加法案》（Nunn-Lugar Act）就是最好的例子。它是提供基金援助俄國和其他前蘇聯國家處理核子武器和可使用核子原料武器的立法，這個概念源於民主黨眾議員萊斯．亞斯平（Les Aspin）的提案，從國防預算中提撥十億美元作為對蘇聯針對性經濟目標援助的基金。該提案失敗後，喬治亞州民主黨參議員山姆．納恩（Sam Nunn）及印第安納州共和黨參議員理察德．路加（Richard Lugar）在一九九一年秋天接手領導此一倡議，並在參眾兩院的聯席法案成功地中增加五億美元到國防預算中。行政部門在此未能提供任何的援助，但也沒有做出掣肘行為。這個計畫讓美國協助俄羅斯和其他前蘇聯加盟共和國，將約莫一萬四千件戰術核子武器和超過四千件戰略核子武器，從俄羅斯以外的國家送回到能更為集中管理的俄羅斯，它也創造了一個協助俄羅斯自身確保那些武器和原料安全的計畫，截至目前看來仍相當成功。

美國國會議員有時可以調任現役軍人擔任其助理。譬如二〇一九年八月就任美國南方司令部總司令的克里格．富勒（Craig Faller）海軍上將[8]，就曾經擔任過資深麻州參議員愛德華．甘迺迪（Edward Moore Kennedy，甘迺迪總統的弟弟）的助理。**這些都使國會不僅是立法機關，甚至也具**

備部分行政機關的職能。

國務院與國家安全委員會

美國國務卿是美國國務院的主管。國務院是美國聯邦政府主管外交並兼管部分內政事務的行政部門，相當於一般國家的外交部。美國國務院為美國最龐大也是最古老的官僚機構之一，位於美國首都華盛頓特區，國內國外的職員約有七萬五千人，每年主管預算超過五百億美元。

美國國務院的前身是邦聯時代的「外交部」（Department of Foreign Affairs），它設立於一七八〇年，首任外交部長是李文斯頓（Robert R. Livingston），第二任外交部長是約翰・傑伊（John Jay），他之後擔任美國第一任聯邦最高法院首席大法官。聯邦《憲法》創立之後，一七八九年七月二十一日，美國眾參兩院批准立法，成立第一個聯邦外交機構，但當時還是叫做外交部。同年九月，國會又通過立法將該機構的名稱改為國務院，讓該機構也處理聯邦各個政治實體之間的工作，並賦予其各種各樣的國內事務。這些職責包括管理美國鑄幣局，掌管美國國璽，負責人口普查。後來，國務院的大多數國內事務最終轉交十九世紀建立起來的聯邦各部和機構，但名稱保留至今。

國務卿由總統任命（須經參議院同意），並對總統負責，是僅次於正、副總統的高級行政官員；是總統外交事務的主要顧問，內閣會議和國家安全委員會的首席委員。國務院設有副國務卿（Deputy Secretary of State）一人，相當於政務次長；國務次卿（Under Secretary of State）六人，分別主管政治事務（Political Affairs）、經濟成長、能源與環境（Economic Growth, Energy and Environment）、軍備控制與國際安全事務（Arms Control and International Security Affairs）、公共外交與公共事務（Public Diplomacy and Public Affairs）、管理（Management）和平民安全、民主與人權（Civilian Security, Democracy and Human Rights）。

其中「政治事務」國務次卿主管東亞與太平洋事務局、歐洲與歐亞事務局、非洲事務局、近東事務局、南亞與中亞事務局、西半球事務局和國際組織事務局，約略相當於中華民國外交部的各地域司。每一個局的首腦，台灣一般翻譯成助理國務卿（Assistant Secretary of State），約等於台灣的司局級官員。

最初的國務卿主要是忙國內的事。其職責包括參與制定、發布、保管國內的法律法令，為國內行政部門的人事任命做公證，保管國會的各類書籍和檔案等。後來隨著美國的不斷發展，外交活動日益增多，國務卿才真正轉向外交。迄今為止，美國已有七十屆國務卿，首任國務卿是湯瑪士・傑佛遜（Thomas Jefferson），二〇二〇年九月時的現任國務卿是邁克・蓬佩奧（Mike Pompeo）。

根據美國法律，國務卿是政府排名第一的部長，即首席部長；他執掌國璽，所以總統辭職要向國務卿提交辭呈。一些聯邦事務公告也需要由總統和國務卿連署，也就是說國務卿的職權其實不僅僅限於外交事務。當然，國務卿的最重要職責就是與外國的外交代表處理及協調國際事務，並作為美國總統對國際事務的首席顧問。歷任國務卿都在美國的外交事務上扮演重要角色，特別是作為總統處理複雜國際事務的特使。他既要管理國務院，又得擔任美國在重要外交事務裡前往他國的特使，還得擔任總統的高級幕僚。工作是相當繁重的。

「國家安全委員會」（National Security Council）則是根據一九四七年制定的《國家安全委員會法》（National Security Act of 1947）設立它負責向總統提供與國家安全有關的內政、外交和軍事方面的總體政策建議的最高諮詢機構。它成立的初衷是為了應付冷戰爆發初期國家安全方面隨時可能出現的緊急情況，以後逐漸發展成為一個常設性的政府機構，每周都要固定舉行會議。總統是國家安全委員會的當然主席，委員會的其他成員則包括副總統、國務卿、國防部長、參謀長聯席會議主席，中央情報局局長則以軍事和情報方面的顧問身分出席委員會會議。

此外，根據委員會會議內容的不同，總統還可指派其他部門負責人列席會議。總統對委員會提出的意見加以全盤考慮後決定是否予以採納，作為美國正式的政策。為了對國家的安全事務進行決策，近年來每一屆總統都專門任命了國家安全事務顧問。季辛吉就是最有名、最具影響力的國家安全顧問之一。他在外交上的實際權力一度僅次於總統尼克森。

國防部與各戰區司令部

美國外交的原則之一是現實主義，而強化軍力是國際關係現實主義理論的核心。因為國家難以百分之百確定其他國家的意圖，彼此之間存在不信任的前提下，軍事力量就成為國家最後的安全閥，也是重要的外交支柱。

美國認為在外交上對美國最重要的國家，幾乎都是美國對其有軍事承諾，或是做為軍事同盟的國家。外交關係也會以「如何共同規劃與協調對共同安全議題的政策」之形式來呈現，如美國和北約、日本和南韓的關係。因此，國防部的外交職能也非常重要。

和國務院相比，美國國防部的組織架構更是龐大。根據憲法，美國很早就設置了陸軍部和海軍部，一九四七年，美國政府將軍隊管理中央化，將軍事指揮權統一交由新成立的「國家軍事機構」（National Military Establishment），除了將陸軍部與海軍部交由其管轄之外，同時將美國「陸軍航空軍」升格為獨立的美國空軍，建立一個直屬於該機構的空軍部。一九四九年八月十日，國家軍事機構更名為國防部。

目前，美國在授階和編制上有五個不同軍種（陸軍、海軍、空軍、海軍陸戰隊和海岸防衛隊），實際作戰上有四個軍種（海岸防衛隊人員雖然屬軍職，但由國土安全部管轄）。設有十一個戰區司令部，包括：

一、中央司令部（United States Central Command，簡稱CENTCOM）：總部位於佛羅里達坦帕市的麥克迪爾空軍基地（MacDill Air Force Base），任務範圍涵蓋中東、中亞與北非的埃及。

二、歐洲司令部（United States European Command，簡稱EUCOM）：總部位於德國司圖加的帕奇軍營（Patch Barracks），任務範圍涵蓋歐洲、俄羅斯、以色列。

三、非洲司令部（United States Africa Command，簡稱AFRICOM）：總部位於德國司圖加的凱利軍營（Kelley Barracks），涵蓋埃及之外的非洲國家。

四、北方司令部（United States Northern Command，簡稱NORTHCOM）：總部位於美國科羅拉多的彼得森空軍基地（Peterson Air Force Base），涵蓋範圍包括美國本土、加拿大、墨西哥等。九一一事件之後才由小布希總統授權成立。

五、印太司令部（United States Indo-Pacific Command，簡稱PACOM）：總部位於夏威夷，涵蓋範圍包括整個太平洋與印度洋周邊國家，以及北極與南極，是涵蓋範圍最大、人員最多、歷史最悠久的作戰司令部。曾參與韓戰與越戰。

六、南方司令部（United States Southern Command，簡稱SOUTHCOM）：總部位於佛羅里達的多拉（Doral），責任區域涵蓋加勒比海、中美洲和南美洲，也負責巴拿馬運河的防禦。

七、太空司令部（United States Space Command，簡稱SPACECOM）：總部位於科羅拉多的彼得森空軍基地，涵蓋範圍為外太空（海平面一百公里之外）。

八、戰略司令部（United States Strategic Command，簡稱STRATCOM）：總部位於內布拉斯加的奧佛特空軍基地（Offutt Air Force Base），負責空間作戰、資訊作戰、飛彈防禦、情報偵察監視、全球打擊、戰略威懾、大規模殺傷性武器等領域。

九、網絡司令部（United States Cyber Command，簡稱CYBERCOM）：總部位於美國馬里蘭州米德堡陸軍基地（Fort George G. Meade），負責開展網路軍事行動及保護軍方電腦系統。

十、運輸司令部（United States Transportation Command，簡稱TRANSCOM）：總部位於伊利諾州的史考特空軍基地（Scott Air Force Base），負責提供陸海空全領域的運輸支持，保障國家將部隊和物資投送到任何需要的地方。

十一、特種作戰司令部（United States Special Operations Command，簡稱SOCOM）：總部設

在佛羅里達的麥克迪爾空軍基地，負責指揮陸、海、空、海軍陸戰隊所屬各特種作戰部隊。

很明顯的可以看出來，這十一個戰區司令部就是美國在全球軍事部署的責任區。

另外，美國還設有參謀首長聯席會議（Joint Chiefs of Staff），由主席、副主席、陸軍參謀長（Chief of Staff of the United States Army）、海軍作戰部部長（Chief of Naval Operations，或稱海軍軍令部部長）、空軍參謀長（Chief of Staff of the United States Air Force）、海軍陸戰隊司令（Commandant of the Marine Corps）、太空軍司令（以上這些人都是各軍種內的四星上將）和國民兵局長，以及約三千名參謀和幕僚組成，向美國總統和國防部長提供軍事建議。另外，參謀長聯席會議主席還是美國總統和國防部長的首席軍事顧問，其主席就是美國最高階的軍官。

參謀長聯席會議是制定軍事政策的第二要地，僅次於美國總統和其他非參謀長聯席會議的官員組成的國家安全會議。陸軍參謀長、海軍作戰部部長、空軍參謀長、海軍陸戰隊司令一般約等於世界各國的軍種總司令，都是該軍種的最高階軍官，但在美國，他們分別要接受陸軍部、海軍部和空軍部長領導和指揮，但是由於三軍部長都是文人，因此他們的實際職權、影響力以及榮譽地位還是很高的。

文人領軍的指揮系統

軍種的責任是對軍隊實施訓練、管理和裝備；如果美軍要出兵作戰，按照美國國會一九八六年通過的《高華德－尼可拉斯法案》（Goldwater-Nichols Act of 1986）。軍事行動的指揮鏈從美國總統通過美國國防部長直接下令到那十一個戰區司令官。讀者可能不易了解這套機制如何運作，筆者在此簡單說明如下。

以第一次波斯灣戰爭為例，事發當地的科威特、沙烏地阿拉伯和伊拉克都是美國中央司令部的轄區。一九八〇年代設立中央司令部，就是必要時要以軍事手段作為支持美國在這一區域外交政策的工具。而美國在此一區域的外交政策就是避免衝突，以免危害中東石油供應的暢通；其次是協助區域內國家維持其安全和獨立。因此，中央司令部平時就要積極和區域內國家聯繫，了解區域內軍事情勢，和區域內各國建立往來，就戰時可能發生的狀況交換意見，**再基於國務院的外交政策，就美國打算採取的作法擬定行動方案**。擬定完成後，中央司令部再將這些行動方案陳報國防部和參謀首長聯席會議，得到許可後，調派所需的部隊到可能的戰地實施演訓。由於駐外的作戰司令部需要在其他國家的領土上讓美軍集結與作戰，因此和其他國家的外交和軍事合作是平時就要進行的。

例如國務院的政策是確保波斯灣的海路暢通，可能威脅海路暢通的狀況之一就是遭布置水雷，因此中央司令部就必須和區域內的沙烏地阿拉伯、阿拉伯聯合大公國進行聯繫，針對這一「想定」（scenario）交換意見。如果沙烏地阿拉伯不願意讓美軍派遣部隊長駐沙國監視是否有敵對勢力布雷，國務院就會要國防部轉知中央司令部擬定「戰時再來掃雷」的計畫。中央司令部就要以此撰寫作戰計畫，向美國海軍調集「戰時所需的」掃雷艇和相關護航艦隊、向空軍調集「戰時所需的」運輸機甚至戰鬥機掩護掃雷隊、向陸軍和海軍陸戰隊調集「戰時所需的」特種部隊突擊敵人可能用來布雷的設施。演訓或真的發生戰事時，各部隊就派往中東，由美國總統透過國防部長再到中央司令部司令，指揮這些被派去的部隊作戰。而這些部隊被派去之後，原來的軍種對他們就沒有指揮權了。但是如果任務要輪調，譬如某艘掃雷艇的艇長陣亡或病故，還是得由海軍部依人事程序派遣一名合格軍官前往當地繼續完成任務。

一九九〇年，伊拉克入侵科威特，威脅沙烏地阿拉伯，美國決定出兵保衛。國務卿貝克（James Addison Baker III）立刻銜老布希總統之命飛往沙烏地，得到沙烏地同意，中央司令部立刻在沙烏地阿拉伯建立總部。然後美國空軍戰鬥機、加油機和陸軍空降部隊立刻前往沙烏地阿拉伯，接受中央司令部指揮。貝克接著飛遍全世界，組織了一個高達三十四個國家的聯盟：阿富汗、阿根廷、澳洲、巴林、孟加拉、加拿大、捷克斯洛伐克、丹麥、埃及、法國、德國、希臘、匈牙利、宏都拉斯、義大利、科威特、摩洛哥、荷蘭、尼日、挪威、阿曼、巴基斯坦、波蘭、葡萄牙、卡達、沙烏地阿拉伯、塞內加爾、韓國、西班牙、敘利亞、土耳其、阿拉伯聯合大公國、英國和美國。在這場戰爭中合計出動了六十六萬軍隊，其中美軍占比高達百分之七十四。

另一個例子是一九八九年的巴拿馬作戰。這項作戰的目的是要逮捕巴拿馬國防軍總司令諾瑞加，他曾經和美國關係良好，但是後來因為販毒、又不承認民選出來的總統，**這和美國重要的外交政策原則——支持當地的民選政府——有所違背**[9]，因此美國和他關係轉劣，希望他能自動下台或是被推翻。

美軍為防範古巴和保護巴拿馬運河的安全，設有南方司令部。它和太平洋司令部（現在改組為印太司令部）和歐洲司令部同級，指揮官均為四星上將。當時美國在巴拿馬的駐軍約有一萬三千人，而巴拿馬國防軍約有一萬六千人。美國的軍事目標是要抓捕諾瑞加，讓他出席美國法庭受審。原本的計畫是派一批特種部隊把他綁架，之後再送回美國。然而關鍵還是取決於在巴拿馬的大批美國人員的安全。國務院認為他們對美國人的安全有責任，如果抓人沒有抓到，可能會造成美國人被擄為人質或遭受傷害，所以國務院無法同意用這種方式處理諾瑞加。

最後讓布希決定出兵的關鍵是一九八九年十二月十六日，一名美國陸戰隊軍官在和同僚開車去用餐時，被巴拿馬國防軍射殺，另一名海軍軍官夫婦沒有理由地被巴軍扣押，兩人都遭到毆打和虐待。**布希認為美國人的生命直接受到了威脅與傷害，因此他才同意採取行動。**

參謀首長聯席會議主席鮑威爾上將奉國防部長之命制訂計畫，他決定軍事行動必須達成三個要求，第一是最大程度的突然性、第二是最低限度的附帶損傷（對平民和非軍事目標的損害）、第三是最少的傷亡。

在這樣目標下，美軍高階將領，包括參謀首長聯席會議和南方司令部**都認為現有兵力不具備優勢**，儘管美軍已經駐守在巴拿馬，在當地有足以發起和支持軍事行動的軍事基地，且可以自由調動任何規模的部隊進入巴拿馬的美軍基地而無虞遭到任何干預，且對當地的情報相當詳細。巴拿馬國防軍只是一支輕步兵部隊，沒有海軍和空軍，沒有主力戰車，美軍可以掌握完整的制空權。儘管如此，美軍還是覺得兵力不夠。因此國防部長錢尼決定增加一萬一千名陸軍傘兵和特種部隊歸屬南方司令部節制，在空軍支援下空降巴拿馬。由於是跨軍種聯合作戰，相關的通信和電子操作規則居然厚達三英尺。後來精簡為一英尺厚。

以上兩次作戰可以讓我們看見**戰區司令部平時就有一定程度的外交職能**。另一方面我們也可以發現，在美國文官領軍的體制中，一切軍事行動都由外交政策主導。軍事行動主要在支持外交，特別是聯合國的決議。聯合國因為一百多個成員國中多數是第三世界國家，因此對於一個國家被另一個國家併吞，基於同理心，總是很快能做成制裁侵略的決議。

除了設置地區司令部外，美國國防部部內也會依據地域設置相關職位。二〇一九年，美國國防部在助理部長薛瑞福（Randall Schriver）底下出現一個新的專門針對中國的副助理部長施燦得（Chad Sbragia）。薛瑞福是負責印度－太平洋的助理部長，旗下出現一個專門針對中國的副助理部長，這一方面顯示美國國防部非常重視中國的挑戰，所以特對單一國家專設副助理部長。這也顯示美國二〇一七「國家安全戰略」把中國視為全球戰略競爭者／對手／敵手，已經從抽象的概念、戰略落實為具體的政策，並反映在各部會的對中應對作為上。[10]美國防部就特地為此騰出一個新的位子專門關注中國。

美國高級將領的任命通常都有政治目的考量。以第一位出任參謀首長聯席會議的黑人將領、後來出任國務卿的鮑威爾上將為例，一九八八年，當美國參謀首長聯席會議主席柯勞（William J. Crowe）海軍上將屆滿時，他推薦副主席空軍上將柯雷斯（Robert T. Herres），但是國防部長錢尼認為如果是由總統或國防部長來挑選，文人統治的權威會更加強，相反地，即使是任命了由現任主席推薦的人選，即使最後決定權還是出於他的手上，他的權威都會得到削弱。

最後，錢尼決定推薦陸軍上將鮑威爾擔任此一職務，他先向鮑威爾說明為何挑選他的理由，第一是他了解白宮、二是他了解五角大廈、三是他的資歷沒有問題、四是鮑威爾了解軍備控制在未來將是重要的問題；五是錢尼自己認為在擔任國會議員時，和鮑威爾有很好的合作關係。

這些就是美國軍事領導人做出人事決斷的原因；重點在於與上層的關係。**美國軍官要晉升重要**

軍職之前，通常都有擔任文人軍事首長助理的經驗。這些職務都讓高階將領具備一定程度的外交與政治經驗。

也因此，美國高階將領其實很少主動請纓作戰，相反的，他們對軍事行動都相對文人領導階層更為保守，因為一旦採取軍事行動，他們的責任最重，要承擔勝敗的責任與官兵傷亡的風險。美國極少對作戰勝利的將領以晉升作為獎勵。相反地，軍事行動都會受到嚴格的檢視，就算獲勝，國會和新聞界依然可能以傷亡數字或平民損傷為理由批評軍方。

動見觀瞻的智庫

美國另外還有一些形成決策的機制，譬如出身於大企業的高階主管進入政府部門後若是擔任重要決策職位，他們不一定要直接幫前老闆講話，光憑他們的人脈和與業界的關係，就足以對政策的制定形成具體影響。此外，利益團體可以透過遊說者施壓民意代表或政府官員。還有選舉獻金：政治人物如果想要獲得特定團體或企業的政治獻金，通常必須考量甚至採用特定的要求和政策。

另外一個在外交決策中扮演重要角色的單位是智庫。智庫提供的工作機會可以訓練年輕人了解美國外交政策和政府運作，並且有機會認識可能進入政府任職的人，進而成為他們的幕僚。智庫也提供卸任官員繼續發揮影響力的地方，並且視機會推薦或安排其會員擔任或重返政府職位；智庫平時也作為總統、國會議員和行政部門的人才和政策諮詢來源，包括擔任有償或無償的諮詢顧問、舉辦各種政策研討活動、出版各類刊物、或擔任與外國政府和相對智庫來往的白手套、受邀對外交政策和外國情勢、特定外交議題進行評估並提出報告……等等。

舉例而言，美國智庫「外交關係協會」（Council on Foreign Relations，簡稱 CFR）就是當中最權威的一個。它創設於一九二一年，使命是「讓其成員、政府官員、新聞工作者、教育工作者與學生、民間和宗教領袖、以及其他關注各國外交政策的公民，更好地了解世界以及美國和其他國家所面臨的對外政策選擇」。外交關係協會約有五千名成員，從卡特政府一直到歐巴馬政府，如國務卿、國防部、財政部、國家安全顧問和美國駐聯合國大使等重要外交決策成員，有百分之八十都是由該會成員擔任。老布希、柯林頓和錢尼都是該會成員。[11]

外交關係協會經常發表重量級的研究報告或文章，發表在所出版的《外交事務》（*Foreign Affairs*）期刊上。這刊物的作者幾乎都是重要人物，尼克森就在一九六七年在該刊發表文章〈越南後的亞洲〉（Asia After Viet Nam），談論和中國改善關係的重要性，現已成為具歷史價值的文獻。也因此，**外交關係協會的觀點備受重視，因為它的文章若非具備長遠的前瞻性，就是實質上是重要政治人物的表態，因此是各國關注的焦點**。二〇一九年十二月十八日，協會發布了「全球區域衝突預防重點」（Conflicts to Watch in 2020），評估二〇二〇年美國可能出現或升級的三十種潛在衝突的可能性和影響，其中台灣列為第二級隱憂。[12]

台灣人熟悉的美國外交政策智庫還有「蘭德公司」（RAND Corporation），在其成立之初主要為美國陸軍航空軍（後來的美國空軍）提供調查研究和情報分析服務。其後組織逐步擴展，也為其他政府以及盈利性團體提供服務。雖名稱冠有「公司」，但實際上是登記為非營利組織。一九五七年，蘭德在預測報告中詳細地推斷了前蘇聯發射第一顆人造衛星的時間，與實際發射時間僅差兩周，從此蘭德智囊團名聲大噪。目前它甚至藉此創造驚人的獲利，一年的收入超過三億五千萬美元，主要來自委託研究及捐款。

蘭德公司最著名的研究是軍事及安全研究，一般是以推演最壞劇本為原則，因此經常有讓人意外的研究結論。在美中軍事對抗上，蘭德一向是持比較悲觀的立場。[13]

二〇一八年一月，蘭德公司發表《真相的凋零：美國公共生活的資料分析重要性降低原因初探》（*Truth Decay: An Initial Exploration of the Diminishing Role of Facts and Analysis in American Public Life*），報告指出美國社會有四大問題：一、對事實，以及基於事實和資料的分析解讀的歧見越來越多；二、「觀點」（opinion）與「事實」（fact）之間邊界越發模糊；三、越來越喜歡談論個人的觀點與經驗，事實真相反而被疏忽；四、對發布事實資訊的權威來源越來越不信任。在這四大問題之下，結果是因為沒有事實作為依據，社會幾乎不可能對重要的政策和議題進行有意義的辯論，政策制定力度降低，決策進程減緩。其次是政治的僵局與內耗。由於事實的真相都無法界定，充滿高度的爭議與不確定性，導致很難透過討論形成共識，也阻礙了妥協進程。而政府機構可信度降低的結果是，利益集團的地位反而升高，使其有機會更多地干預政府決策。政治癱瘓還會引起政治決策落後、監管與調查任務延遲以及財務決策的無力，進一步引起經濟、外交和政府信用的巨大損耗。隨著政府信用降低，民眾的異化感會逐漸增強。當個人、企業、競爭者和盟友不再基於客觀資訊與標準制定決策，也不再信任權威消息來源時，無事實基礎與分析的政策決定將造成高度的不確定性。美國社會可能面臨嚴重的經濟損失，國際上信譽受損，而一旦對手和盟友開始質疑美國的信用，美國的外交將難以推動。

如今來看，這份報告幾乎完全預言了二〇二〇美國面對COVID-19肺炎疫情時的困境。

一般說來，美國智庫容易讓既有的傾向，也就是筆者提到的美國外交三原則，即道德外交、現實主義（重視國家地位、強化軍事力量）以及自由主義（國際合作、集體安全），賡續維持下來。美國在海外越忙碌，就會創造出更多的外交政策研究工作和諮詢機會給智庫、資源會增加、影響力也會增加。

美國總統幾乎都有戰爭經驗

美國的「道德外交」的推手主要是國會，國會對於道德理想的強調更甚於總統，如支持外國民主、反對外國獨裁當權者、反對與中國強化關係……等，因此總統常會在外交事務上遭到國會議員的批評。當然這背後不乏現實的選舉考量。一個重要原因是國會議員的選區較小，因此格外需要注意輿論、人權團體的反應。

另一方面，國會對外交和國防事務也很明顯具有一定的專業程度，前面提過由於選制，國會議員不像台灣一樣那麼需要依賴總統站台輔選。總統任期最多八年，部會首長任期更短，但國會議員連任幾十年的相當多，因此就算常任文官也未必比國會議員專業。根據維基百科上的統計，美國歷史上擔任參議員或眾議員超過四十年的，共有五十六位之多；僅擔任眾議員超過四十年的，有二十九位；僅擔任參議員超過四十年的，有九位。國會議員如此資深，要監督、制衡總統和行政部門是遠比台灣為容易。這也讓美國歷任總統必須宣示，他的外交「優先且必定要捍衛」道德原則，至少不能公開承認沒有做到這一點。

美國總統幾乎人人都有在任內打仗或需要處理全面軍事衝突的經驗。杜魯門的外交重點是對蘇聯威脅土耳其和伊朗的回應，還有柏林危機，當然最後是韓戰。艾森豪結束韓戰、干預台海危機，並開始核武競賽。甘迺迪的外交挑戰是古巴和越戰。詹森面臨的是曠日廢時的越戰和該如何保護南越的問題；尼克森有逼迫北越上談判桌的大轟炸、又進軍柬埔寨和寮國，聯中制蘇更是權力平衡的玩家。福特任內碰上「馬雅古茲號」（Mayaguez）事件[14]和朝鮮半島砍樹糾紛[15]。卡特關注的是蘇聯已經在軍事領域逐漸超越美國，還有中東石油的安全。雷根掀起軍備競賽和冷戰高潮、出兵格瑞那達、在波斯灣護航美國油輪、轟炸利比亞，出兵黎巴嫩維護和平。後冷戰時代的老布希打了波斯灣戰爭，柯林頓打了南斯拉夫戰爭，小布希打了阿富汗和伊拉克，歐巴馬不斷動用無人機協助狙殺敵人首領的斬首行動，也幹掉了賓拉登。而當今川普對伊斯蘭國的轟炸和封鎖，是世人矚目的焦點。

這個現象意味著國防部在美國外交政策上的影響力日漸重要。第一次波斯灣戰爭的美軍統帥史瓦茲柯夫（Herbert Norman Schwarzkopf）將軍在回憶錄中說，「當我一九五六年從西點軍校畢業時，如果有人要我猜今後服役期間會到哪些地方為美國而戰，我百分之百確定當時絕不會回答越南、格瑞那達和伊拉克」。**隨時可能投入戰鬥一直是美國外交政策的支柱，也是美國所希望對外展現的形象。因此美國始終是世界上在國防上投入最大的國家，而且可能對所有的國家都有軍事計畫**。

對於沒有邦交的台灣來說，美國對我們來說最重要的保障，就是在中國武力犯台時協防台灣。因此，理解美國會在怎樣的情況下用甚麼樣的方式協防台灣，是非常重要的問題。這一點將在第九章中詳述。

總統制更讓國防部門在決策中占有重要地位，因為按照美國憲法的設計，總統最能展現領導權威、也能直接指揮的最大部門就是軍隊。美國總統無法直接指揮一個州長或市長，這些人也無須向他報告或拿公文請他簽署。此外，根據現實主義理論，國家是國際政治的主體，更讓美國不會太快或太主動承認自原有國家獨立出來的新國家，以免得罪既有的國家。

前面說過，美國總統影響外交的方式在於他的世界觀以及對首要目標的設定。然而他的世界觀也不能天馬行空。本章所談到的種種機制，以及國際關係運作的一些法則，限制了總統「想像」和「行為」以及更重要的，「效果」之間的距離。

另一方面，很多人在談論外交戰略決策時，會把「國家利益」掛在嘴上，但是究竟何者為美國的「國家利益」？在甚麼時候要用甚麼方式來定義「國家利益」？「國家利益」要用甚麼方式去維護？都不是一個可以用簡單概念可能涵蓋的問題。這些我們將在下一章說明。

7 第七章

指導美國外交政策的思想

在國際關係學領域中，外交政策分析（foreign policy analysis）是一個重要的組成部分，其內容包括兩方面：第一是對「政策」的研究，即從國際關係的角度就政策內容、效果進行分析。美國政治學者布瑞寧（Marijke Breuning）認為外交政策研究的中心是「希望理解各國面對他國及其總體國際環境時的行動和行為」[1]。胡德森（Valerie M.Hudson）認為外交政策分析「作為一項不同的和具有理論意識的專業是在二戰結束以來才開始」[2]，並對這方面的理論做了充分整理。[3]這方面的研究著重在**「外交政策是甚麼?」，包括詮釋及預測一國外交政策的目標、內容、原因、環境等因素，探索國家外交政策的歷史經驗和影響。**

政治學者在為某一國家的外交政策尋找解釋時，通常都會把他或她們自己放在國家或政府的位置上，面對國際事務上的問題，設身處地試著去尋找為什麼一個國家會選擇那樣的行動。一般人會**擬人化行為者**並說出他們的目標和選擇。

然而，就算國家可以類比為個人，這個「人」究竟會有怎樣的行為模式?這就是國際關係理論所想要解釋的問題。以下簡單介紹國際關係學中的重要理論，並闡述它們對美國外交政策的影響。

現實主義與權力平衡

自從兩千五百年前的古希臘時代開始，西方知識界分析國際關係的主流途徑一向是「現實主義」（realism）學派，其創始者可以追溯至希臘史學之父修昔底德（Thucydides）。[4]他撰寫的《伯羅奔尼撒戰爭史》（*History of the Peloponnesian War*）記錄了西元前五世紀發生在希臘的雅典與斯巴達兩個城邦之間的爭霸戰。戰爭以非常殘酷、現實的方式進行，且儘管交戰雙方都未必想要發動戰爭，卻在權力與安全的考量下，不由自主地邁向戰爭。《伯羅奔尼撒戰爭史》最足以呈現「現實主義」精神的乃是書中的「米洛斯對話」（the Melian Dialogue）：強大的雅典外交使節對弱小的米洛斯城邦的代表說：「強者為所欲為，弱者承受一切後果。」（**"The strong do what they can and the weak suffer what they must."**）在二次大戰後的時期，這個學派在學術界與政策圈內變得非常知名，當時它的提倡者包括發表「長電報」的喬治・凱南、著有《國家間的政治》（*Politics Among Nations*）的學者摩根索（Hans Joachim Morgenthau）等人。它們提出這個學派的主張，以抗衡被他們稱為「理想主義」（idealism）、「法律主義」（legalism），有時甚至是「烏托邦主義」（utopiansim）的另一派途徑。

在美國，現實主義強調人性的邪惡面。**他們主張，就本質而言，人類有尋求支配他人的動機，**

這使國家之間的政治成為爭奪權力的鬥爭，而現實政治（realpolitik）的政策則是生存的必要處方。二次大戰之後，美國人看見德國和日本發動侵略戰爭的作為，對於人類有「尋求支配他人的動機」以及「國家之間的政治就是爭奪權力的鬥爭」非常認同。冷戰的隨後出現，更使現實主義成為國際關係的代名詞。

對現實主義者來說，國際政治的核心問題就是戰爭和武力的使用，主要行為者是國家。以下幾點是現實主義最重要的假設：

第一，因為缺乏一個管理所有國家的中央權力，國際體系是無政府狀態。安全競爭和戰爭是這種環境的首要特色。

第二，國家是國際體系的主要行為者。

第三，國家重要的目標就是生存與安全，他們得各自為了自己的利益做盤算與努力。

第四，權力，特別是軍事力，是保衛國家最重要的工具。

現實主義者相信人類本性是利己和競爭的。無政府狀態促使追求自身安全的國家和他國競逐權力，譬如進行軍備競賽，因為權力是生存最好的手段，也是最安全的保障。國際社會是無政府狀態，意味著沒有一個有足夠實力的權威可以監視或約束、懲罰各國的互動，各國必須努力和其他國家建立關係，這並不被更高的實體控制（簡言之，沒有「世界政府」）。

現實主義者假設國家是國際體系中的主要行為者，其他國際組織、NGO和跨國企業不能取代國家。國家必須為了自己的安全累積資源，國與國之間的關係被各國間的相對實力所決定。軍事和經濟實力是國力的指標。

現實主義者進而認為國家基本上是具侵略性（aggressive）的，領土的擴張通常會被具敵意的實力所阻。這種侵略性的累積會逐漸導致所謂的「零和遊戲」的產生，意味著一國安全的增加會導致另一國的安全的減少。因此，「國家安全」常是相對利益上的零和遊戲。兩個國家之間的安全是彼此矛盾的，不是你死就是我活。

現實主義衍生出一些重要的概念，如「權力平衡」（balance of power）。一般來說，權力平衡經常是國家選擇戰略的基本原則。擁護權力平衡政策的政治領導人幾乎毫無例外地也是現實主義的支持者。對權力平衡態度的不同，讓現實主義出現兩大分支——守勢現實主義（Defensive Realism）和攻勢現實主義（Offensive Realism）。守勢現實主義以已故的加州大學柏克萊分校政治系教授沃爾茲（Kenneth Waltz）為代表，認為國際間的無政府狀態鼓勵國家採取防禦態度，促使它們維持而非打破權力平衡。攻勢現實主義以筆者在芝加哥大學時的指導教授米爾斯海默為代表，他認為國家會追求成為霸權。因此只要有機會，就會成為「修正主義者」（revisionist），追求變更現狀（status quo），打破既有的權力平衡。

採取「權力平衡」戰略的國家，通常會有幾點政策作為。**首先是創造、締結、或加入並鞏固同盟（alliance）**：同盟是維持權力平衡的一個重要工具。當主權國家們為了確保彼此的安全而願意協同合作對抗敵人，就是締結同盟了，二十世紀最知名也最有效的同盟，當屬旨在對抗蘇聯的北大西洋公約組織。傳統上，國際政治關切的主要是軍事同盟。但國家也可以為了非軍事理由結盟。同盟的產生和國家的勢力消長更有密切關係。某國可能會視他國為勁敵，對方則因為感到威脅而尋求其他同盟，以防不測。[5]**其次，在組織同盟之外，國家需要大力培養經濟和軍事的發展**，因為國家在同盟中的地位經常受到其經濟和軍事實力所影響。

約瑟夫．奈伊在《哈佛最熱門的國際關係課》（*Understanding International Conflict*）中指出「『權力平衡』一詞的第三種意涵是指國際體系裡權力自然而然達到的一種平衡狀態。此即為『權力平衡理論』。權力平衡理論預言，國家會對有可能成長為獨大霸權的國家採取制衡措施；換個角度來說，它預言國家領導人終究會採取『權力平衡政策』，因為他們沒有其他選擇。在現實主義者眼中，國際體系是一種霍布斯式的無政府狀態，其中恐懼無所不在，信任反而得打著燈籠尋找。那是一個『自助』的體系，一個國家要確保自己的生存的唯一辦法，就是竭力阻止其他國家、或其他集團發展出獨大的實力。要達到這個目的可以運用以下手段：內部調整，譬如提高軍事預算；外部合作，譬如與其他國家同盟；或者兩者兼採。」[6]

奈伊認為，權力平衡理論預言，國家會聯合任何看起來比較「弱」的國家，因為它們不想要看到任何國家變得獨強。權力平衡理論告訴我們要與弱國聯手。權力平衡作為一種政策要求國家去幫助落水狗，因為若是你幫助得勝的那隻狗，牠可能反咬你一口。[7]

權力平衡理論並不預言國家會因為文化或意識形態的原因與他國合作。從意識形態的角度出發預測國家的行為通常都會失敗。反之，從比較違反直覺的權力平衡角度出發勝算較高。譬如說，當伊朗與伊拉克在一九八〇年代早期開戰時，有些觀察家推測所有的阿拉伯國家都會聯合起來支持海珊的伊拉克，其人口大多數都是阿拉伯人與伊斯蘭遜尼派的教徒，統治者是世俗的復興黨（Ba'ath Party）。另一方面，伊朗主要是一個由何梅尼（Ayatollah Khomeini）領導的波斯神權政體，當權者是伊斯蘭教世界裡少數的什葉派。然而，儘管敘利亞也是遜尼派阿拉伯人占多數，且由世俗的復興黨當權，卻支持伊朗。為什麼？因為敘利亞擔心它的鄰國伊拉克變得太過強大。儘管意識形態相近，敘利亞還是選擇了與伊拉克對抗，以尋求平衡。另外，還有一個例子就是意識形態和伊朗更加南轅北轍的以色列，在兩伊戰爭中也是支持伊朗。

另一個例子是美國介入越戰是純粹反共意識形態的結果，但是歐洲國家雖然反共，並不支持美國以這樣的理由介入他國事務，而越戰最後也被多數美國人認為是一場失敗的戰爭。反而是在冷戰中，美國更加願意利用權力平衡的邏輯去對蘇聯，包括善用所謂「離岸平衡」（offshore balance）的策略，在亞洲聯合中國，在中亞結合巴基斯坦在阿富汗牽制蘇聯，雖然中國和巴基斯坦在意識形態上和美國不相同，但這種結盟這讓美國贏得了冷戰。

現實主義思想對美國外交政策影響至為重大。首先是重視軍事力量，美國的國防預算位居世界第一超過七十年，且是第二名至前十五名國家的總和；歷任美國總統幾乎都有戰爭和面對衝突的經驗，充分反映了國際社會無政府狀態、國家重要的目標就是生存與安全的本質。其次是建立、鞏固了大量的政治軍事同盟；美國對整個美洲、北約成員國、日本、韓國甚至菲律賓都有防衛的責任。第三是圍堵、壓制敵人。之前是蘇聯，現在很可能是中國，美國會極力阻止它變更現狀，成為霸權。

自由主義與集體安全

在自由主義者眼中，國家仍然是「全球社會」（global society）的主要行動者，但同時全球社會也為國家設下它的行動時需要考量的其他因素，諸如制度、條約、價值典範等等。自由主義者還主張國家不會只考慮**相對利益**，同時也考慮**絕對利益**，因此國際之間除了競爭之外，互利合作的情形也並不少見。此外，國家之間應該彼此合作，並且用集體力量制裁侵略國家。

推動國家聯盟之創設的美國總統威爾遜認為，權力平衡政策是不道德的，因為這些政策經常會是大國間在密室會議中的私相授受，很容易違反民主原則（democratic principle）與民族自決（national self-determination），對於受決策影響的人民缺乏應有的尊重。然而，自由主義者雖然肯定道德力量之重要，但同時也明瞭理想需要有實力的支撐，尤其是軍事力量的奧援。安全必須是集體的責任。威爾遜相信，如果所有反對侵略的國家團結在一起，善良的那一方（the Good）就會享有最大的力量。國際安全將是一種集體安全，並建立在所有愛好和平的國家組成的反侵略聯盟之上。

美國是自由主義的創始國，威爾遜在一次大戰時的「十四點宣言」和倡議設立國際聯盟，被認為是自由主義的始祖。今天美國的道德外交原則如調停衝突、外交先於軍事、以及重視盟約義務，戰後積極推動國際組織如聯合國的設立，都可以算是自由主義的表現。

今天有些學者，如哈佛大學的史蒂芬．華特（Stephen Walt）教授就認為美國外交的特色是「自由主義霸權」（liberal hegemony），意思就是美國在全世界利用優勢的軍事力量，大肆宣傳、散播民主、市場經濟和其他自由價值。這種政策從柯林頓時代就已經開始，歷經小布希和歐巴馬。美國攻打阿富汗和伊拉克，自由主義者會認為是美國想把這兩個國家改造為美國所想要的民主自由國家。但是並沒有成功。

建構主義與國家認同

建構主義同意現實主義裡對國際政治的假設，即國家總是追求權力、安全和財富；國際政治的無政府狀態……等等。建構主義也同意以國家作為分析國際關係的基本單位。

然而，**建構主義並不認為上述概念是一成不變的，反之，建構主義者主張國家的行為是可以被建構、創造出來的**。建構主義者認為每個國家都有「典範」（norms），包括有形的法律、規則和無形的習慣、態度等等。「塑造行為體個性」和「建立行為標準」的典範，決定行為體怎麼定義它的利益和制訂它的政策。例如美國的契約政治和政治慣例，就是塑造美國這個行為體不同於其他國家（如俄國）的個性，以及建立美國對自己和其他國家的行為標準。

建構主義者強調「觀念」（idea）與「文化」能夠有力地塑造國際政治的現實與論述。他們相信，各種所謂的「國家利益」（national interests）最終都是主觀的，而且會隨著認同（identities）的改變而定。此外，建構主義者有許多種，他們的共同點是無論現實主義還是自由主義都無法正確描述世界，而且我們不只是要解釋世界是什麼樣子（how things are），還要能解釋世界是如何變成這個樣子的（how they come to be）。對建構主義來說，認同、典範、文化、國家利益、國際治理等議題才是核心關鍵。他們相信領導者與一般人在追求物質利益之外，還受認同、道德觀、以及他們的社會與文化的價值判斷的影響。這正是本書前面各章立論的基礎。

筆者認為，美國的外交政策受到美國人獨特的認同、道德觀與美國的社會文化價值判斷的影響。美國由來自世界的移民組成，早年主要是來自歐洲的移民，這使美國人對歐洲有所認同。因此可以解釋美國人雖然有門羅主義，仍然關心歐洲事務，並且因此介入了第一次世界大戰。至於道德觀，正是美國介入韓戰和越戰的主要理由。

國際組織強化國家身分之重要

二戰之後國際關係出現了一個新的進展，就是國際組織大量出現。這對國家的外交行為有著巨大的影響，筆者姑且稱之為**國際組織主義**。其作用與影響可以歸納如下：

首先，某些國際組織的會籍成為確認國家身分與地位的新標準。過去「人民、土地、政府、主權」的國家地位自成說不再適用。一個政治實體若未具備聯合國會員國身分，就有可能不被承認為國家。因此國家大量出現。

其次，國際組織協助對抗侵略。雖然效果存疑，但從二戰以後，除了南越以外，也的確沒有主權國家，特別是聯合國的會員國，在非自願的情況下遭併吞。美蘇兩大超強雖然具有壓倒性的軍事力量，但都沒有直接在違反法理的情況下併吞任何國家。聯合國的決議案挽救了南韓和科威特，甚至還有科索沃。有人會說是美國的軍事力量挽救了上述國家，也就是說，就算沒有聯合國決議，美國也一樣會基於「戰略利益」而出兵，這種說法在台灣非常常見，實際上仍有盲點。首先聯合國決議可以有效提升戰爭的正當性，這對美國從事戰爭的意願和國內的支持度非常重要。其次，有國際上的正當性，發生戰爭國家的周邊國家支持美國軍事行動的意願會提高許多。這對美國的軍事行動經常至關重要。

第三，國際組織提供國家之間更多溝通平台和對話管道。因此，國家某種程度上可以避免囚徒困境的問題，但如此一來，國家的外交技巧和能力也變得更加重要，甚至是衡量國力的新指標。

第四，國際組織提供小國更多發揮影響力的籌碼與空間。小國一樣可以參與創立國際組織，制定遊戲規則，並且利用表決權的影響力表達立場和追求利益。大國也必須爭取小國，甚至是在自己地理區域以外遠處的小國，以在國際組織中強化影響力。

第五，國際組織形成國際規範。如「聯合國海洋法公約」、世界貿易組織仲裁貿易爭端。

第六，國際組織協助區域平衡和國家發展。

第七，國際組織協助各國處理內政事務。如世界衛生組織對疾病的研究、分類，以及防疫的指引。

第八，國際組織在越來越多場合中具有類國家甚至國家地位。譬如歐盟有理事會、執委會等行政機關、有駐外代表和館處。

對美國而言，這種「國際組織主義」對其外交決斷非常重要。首先，美國支持、關注和重視國際組織，在所有美國參加的國際組織中，美國所出的會費幾乎都是最多的。美國駐聯合國大使經常參與國家安全委員會，讓美國總統能確切掌握在任何涉及美國的外交事務中，聯合國的動態如何——通常是希望聯合國做出美國所要的表態——這就需要掌握安理會和大會對美國政策支持與反對的形勢、還有就是表態的形式，是打算通過決議，還是單純只表決通過或否決？如決議案通過，那就是有效用、有約束力的國際法文件，所以美國又該如何去影響決議案的內容，使之對美國的目標有幫助？這些都是美國外交部門得去思考與施力之處。

現在聯合國的決議案就等於是集體安全中軍事行動的通行證。在美國國內，對美國總統採取行動的質疑會因為「行動是否有得到聯合國授權」而增加或降低，越戰就是最好的例子。美國之所以沒有對美洲唯一的共產國家、又和美國長期為敵的古巴發動正式攻擊並推翻其政權，不是能力問題，而是在聯合國內的正當性問題。一九九〇年八月，伊拉克侵略科威特，聯合國通過六六〇號決議，要求伊拉克立刻從科威特撤軍。十一月二十九日聯合國安理會通過第六七八號決議，其中設定伊拉克撤出科威特的截止日期為一九九一年一月十五日，並授權「以一切必要手段執行第六六〇號決議」——這是授權動武的外交語言。但是為什麼要設定為一月十五日，因為蘇聯表示正在調停。美國認為在外交行動沒有完全中止之前，不能動武。所以最後動武的時間是一九九一年一月十七日。

如前所述，聯合國還有一個重要功能，就是作為「國家的戶政事務所」。嬰兒出生之後，父母要辦戶口、領取身分證必須到戶政事務所，目前新國家誕生都會向聯合國提出入會申請，一如新生嬰兒要辦戶口。一旦聯合國予以承認，一般都會得到美國的國家承認（和建立外交關係不同）。美國也經常利用聯合國是否承認某政治實體，作為是否在政策上認定其為國家的標準。

中華民國就是因為在聯合國中沒有會籍，因此喪失世界上所有國家的承認。美國不支持台灣加入以國家為身分的國際組織，就從側面（但是有力）地被解讀為美國不承認台灣是國家。

國際組織提供國家之間溝通、交流的平台是二次大戰後國際政治的重要發展。由於各國平時就有更多交換意見與相互合作的機會，這讓國家比較能避免陷入囚犯困境，因為國家可以透過國際組織裡的互動對其他國家的立場有更多了解，察覺對方的利益在哪裡。由於互動多，會讓各國合作的誘因提高。因為不合作或不守信會惡名昭彰。

國際組織提供較小國家發揮影響力的重要場合。大國若在國際組織中公然霸凌小國，幾乎必然引起其他國家產生兔死狐悲的同理心，因為大國今天若可以霸凌別人，明天也可以霸凌我，所以霸凌的作為通常不容易成功，經常會遭到群起反對。所以大國若要影響小國要他配合，在當前的國際秩序之下，遊說和收買通常是更好的替代方法。因此，國際組織雖然不見得具備強制力，卻仍然在二戰後的國際政治中扮演重要的角色。在聯合國成立前，義大利任意入侵阿比尼西亞（現在的衣索匹亞）、德國併吞奧地利且入侵捷克、蘇聯侵略芬蘭、日本侵略中國，這些行動都是以吞併為目的，並非單純干涉內政，都是大國霸凌小國或弱國的顯例。

一九六一年，中華民國想要杯葛外蒙古的加入聯合國申請，蘇聯威脅如果台北當局敢在聯合國安理會行使否決權，蘇聯將同時杯葛茅利塔尼亞的入會申請。蘇聯公開了此項威脅，立刻讓十一個非洲國家宣布聲援茅利塔尼亞。他們表示，若茅利塔尼亞是因為這種理由遭到否決，他們將在聯合國表決「中國代表權」時，支持北京而非台北。最後只能依賴美國出面，甘迺迪總統派遣詹森副總統來台安撫，表示對中華民國的支持不變，但私下表示希望台北不要否決外蒙入會。實際上台北若否決外蒙入會，等於是中華民國以安理會常任理事國的身分霸凌外蒙，美國若支持台北導致蘇聯否決茅利塔尼亞，等於蘇聯直接霸凌茅利塔尼亞，而美國間接成了幫凶，美國不想背負這個名聲。而十一個非洲國家則以投票權，逼使比他們大許多的美國和蘇聯實質上向他們讓步，這就是國際組織對小國的保障。

支持國際組織可以說符合所有國家的利益（只要它是會員國），相形之下，不具會籍則注定邊緣化。因為非會員國無法參加遊戲規則的制定，也無從利用對大國倡導的議題的反對與贊成來向大國爭取利益。因此出現了另一個趨勢，就是出現了許多區域性的國際組織，例如美洲國家組織、非洲團結組織、阿拉伯國家聯盟、東南亞國家協會……等等。大部分區域國際組織都採取會籍普遍原則，也就是盡量納入區域內的國家。比較特殊的是美洲國家組織，在美國主導下，一九六二年美洲國家組織宣布中止古巴的會籍。二〇〇九年美洲國家組織以民主改革為條件同意古巴可以重新申請入會，但古巴拒絕重新入會。此後古巴和美國關係緩和及在二〇一五年復交後，古巴亦有出席會議。值得注意的是，作為美國盟友的加拿大在冷戰期間並無加入美國主導的美洲國家組織，因為加拿大認為加入會削弱它較為獨立性的外交政策。加拿大直至一九九〇年冷戰結束才加入。

即使不能加入，許多區域外的國際組織通常也會要求成為區域國際組織的對話夥伴。例如「東南亞國家協會」（ASEAN），就有中國、日本和韓國等幾個不是成員國的對話夥伴。[8]

聯合國成立後，台灣問題若提交聯合國，遠在歐洲的英國就有一定程度的決定權，因此英國在一九五〇年代早期最支持「台灣地位未定論」或類似的說法，因為這一說法若成立，台灣地位就必須提交聯合國決定，而非部分台灣人認為的由所謂「二次大戰主要戰勝國」美國片面決定。事實上，二戰後的東亞局勢，包括對日本的處理，也是由美國聯合其他國家成立的「遠東委員會」來進行。雖然主要負責占領日本的國家是美國，但不代表美國就有完全的決定權。美國對日的主要占領作為還是都得到英國甚至澳紐的同意。而在對日和約簽訂時的中國代表權問題上，英國就不同意美國的看法，後來才衍生出中華民國無法參與《舊金山和約》的簽訂，以及日本放棄台澎但未言明其歸屬的問題。

美國支持成立世界銀行（World Bank）[9]、國際貨幣基金（International Monetary Fund）[10]和「關稅與貿易總協定」（General Agreement on Tariffs and Trade，簡稱GATT）是人盡皆知的事情。雖然美國出資最多，但仍然是一個開放國際參與的場域。美國希望以貿易、金融的相互合作，減少關稅壁壘和國際衝突，並且將包括共產國家的世界各國納入相同的國際秩序中，這是二戰後美國外交政策的基礎。在這中間形成的各項國際公約、規範、章程，**實際上成了國際法的重要組成部分**。甚至對於國家是否允許其他國家加入特定國際組織，都成了外交政策的重要部分。例如美國對於中國在加入世界貿易組織之前的一連串雙邊談判，就成為美國在那一個時期對中政策的重要議題。甚至掛勾到其他的議題上，譬如人權問題，這些我們都將在第八章和第九章中討論。

美國也常經由國際組織來援助他國、促進區域平衡和國家發展。作為民主國家，美國國會和新聞界經常會認為政府應該還是多將錢花在自己納稅人身上，促進區域平衡和其他國家發展不應該只是美國的責任。這時候，資助國際組織引起的反彈會比較小。因為國際組織不是只有美國一國出錢，同時國際組織對援助通常會訂出比較一致的標準，而且會透過多邊的機制來決定，這會符合真正自由主義支持者的希望。

艾利森提出的三種決策模式

外交政策分析的第二個方面是決策研究，亦即「外交政策是怎麼產生的？」這種研究方式就更加複雜。這裡的「決策」，一般指的是「形成並決定政策的過程」。

目前許多學者用其他學科（如經濟學、社會學、心理學）的研究方法分析「外交政策是如何被決策出來的」，集中在外交政策產生的模式、機制和過程，以及這些模式、機制與過程對最終政策內容與效果的影響。一九五四年史奈德（Richard C. Snyder）、布魯克（Henry W. Bruck）和薩賓（Burton M. Sapin）發表了〈國際政治研究的一個路徑：外交決策〉（Foreign Policy Decision-Making as an Approach to the Study of International Politics）一文，提出「國家即決策者」，率先將外交決策視角引入國際關係理論研究。[11]

哈佛大學教授艾利森（Graham Allison）藉一九六二年古巴飛彈危機期間美蘇雙方之折衝，

提出了三種重要的「外交決策模式」，不僅被後來的學者用以詮釋核武決策[12]，更擴及所有政治決策：

第一，「理性行為者模式」（Rational Actor），係指被視為單一理性行為者的國家或政府首先要分析對手國行為者在理性基礎上的目標，進而精確計算對手國行為的可能性，再藉著對偏好順序、功用、結果與副作用的分析作為推斷、預測的根據。古典現實主義的堅實核心始於理性行為者模型的兩項基本原則，此即：（1）單一的（unitary）國家是國際事務中的關鍵行為者；（2）國家理性地採取行動，計算可選擇之行動方案的利弊得失，並選擇使其效用極大化的行動。

國際關係研究者通常會假設國家都是「理性行為者」，進而在這個基礎之上分析說明國家之間的問題，專注在行動的邏輯，而不管任何特定的行為者。對這些群體的每一個來說，解釋的點在於**鋪陳出國家或政府在它面臨的戰略問題下，選擇怎樣的行動去完成它要的目標。**

按照現實主義觀點，外交政策的目標和手段是以確保國家利益為目標。[13]國家利益一旦確定，決策就應該根據對特定國際環境下的目標和手段做理性的計算。這時決策分析的重點就在於「了解決策者如何確定國家利益」和「決策者對國家利益的追求途徑」，而前提就是決策者是理性的。[14]鑽研外交決策與武器管制的二〇〇五年的諾貝爾經濟學獎得主謝林（Thomas Schelling）也認為，戰略是基於理性決策。[15]哈佛大學政治系教授維巴（Sidney Verba）**認為理性模式的應用，使外交決**

策容易理解，因為外界若能了解決策者所要追求的利益所在，要推測進而重建其決策過程就會容易許多。[16]

除了基於整體國家利益而產生的理性外，國際關係學者認為還有其他因素影響外交決策。普林斯頓大學國際關係教授海倫．米爾納（Helen V. Milner）認為：「國際關係常常被視為與政治科學其他領域相比，有著根本不同的一門獨立學科；國際領域的政治經常被視為是自成一體的，無論是行為者的類型還是制度的作用。」[17]換言之，行為者和制度同時起著作用。

這種邏輯構成了艾利森「組織行為模式」和「政府政治模式」的基礎，和建構主義的基本假設若合符節。[18]

第二，「組織行為模式」（Organizational Behavior），係指政府決策乃負責該項工作的組織依據其能力、文化與標準作業程序的產品。一方面政府機構運用資源的能力，限制了政府領導人有多少實際可行的選項，另一方面領導人的決策空間也受到結構性限制。**而限制決策空間的最大結構性限制，在於既有組織的能力，以及情報的多寡。**

譬如在現代美國對外用兵的案例中，要採取怎樣的軍事行動，取決於「能部署多少兵力」，而非「有多少兵力」。而能部署多少兵力，取決於是否有足敷運用的基地。一九八六年，雷根決定發動對利比亞的空中攻擊以報復該國對恐怖活動的支持，攻擊目標是恐怖分子的訓練設施和格達費的行宮。前者是希望能盡量多炸死一些恐怖分子，但是接近利比亞的義大利、法國、西班牙和希臘都不願提供空軍基地讓美國空軍部署轟炸機或戰鬥機使用。唯一不受限制的是海軍航空母艦的艦載機，因此美國海軍出動了兩艘航空母艦駛抵利比亞外海執行任務。但是兩艘航艦上能夠執行全天候攻擊的攻擊機A－6合計只有二十架，無法同時執行攻擊所有的目標。

技術上，航空母艦是可以臨時增加A－6飛機的數量，但不符合艦載機聯隊的標準作業程序；因為一個艦載機聯隊的各種機型數量是固定的，各項零件儲備和訓練計畫也都是配合既有飛機的配當數量。修正這些需要時間。但雷根認為如果花太多時間進行準備，會讓利比亞方面有所提防，而且美國越快展開行動，政治上的威嚇效果越大。**在軍人服從文人的政治文化下**，五角大廈不得不在總統的政治要求，和海軍航空兵力的現實能力之間尋求解決方案，最後決定出動空軍的F－111戰鬥轟炸機和海軍攻擊機一起行動。但只有英國願意讓F－111從其境內起飛；但飛機從英國起飛時不能橫越歐洲國家的領空，必須繞道東大西洋，因此必須增派大量加油機在東大西洋和地中海上空為攻擊機群加油、因為加油機在等待攻擊機群前來加油時，本身也要接受空中加油，為行動增加了許多限制。所以美國雖然有二百多架F－111戰鬥轟炸機，但投入攻擊的只有十八架。

對美國而言，成功的關鍵是情報，也就是掌握格達費本人的確實行蹤和恐怖分子訓練設施的位置。如果沒有炸到正確的目標，不僅徒勞無功，還會被利比亞嘲笑，因為證明了美國軍事力量也不怎麼樣，且無法掌握正確的情報。尤其是後者足以影響盟邦的信心，長他們志氣。最後也是在情報確認成效最大時發起行動，不過沒有炸死格達費，只炸死了他的養女。這也可以為今後我們探討「美國如何協防台海」或「如何出兵衛台」時做為參考。

第三，「政府政治模式」（Governmental Politics），認為政府決策並非單一、理性選擇下的結果，而是政客角力、官員討價還價的結果。[19]在《決策的本質》（*Essence of Decision: Explaining the Cuban Missile Crisis*）書中，艾利森進一步闡述了上述觀點，並正式提出了「位置決定立場」這一論斷。他立論的基礎在於他觀察到在古巴飛彈危機中，不同位置的官員的主張和政策偏好有很大不同。在他看來，官僚的政策優先排序和政策認知是由官僚的職位決定的，個人身處何位置決定了他們可能和必須去做的事情。而且不僅是個人，行為體在各項決策過程中擁有的優勢以及遭遇的阻礙也都來自它們所在的組織位置。此外，為了激勵本組織成員，行為體（組織官僚）必須考慮組織本身的利益和立場，而且放在優先的位置。因此，分析者可以根據官員的位置推斷出他或她在許多國際事務問題上的立場。[20]

例如美國每一次的派兵決定，總統所得到的建議都是國務院和五角大廈相互折衝協調的結果。國務院主導美國所有的外交政策，因此它向來希望任何衝突先由國務院以外交手段解決，因為如果不是這樣，而是立刻採取軍事行動的話，以後它在類似的場合和其他國家交涉會更加困難，因為對方容易會認為既然美國馬上會採取軍事行動，和國務院進行外交諮商只是白費唇舌浪費時間。此外，事實上也不可能所有的危機或衝突都要出動軍隊。國會可能會對出兵有異議，**但國會絕不會對先以外交手段解決衝突或爭議的作法有所反對**，原因之一是為了盡可能避免美國子弟的傷亡，另一個原因是任何美國和外國的協定需要經過國會同意，在外交過程中國會的影響力會增大。

美國在第一次波斯灣戰爭中的統帥史瓦茲柯夫將軍（時任陸軍上將、美國中央司令部司令）在回憶錄中曾經提到，當他就任中央司令部司令時，美國國務院就有一位政治事務顧問常駐中央司令部。一九九〇年波斯灣局勢開始緊張時，阿拉伯聯合大公國希望美國派遣兩架空中加油機支援該國空軍，中央司令部陳報美國國防部，國防部同意，但是國務院反對，認為不符合美國在該地區的外交政策。因此，軍方就不能調派加油機前往，即使數量非常小。最後是在折衝之後，國務院同意，美軍才能派遣加油機飛往該地。

伊拉克發動侵略後，美國得到聯合國決議和沙烏地阿拉伯同意，展開沙漠盾牌（Desert Shield）行動，開始部署大批軍隊前往沙烏地阿拉伯。但是任務的初期僅限於保衛沙烏地阿拉伯，收復科威特還需得到聯合國決議。但聯合國何時做出決議，決議內容授權軍事行動的範圍為何，則仰賴國務院的折衝談判。

在一九五〇到六〇年代，一批學者的研究進一步完善了官僚政治理論，貢獻最大的兩位學者是加州大學柏克萊分校政治系的維爾德夫斯基（Aaron Wildavsky）和霍爾登（Matthew Holden）。霍爾登闡述了組織擴張的根源。他引進了一個概念：「組織帝國主義」（Bureaucratic imperialism），意思就是每個組織都會設法擴充自己的地盤、增加自己的影響力，甚至吞併其他的組織。霍爾登認為「組織帝國主義」源於組織之間的衝突，而組織之間的衝突是圍繞著管轄權展開的。

國家利益的複雜性

二戰之後美國的外交政策其實是現實主義和自由主義的融合。譬如聯合國是集體安全的象徵，也在憲章中明定集體安全的責任，但是安理會五個常任理事國的限制，依然是基於權力平衡的考量。而美國二戰後揚棄孤立主義，重視對盟約義務（北約、日本和韓國），再以軍事實力支撐，**更是以現實主義為基礎的自由主義**。

自由主義重視國際合作，所以美國在二戰後組建了許多國際組織，除了聯合國外，包括世界銀行、國際貨幣基金等等，這也是筆者提出「國際組織主義」的原因。這些組織促成國際合作固不待言，**但很少人注意到它們起了一個重要的作用，就是將國家身分的重要性提升了**。沒有國家身分，就沒有辦法進入這些國際組織進行國際合作和參與遊戲規則的制定。對於不是會員的政治實體來說，你不能參與這些遊戲規則的制定，但又必須接受這些遊戲規則的約束，不然其他國家會拒絕和你互動，而和遵守遊戲規則的你的競爭者互動。

國際組織還有一個另外的作用，就是促成國家數量的增多。因為在國際組織中除了少數事務，絕大多數的運作方式都是一國一票，大國和小國在表決時地位相等。所以，這些國際組織促使了各大洲的獨立運動，因為殖民地若獨立成國家，就有機會和大國平起平坐。因此現實主義對國家地位的重視，反而因為自由主義而加強了。

自由主義對美國來說還有另一層意義，就是重視條約、協定、公報和外交行動。因為前者三項是國與國之間簽訂的，彼此之間需要討論，因此大國和小國之間比較平等，也可以加入互助的條款以及對行為的約束，有助於規範國際行為。**外交行動則優先於軍事，也就是以外交行動弭平衝突，如果不行，再訴諸武力。**

現實主義認為，國際政治學所研究的就是在無政府的國際體系中，國家作為主要行為體追求權力與安全的過程。這個過程是理性的，因此國家會用特定政策爭取自身環境的最優和自身利益與權力的最大化。因此國家是不是要加入集體力量去制裁胡作非為的成員，也是基於加入此一集體力量是否符合本國利益的判斷。所以，**國家加入國際組織，或者認同集體安全，並不純然是自由主義的崇高想望，而是現實主義中追求自保的理性決策。**美國認為，如果國家對自保的信心足夠，會比較願意和他國進行合作。這也是以色列和埃及在一九九二年簽訂「大衛營協議」以後，都得到美國大量軍經援助的主要原因。

對台灣人來說，筆者認為不應把美國的行為只簡單理解為「確保利益」，一因為簡單「利益」兩個字背後牽涉到極為複雜的分析與判斷。利益要怎麼定義？如何達成？不同手段之間如何取捨？更重要的是，各種利益之間的優先順序與獲得利益的成本考量為何？這些問題都需要審慎的思考研究。同時，我們更應該對國際組織的重要性，投以更多的關注。

8 第八章

美國與中國：一九四九年後的中國政策

美國對中共的第一印象

美國對於中國共產黨的印象始於二次世界大戰期間，當時的印象相當良好，這點對後來美國的對華政策形成了極為深遠的影響，但是中華民國的歷史向來幾乎從未提及這一段，因此在探討美中（共）關係時，筆者將先行介紹這個部分。

對日戰爭時期，美國就有設想過從在華北的中共控制區建設機場以讓轟炸機直接空襲日本本土，所以和中共開始有所接觸。之後美國和蔣中正之間因為國軍出兵赴緬甸助戰產生劇烈爭執。蔣認為要得到美方的充分物資支持才能出兵，美方則認為蔣只是要保留物資以便之後打國共內戰，根本不認真抗日。當時美軍在中國的指揮官是史迪威（Joseph Warren Stilwell），他隨後以援助中共作為逼蔣讓步的籌碼。一九四四年日軍發動打通中國大陸南北交通線的「一號作戰」，國軍損失慘重，讓美國更加重視中共的實力。

一九四四年五月，由二十幾名中外記者組成的訪問團獲准訪問延安：在訪問後寫了生動的報導，使全世界進一步了解到有一支中共領導的抗日軍隊在活動。一九四四年六月二十三日，美國副總統華萊士（Henry Wallace）受羅斯福委派作為特使到重慶同蔣會談，他強調需要採取「一切措施」來結束對日戰爭和拯救美國士兵的生命，指出美國空襲日本與南滿工業區的B－29超級堡壘轟炸機，以及在華北地區進行空戰的飛機隨時可能被擊落，需要中共控制區的軍民營救飛行員，美軍也亟須得到華北和華中的準確軍事情報與氣象情報，而派遣美軍觀察組去延安是軍事需要，同政治問題無關。蔣最後同意美方要求，批准美軍駐延安觀察組的建立，同意該觀察組直接受駐華美軍司令部領導。

美軍觀察組的任務是：搜集共產黨軍隊獲取的日軍情報，了解共產黨軍隊的作戰和物資裝備供應，考察中國北部地區的氣象、經濟等情況，協助延安和敵後根據地建氣象站，為美軍航空隊提供可靠的氣象情報。協調八路軍和新四軍對迫降在日占區的美軍飛行員進行救援。評估共產黨對戰爭所能作出的貢獻，探索與中共進行軍事合作的可能性等。**中共深知觀察組的重要，不僅高度禮遇，同時盡全力配合，讓美國對中共留下極佳的印象**。他們在之後做出的報告認為，中共在戰時與戰後可能是個有用的盟友，延安的氣氛比國統區更有活力，也比較清廉。中共高層領導人的態度和蔣中正的倨傲相比，更讓美國人充滿好感。之後，美國甚至還用軍機將二十名中共高級領導人載往華北對日軍受降，對協助中共擴大根據地也發揮了作用。

承認中共為一政治實體

一九四五年對日戰爭結束後，美國派遣馬歇爾（George Marshall）將軍擔任特使來中國調停國共內戰。杜魯門總統在馬歇爾赴華就任之前寫的一封信裡，明確給出了馬歇爾的具體任務：我特別希望你竭力說服中國政府召開包括各主要政黨的國民會議，以實現中國之統一；同時實現停止敵對行動，尤其是在華北停止敵對行動。

一九四五年十二月二十日，馬歇爾到達上海，馬歇爾認為，國共兩黨雙方的矛盾在於歷史原因造成的互不信任。在馬歇爾要求下成立了三人小組：由國民黨的張群、共產黨的周恩來以及馬歇爾組成。三人小組一方面是兩黨在發生軍事衝突時的交流管道，另一方面針對當時迫切的重大爭議進行討論。

一開始，三人小組運作尚稱順利，在這段時期討論了關於滿洲和熱河的接收、日軍解除武裝等問題上兩黨的分歧，並達成了一定的共識。三人小組於一九四六年一月十日達成了停戰協議，國民政府和中共雙方下令停戰，規定一月十三日午夜十二點生效，另外在今天的北京設置國、共、美三方代表監管的軍事調處執行部（軍調部）來執行停戰協定，也為政治協商會議做準備。

軍調部由國民黨的鄭介民、共產黨的葉劍英、美國駐華使館代辦羅勃遜三人為委員，其中羅勃遜為主席。二月九日，軍調部與三人小組達成協議，恢復被日軍破壞的鐵路交通。日後軍調部的大部分精力都用在滯華日軍戰俘及日本僑民的遣返工作上。

這段歷史的重要意義在於美國已經視中共為可和國民政府並列、且可以與之合作的政治實體。三人小組只是處理國共之間的停戰問題，但要將滯華日軍和日本僑民遣返日本，必須要將這些人解除武裝之後，集合登記身分後，再安排遣返。這只能由接受他們投降的軍隊或政權方有可能達成。國民政府向來堅持所有日軍在中國戰區只能向國民政府投降，不能向中共投降，一方面是不讓中共有機會接收日軍交出的武器裝備，避免增加實力；另一方面若向中共投降，則無疑承認中共也是和國民政府平起平坐的戰勝方。但美國決定由有中共參與的軍調部執行這一事務，無疑是承認中共是可受降的政權，也默許中共有不交日俘日僑給國民政府的權力。

馬歇爾曾任美國陸軍參謀長、國務卿與國防部長。在二戰期間，他提攜了許多傑出的美國高階將領，包含後來的美國總統艾森豪。英國首相邱吉爾盛讚馬歇爾為「勝利的策組織者」（organizer of victory）。二戰後，他致力於以美國的經濟與政治力量協助歐洲的重建。「馬歇爾計畫」即以他為名。他並以此貢獻獲得1953年的諾貝爾和平獎。照片來源：維基百科。

馬歇爾對國共鬥爭的態度

一九四六年一月，馬歇爾知道國府準備行憲，重組政府結構，提出了一份名為《中華民國臨時政府組織法》的建議性文件，內容主要為新政府的組成架構建議。蔣即在日記中寫道：「此為共黨不敢提者，要知客卿對他國政治之隔閡，若本身無定見，不僅誤事，且足以召亡國之禍也。」**不過這也可以看出美國的調停，除了中止國共的衝突以外，也有推廣民主的企圖。**

戰爭時，國共軍隊規模都在百萬以上，戰後美國建議既然已經戰勝，軍隊可以減少數量，以讓官兵退役返鄉恢復經濟生產，並且減少軍費開銷。在討論軍隊整編、統編協議前，馬歇爾曾向蔣介石提出一個方案，其中建議，在整編後六十個師的作戰部隊中，二十個師由共產黨領導；在海、空軍中共產黨領導的部隊至少各占百分之三十。**美國對中共的友善又得到一證明。**蔣沒有同意此方案，但在談判中作出了一定的讓步。二月二十五日，軍事三人小組簽署名為《關於軍隊整編及統編中共部隊為國軍之基本方案》的協議，在一年後將國軍編為九十師，其中中共占十八師，一年半後減為五十師，共軍占十師。並商定由軍調部調派由三方參與的工作小組到各地監督整軍的實行。

整軍計畫證明是一項重大的失敗。首先是中共方面根本沒有執行的誠意，而國民黨方面除了懷疑中共的誠意以外，內部派系也認為這是蔣有意削藩。整軍計畫沒有成果是美國放棄調停的原因之一。此外，共軍根本無意停止軍事行動。**但是美國的責難集中在國民黨這一邊**。一九四六年馬歇爾回國述職，國共再度爆發衝突，馬歇爾於四月十八日回到中國時，蔣中正和馬歇爾會談時譴責中共根本背信忘義，且繼續進攻長春。蔣表示有可能撤出東北，將此地交國際上解決。馬歇爾的回應是，到目前為此都是因為國民政府拒絕軍調小組進入東北的挑釁行為導致。之後，馬歇爾答應國民政府運用美軍船隻運送兩個軍到東北，但拒絕再加運兩個軍。另一方面，馬歇爾與周恩來的會談中也清楚交代了美軍運輸國軍的動向，並與其討論東北地區的管治問題。

一九四六年七月在馬歇爾建議下，美國國務院通過以原燕京大學（現在的北京大學）校長司徒雷登（John Leighton Stuart）為駐華大使來協助調停，並試圖透過其他民主黨派協助調停。經過協調，美方建議由司徒雷登為主席，成立一個五人小組展開討論。為了向蔣施加壓力，馬歇爾要求美國自一九四六年八月起對國民黨政府暫時實行武器彈藥禁運。

蔣中正的回應是堅持共黨需要接受其要求，包括維持之前的停戰令、恢復交通協議、整軍方案，以及部分地區的共軍往後撤退等等。中共方面則要求國民政府無條件停戰，商討地方政府管治等問題，否則拒絕派人參加五人小組，雙方各不相讓。

五人小組無法順利運作，讓美國開始有抽身的打算。司徒雷登不斷向蔣表示，中華民國政府必須實施改革，蔣則認為美國的調停影響了國軍的士氣，又不給他足夠的援助，因此對美國相當不滿。美蔣關係不斷惡化，反過頭來又影響了美國對中華民國政府的信心與支持。

一九四七年開始，中共在戰場上開始節節勝利。時任國務卿的馬歇爾詢問曾任駐中國美軍指揮官的魏德邁（Albert Wedemeyer）使華的意願，因為魏德邁和蔣的關係良好，所以他雖然拒絕，但同意率團來華考察。一九四七年九月十九日，魏德邁向馬歇爾提出報告，警告國民黨軍事上已處於劣勢，中共很可能統一中國。重點為一、立即給予國民政府大量的、長期的軍事、經濟援助，否則共產黨將很快統治中國；二、美國應大規模向中國東北派軍，以終止目前在東北發生的戰爭；當然，前提是中國政府向聯合國申請滿洲由聯合國託管；三、美國給予國民政府公開的軍事支持，很可能導致蘇聯介入乃至軍事干預，這可能觸發第三次世界大戰。馬歇爾認為滿洲部分太過敏感，要求魏德邁刪除，魏拒絕，馬歇爾乃將報告書列為機密不得公開。這份報告讓馬歇爾認為既然蔣將失敗、援蔣不但無效，更有損美國威信，於是繼續斷絕對中國政府之援助。

一九四八年美國大選，因　杜魯門不喜歡蔣，蔣把賭注壓在杜魯門的競選對手共和黨候選人杜威身上，　杜威競選資助捐款，但大選的結果杜威落選，杜魯門蟬聯總統。此事更加深了杜魯門對蔣的反感，也間接影響了中華民國的命運。[1]

《中美關係白皮書》對國民黨徹底失望

一九四九年八月五日，美國發表《中美關係白皮書》（*The China White Paper*），或稱《美國對華關係白皮書》，但正式名稱為《美國與中國的關係：特別著重一九四四年至一九四九年之一時期》（*United States Relations with China: With Special Reference to the Period 1944-1949*）。《中美關係白皮書》中總結說道：

> 中華民國政府失敗之原因，在本函所附記錄中記述頗詳，此等原因並非由於美援之不足。據我方軍事觀察人員報告，國軍於一九四八年之重要年份內，無一次失利係由於缺乏裝備或軍火。實則我方觀察人員早在戰事初期已在重慶發現腐敗現象；此一腐敗現象已將國民黨之抵抗力量斲喪殆盡。其領袖不能應變，其軍隊喪失鬥志，其政府不為人民所支持。反之，中共則有嚴酷之紀律訓練，並有瘋狂之熱忱，以自居於人民保護者及解放者之地位，爭取人民的支持。故國軍毋需被擊敗，即已自行解體。凡一政權缺乏自信心、軍隊無戰鬥意志，一經戰鬥考驗立見崩潰，此固歷史所一再昭示吾人者也。[2]

國民黨政府當時的形象是否如美國人所說的那樣？首先是經濟的問題，戰後惡性通貨膨脹嚴重損害了經濟。根據《大公報》一九四八年八月十六日刊登報導統計，以戰前的生活指數為比較，八月上半月的食物價格上漲了三九〇萬倍，住房價格上漲七十七萬倍，服裝價格上漲六五二萬倍。國民黨政府以印鈔票來支應各項軍費和政費支出。當時的貨幣是「法幣」，在一九三五年起由國民政府發行。中國抗日戰爭期間，由於財政支出增加，法幣大量發行。到了戰後，國民政府為支付與共產黨作戰的巨額軍費，法幣的發行量更是變本加厲，由抗戰勝利時的五千五百億元快速上升至一九四八年八月的六百六十兆元，三年間增加超過一千倍。

一九四八年八月十九日，政府宣布發行金圓券二十億元，目的是取代原本惡性通貨膨脹的法幣。這項政策有幾項重大失誤。首先是無發行的準備金；其次是匯率嚴重扭曲，金圓券一元等於三百萬法幣，等於零點二二二一七公克的純金，又規定純金一市兩合金圓券二百圓、純銀一市兩合金圓券三圓、銀幣每枚合金圓券二圓、美元一元合金圓券四圓。第三是強制人民以政府單方面規定的上述匯率以自己財產兌換這種紙幣，凡私人持有黃金、白銀和美元者，限於九月三十日前兌換成金圓券，違者沒收。據此制定、頒布、實施了《人民所有金、銀和外幣處理辦法》。

但是到了十一月十一日，政府公布《修正金圓券發行辦法》和《修正人民所有金銀外幣處理辦法》，將金圓法定含金量由原來的零點二二二一七公克減為零點〇四四四三公克，減低了五分之四，原來一美元兌四元金圓券立即貶值五倍，降至一美元兌二十金圓券；此外，對金圓券發行總額已經不做規定，第十二條改為「金圓券發行總額另以命令定之」，實際上無限額發行。這種兒戲般的貨幣政策，讓**人民用黃金、白銀換來的紙幣巨幅貶值，加上發行量無限，導致物價暴漲，人民等於遭受二次搶劫，對國民黨政府的支持完全崩盤**。[3]

其次是軍隊的腐敗。美國在對日戰爭時，就懷疑中華民國方面暗藏美國援助來抗日的軍火，準備戰後對付共產黨的內戰中使用。這種缺乏互信的情況也一直令美國對國民政府非常感冒。

一九四九年初蔣宣布「下野」，李宗仁接任代總統，但蔣仍以「中國國民黨總裁」的身分在幕後操控政局。之後閻錫山出任行政院長兼國防部長，在廣州發號施令。蔣中正先後訪問菲律賓及韓國，商議組織遠東反共聯盟。這些都完全沒有李宗仁的參與。在美國看來，中華民國政府的內鬥到了失控的狀態。

中華人民共和國建立以後，美國是採取不承認的態度，但是並不以該政權為敵，更無消滅此一政權的打算，這和先前的經驗，包括對國民政府的鄙棄和對中共的認同有關。當時美國密切注意的是中華人民共和國與蘇聯的關係。因為南斯拉夫的狄托和蘇聯決裂，所以美國有部分當時參與過觀察組的成員（後來稱之為「中國通」），認為中國還是有可能和美國建立良好的關係。

赫魯雪夫上台導致中蘇關係破裂

韓戰爆發之後，美國對中國的政策與其說是圍堵，不如說是取決於中共與蘇共的關係。當中共和蘇共「一面倒」的時候，美國和中國的關係極其冷淡，但是仍然有官方接觸。同時，美國也未否定中華人民共和國的國家地位。

艾森豪就任總統後，決定趕緊促成韓戰的停火，一九五三年美國代表以聯合國軍指揮官的身分，和中國人民志願軍指揮官簽訂了停戰協議。國務卿杜勒斯（John Dulles）則從那時候開始，就有「兩個中國」的打算。杜勒斯一再提起讓兩個中國加入聯合國，開始和中國進行大使級的「華沙會談」。美國也阻止在台灣的中華民國反攻大陸。艾森豪和杜勒斯也都拒絕在需要時動用否決權否決北京加入聯合國。

艾森豪任內發生了兩次金門炮戰。對這兩次衝突，美國的決斷是堅決支援中華民國防衛金門和馬祖，充分表示了對台灣的支持。事實上中華民國防衛金馬成功的原因是美國的支援與護航，毛澤東對此一清二楚，他下令「只打蔣艦，不打美艦」，盡力避免與美國正面衝突。**毛澤東不想在十年內和美國進行兩次戰爭，除了沒有勝算之外，毛認為和美國開戰，會使中共必須更加依賴蘇聯，而這是他所不願意的。**在一九五八年，中蘇共的矛盾已經表面化，真正影響中美關係的是中蘇共分裂。

中蘇共關係破裂的關鍵始自一九五三年史達林過世，赫魯雪夫接掌政權。一九五六年，在蘇聯共產黨第二十次代表大會上，赫魯雪夫批判了對史達林的個人崇拜。這種對個人崇拜的批判，讓毛澤東很不高興。赫魯雪夫認為馬列主義中的資本主義和社會主義之間的衝突是可以調和的，中方對此也不贊成。毛澤東擔心蘇共批判、否定史達林的做法會對中共黨內起示範作用，如果此事成真，他就會像史達林一樣被鞭屍。但是毛不能明講，不能以這個理由批判赫魯雪夫。他唯一的方法就是從共產主義的意識形態面、以及蘇聯的大國沙文主義去否定赫魯雪夫，結果證明這套有效。

一九五八年四月，中共要求蘇聯提供承諾給予的核子武器及核潛艦，蘇聯則提出要在中國領土上建設用於軍事的長波電台，和在中國領海與中方組建聯合艦隊作為交換。在建設長波電台問題上，毛澤東認為這牽涉主權問題，提出中方出一半資金，蘇聯出另一半資金和全部技術，但長波電台主權屬於中國，結果被蘇聯拒絕。而組建聯合艦隊一事，毛澤東則認為蘇聯企圖在軍事方面控制中國。對中國來講，聯合艦隊用處不大，雙方分歧開始表面化。

一九六〇年在莫斯科舉行的八十一國共產黨大會上，以及一九六一年在蘇聯共產黨第二十二次代表大會上，蘇共否定史達林、主張「兩全路線」（全民黨、全民國家），還公開批判和中共關係密切的阿爾巴尼亞勞動黨是教條的史達林主義。中共代表周恩來當場予以嚴厲批評與駁斥，並率代表團提前回國，以示抗議。一九六三年雙方爆發文字論戰，相互攻擊對方，中共連續發表九篇文章批評蘇共，稱為「九評」。

簡單地說，蘇共認為，現代核戰爭會導致世界大戰和人類的滅亡，使共產主義的勝利變成毫無意義之事，故與西方國家和平共處是唯一選項，而擁有優越的社會主義制度的社會主義國家可以在經濟競賽中徹底戰勝資本主義。中共則認為，新的世界大戰不可避免，在戰爭中將滅亡的是帝國主義，社會主義將獲得勝利，因此不必懼怕核子戰爭。[4]蘇共認為這種說法危險又不負責任。

另外，赫魯雪夫推動經濟改革以提振蘇聯經濟。中共認為蘇共背叛了共產主義的原始精神，淪為一種修正主義，所以之後將蘇聯醜化為「蘇修」。反之，蘇共認為中共是教條主義、左傾機會主義。赫魯雪夫最後決定撤回在中國的所有專家，中止和中共的一切合作契約，軍事合作也完全停止，不再出售或轉移武器的成品和設計圖、製造技術。

中蘇共分裂之後，美國開始逐漸認為有機會也需要改善與中國的關係。一九五五年，美國國會通過一項「福爾摩沙決議案」（Formosa Resolution of 1955），並由艾森豪總統簽署通過，授權總統在認為必要時派兵保衛台灣對抗中共的威脅。當時還是國會議員的甘迺迪對「福爾摩沙決議案」是投反對票的，而且他還主張和中華人民共和國建交，認為金馬外島對美國的安全毫無必要。但是甘迺迪在當選總統後，立場比艾森豪還要反中。他告訴台北如果有需要，他會用否決權否決北京入會。在甘迺迪任內，美中（共）關係沒甚麼進展。

真正對美國起到決定性影響的因素是越南戰爭。

尼克森承認中華人民共和國

中共對美國越戰政策的影響無與倫比。在韓戰中，中共出兵百萬人參戰，硬是把韓戰延長了兩年多。當時，美國顧著在朝鮮半島和中共與北韓作戰，沒有太多軍事資源支援法國在中南半島的戰爭。胡志明能夠不被法國一舉消滅的主要原因，是艾森豪拒絕了法國的出兵要求。但是到了一九六四年，美國介入越戰之後，中華人民共和國是否再次出兵成了美國最顧忌的因素。韓戰中，中共是在美國和聯合國軍越過北緯三十八度線之後才正式決定出兵，因此在越戰中，美國始終沒有派遣地面部隊進攻北越。這就讓北越可以派遣大量兵力進入南越作戰。這一點注定了越戰的結局。如果美國一開始就直接進攻北越，至少可以減輕南越的壓力和破壞。

越戰進行不久，美國就決定要聯中制蘇。首先是越戰耗費了美國大量的軍力，而蘇聯的軍備擴張又非常迅速，實力的天平迅速向莫斯科傾斜；第二是爭取中國的善意，以圖釜底抽薪。剛好中國在一九六四年試爆原子彈成功，和蘇聯關係又惡化，蘇聯甚至還有對中國發動外科手術式的核子攻擊計畫，第三是中國本來就是中南半島事務的重要參與國。一九五四年《日內瓦協定》，甫建國的中華人民共和國居然也是簽字的一方。第四，中蘇共的關係日益惡化。一九六九年雙方甚至到了戰爭邊緣，連冷戰中的美蘇都沒有發生這麼激烈的直接衝突。[5]

尼克森決定展開行動。他決定先擺出強硬的外交姿態，以顯示他不是因為懦弱而求和。後來一九八二年的雷根也有類似行為：在就職前揚言要和中華民國復交，之後卻和中共簽了《八一七公報》，全面向北京的立場傾斜。

一九六五年尼克森訪問台灣，這

尼克森為了聯中制蘇，打破與中國長達23年的隔絕，成為史上第一位訪問中國的美國總統。圖片來源：維基百科。

次因為他不具公職，蔣中正沒有邀請他住士林官邸，他在圓山飯店的房間裡故意對著竊聽器向恆安石說，反攻大陸不可能，美國必須和中國改善關係。一九六七年尼克森在《外交事務》上發表文章，認為必須解決中國「憤怒的孤立」。（詳見第四章）

越戰爆發後，美國認為要解決越戰問題，就要從減少中國對北越支援下手。尼克森和季辛吉認為，改善與中華人民共和國的關係才是根本的方法。一九六九年七月二十一日，美國國務院公開宣布放寬與中國貿易和到中國旅遊的限制，這是尼克森政府緩和美中關係的第一個單方面行動。七月二十五日，尼克森於關島發表談話，宣布在印度支那收縮兵力，越戰「越南化」。

一九六九年八月初，尼克森在環球旅行中對巴基斯坦、羅馬尼亞等國領導人表示，美國希望中國走出「孤立」狀態，在亞洲和太平洋地區發揮重要作用。他還請巴基斯坦總統葉海亞．汗（Agha Mohammad Yahya Khan）和羅馬尼亞總統尼古拉．西奧塞古（Nicolae Ceausescu）向中國轉達此意。他告訴西奧塞古，一旦中國改變對美國態度，美國願意與它交往並建立關係。

一九六九年中蘇爆發珍寶島衝突，雙方陷入戰爭邊緣，蘇聯向美國提出共同摧毀中國核武，美國拒絕。蘇聯意識到美國打算改善美中關係的態度，九月十一日，蘇聯總理柯西金（Aleksey N. Kosygin）參加越南領導人胡志明的葬禮後，去北京同中國領導人談判。聲言絕無破壞中國核武設備之意，雙方達成了維持邊界現狀、防止武裝衝突、雙方武裝力量在邊界爭議地區脫離接觸等四點臨時協議，之後中蘇邊界局勢得到緩解。**中國知道改善對美關係會讓蘇聯忌憚，因此決定大步推動與美國的和解。**

一九七〇年一月八日，美國宣布定於二十日恢復在一九五〇年代曾經開始，後來中止的美中「大使級」華沙會談。

尼克森認為要改善和中國的關係，首先必須解決聯合國裡的「中國代表權」問題。這個問題具有多重意義：首先是美國可以藉「讓中共取得中國代表權」做為改善對中關係誠意的象徵，特別是要讓蘇聯看見。第二，尼克森認為不可能長期孤立中國，讓中國開放之後和美國合作對抗蘇聯，是美國戰略上的百年大計。

但是問題在於台灣。中共堅持台灣是中國的一部分，如果美國繼續承認在台灣的中華民國代表中國中央政府，北京是不可能接受的，如此無法改善關係。但是若承認台灣屬於中國，尼克森無法和國會有所交代。因此，尼克森和季辛吉決定先處理聯合國問題；若能形成雙重代表權，美國就可在不犧牲台灣的情況下與中國關係正常化。

一九七一年四月，中美秘密溝通突破，改變了尼克森的看法。五月底，尼克森與季辛吉轉而認為「雙重代表權」的作法，對美國尋求與中國關係正常化的總目標是有反作用的。若採取「兩個中國」政策，中華民國和中華人民共和國，雙方都不會接受，這個問題的最終結果只能一個入會、一個退出，不可能兩者都在聯合國，中共遲早要進聯合國，那是無可避免的。尼克森說，美國最好還是堅持將「中華人民共和國能否取代中華民國在聯合國的會員資格？」這個問題列為「重要問題案」（因為凡是「重要問題案」就需要經過三分之二以上票數的通過，門檻較高，對中華民國的會員資格保障較大），「但不要努力為重要問題案拉票」，而由聯合國所有會員國對最後結果負責。但是尼克森實際上已經拿定主意，要讓台灣退出而中共進入聯合國，但他沒有告訴國務院、美國駐聯合國大使和台灣方面。事實上尼克森根本沒有堅持「兩個中國」的誠意，**他故意拖延到最後，讓各方面的部署來不及，然後假裝採取「兩個中國」的立場卻失敗，以表示美國盡了一切努力。**[6]

七月九日凌晨，季辛吉乘坐巴基斯坦總統專機飛赴北京。他告訴周恩來，美國將提議中華人民共和國通過以簡單多數的方式加入聯合國，而且可以獲得安理會常任理事國席位。經北京會談後，季周兩人從此直接聯繫，美國和中華人民共和國從此開始關係正常化的道路。

八月二日，國務卿羅吉斯（William Rogers）發表對中國代表權的聲明，代表美國對此問題政策的一大轉變。過去二十一年來美國竭盡反對中共入會，現在則以「配合目前世界的實際狀況」，不再反對中共進入聯合國。但同時，美國不同意將中華民國排除於聯合國之外，至於安全理事會常任理事席位屬誰，另由聯合國大會討論決定。尼克森和季辛吉沒有告訴國務院的是，他們已經決定「雙重代表權」只是個避免被國會批判的幌子，因此國務卿羅吉斯與當時的美國駐聯合國常任代表、也就是後來的美國總統老布希對此都毫不知情。這種不誠實的態度在美國外交史上是非常少見的。

八月十七日，駐聯合國常任代表老布希正式向聯合國秘書長宇譚（U. Thant）提交「中國在聯合國的代表權問題」備忘錄，請列入聯合國第二十六屆大會的議程。美國的建議是聯合國處理中國代表權時，應體認中華人民共和與中華民國兩者的存在，中華人民共和國應有代表權，同時應規定不剝奪中華民國之代表權。美國要求聯合國承認「兩個中國」的事實，不僅中華民國方面不能接受，也立即受到中共強烈的抨擊。

十月四日下午，羅吉斯正式在聯大發言支持中華人民共和國加入聯合國取得安理會席位，同時反對排除中華民國，「此舉為唯一切合二十年來所存在現實情況之公平辦法，使全體中國人都在本組織有代表。」羅吉斯發言後，白宮隨後宣布，季辛吉將於十月二十日飛抵北京，安排尼克森的訪問。這讓原先可能會支持中華民國的國家看到了美國的意向，對之後的投票有很大的影響。[7]

十月十四日，沙烏地阿拉伯代表為中華民國慷慨仗義執言，提出一項議案：「中華民國，亦即台灣島之人民，應保留其在聯合國及所有與其有關各組織內之席位，直至中華民國人民，亦即台灣島之人民，能在聯合國主持下舉行複決或全民表決而就下開各項宣布其所作選擇時為止：一、以聯合國記錄之一項條約所確定之中立地位，作為一個主權國家繼續獨立；二、與中華人民共和國組成一個邦聯，其條件應由當事雙方商定之；三、與中華人民共和國組成聯邦，但需依照當事雙方所商定之議定書。」

然而，季辛吉對此議案極力反對。他認為如果美國支持這一議案，將會實質形成「兩個中國」，而且這一議案為台灣創造了法律地位，這是中國最反對的。如果美國支持，將會嚴重損害當時美中的交往基礎。[8]這時候，他連先前「『美國不要努力為重要問題案拉票』，而由聯合國所有會員國對最後結果負責」的滑頭立場都放棄了，而是直接站在中共一方。[9]這時的美國對中華人民共和國真是仁至義盡，極力維護。

一九七二年二月，美國和中國簽訂《上海公報》。過程中，尼克森被迫一再表達對「中國」屬誰及中國是否一個的立場。此公報與尼克森的五大秘密承諾，構成了此後四十五年美國對台政策的框架。一九七二年二月二十二日，尼克森對周恩來重申了一九七一年七月季辛吉所作的秘密承諾：

> 第一，中國只有一個，台灣是中國的一部分……以後不會再出現台灣地位未定的聲明。第二，我們從未支持，將來也不會支持台灣獨立運動。第三，……我們不願日本進駐台灣，並會勸阻日本那樣做。第四，我們將支持台灣問題以任何可能的和平方式解決。與此相關的是我們不支持台灣政府任何採取軍事反攻大陸的企圖。最後一點，我們尋求與中華人民共和國的

> 關係正常化。我們知道台灣問題是完成關係正常化的障礙，但在我前述的架構內，我們尋求正常化，我們向該目標努力並將設法達成。[10]

《上海公報》簽訂後，無論是在華府還是台北，誰都知道美國遲早會承認中華人民共和國。尼克森和季辛吉都把和中國的關係破冰視為主要成就。台灣方面則完全無計可施，鴕鳥心態是最佳的寫照。事實上中華民國長年在國防外交上純然依賴美國，沒有翻臉的本錢，也無力影響美國的重大政策。美國並不擔心不支持台灣會讓台灣和美國為敵。因為這時候還和美國有邦交，中華民國不敢和蘇聯發展關係。退出聯合國之後的斷交潮更提高了美國對中華民國的交涉姿態，因為中華民國更加需要美國還保持原有的外交承認。

一九七三年，美國和中國互設聯絡辦事處，立刻

上海公報

1972年2月28日

發生背景：

- 與蘇聯的對抗對美國造成巨大的壓力，越戰更在美國國內激起強烈的反戰聲浪。美國因此亟欲拉攏中國以對抗蘇聯，並解決越南問題。
- 1972年2月21日尼克森訪問中國，為歷史上第一位訪問中國的美國總統。

對台灣的影響：

- 雙方聲明，中華人民共和國與美國的關係正常化符合兩國利益。
- 中國政府堅決反對任何旨在製造「一中一台」、「一個中國、兩個政府」、「兩個中國」、「台灣獨立」和鼓吹「台灣地位未定」的活動。
- 美國政府「認識」（acknowledges）「在台灣海峽兩邊的所有中國人都認為只有一個中國，台灣是中國的一部分。美國政府對這一立場不提出異議。它重申它對由中國人自己和平解決台灣問題的關心」。

以上中文翻譯採用美國在台協會公布的「中美關係重要文件」，https://web-archive-2017.ait.org.tw/zh/taiwan-relations-act.html

就取代了中華民國大使館在華府的地位。中國相信美國會保證台灣不會出現以下狀況：投向蘇聯、投向日本、走向獨立和崩潰混亂。一九七四年，中蘇緊張也已經緩和，中國認為可以對美國提高姿態。一九七四年八月九日，福特接任總統，首次以總統身分訪問中國。中國料定美國需要中國，要求美國盡快「斷交、廢約、撤軍」。

卡特與中國建交

卡特在一九七六年當選總統，決定承認中華人民共和國。這時冷戰壓力相當大，美國需要更進一步結盟中國來對付蘇聯；另一方面美國剛退出越戰，軍隊需要休養生息，士氣更是低落，社會上也不支持再在亞洲介入衝突。這對地位和處境和南越類似的台灣格外不利。這兩個因素讓卡特做出了決斷。

卡特的國家安全顧問布里辛斯基（Zbigniew Brzezinski）向來輕視台灣。對他來說，台灣對於美國的冷戰戰略沒有價值。蔣氏政權長期的戒嚴和獨裁，讓美國無法用台灣作為「道德外交」原則的民主典範。就現實主義上看，中國遠比台灣更有戰略價值。可以牽制遠東地區的蘇軍，也可以壓制已經赤化的中南半島。蘇聯在北越統一南越後，和新的共黨越南建立了密切關係，俄國人第一次在東南亞獲得了前進基地。此時鄧小平適時向卡特表示，他決定出兵攻擊越南。

在美國看來，這是「離岸平衡」戰略的完美體現，亦即有其他國家在遠離美國的區域幫忙壓制美國的敵人。中國對越南保持軍事壓力，對越南當然是很大的負擔，可以減輕它對泰國的威脅。在此局面下，球就回到蘇聯這邊。蘇聯如果強力援越，就必須耗費國力，分散可以用來對付美國和北約的力量。如果蘇聯不援越，則在這個區域就沒有信譽可言。

鄧小平另外還有一個吸引美國與之改善關係的重要誘餌，就是中國的改革開放。中國改革開放是「打開門、允許動、減少管」。這對美國來說，一開始最有吸引力的是「打開門」，因為可以幫美國產品打開市場；但後來證明最具價值的是「允許動」，因為中共允許農民移動到城市打工，為勞力密集產業的興盛打開了大門，結果是中國為由中國勞工生產的大量產品，爭取到美國市場的開放。從一開始的紡織品、雨傘、玩具、鞋類到今天的手機、電腦等三C產品，中國成了世界工廠，而美國成了中國產品的最大市場。

《八一七公報》犧牲了台灣

雷根時代，中美關係迎來飛躍期。雷根認為中國是美國對抗蘇聯的絕佳夥伴。因此，他決定和中國展開軍事合作，全面強化中國人民解放軍的戰鬥力。

一九八二年八月十七日，雷根政府與中國發表《八一七公報》，其中規定對台軍售將「限質、限量」並且要最終走向結束，這明顯牴觸了一九七九年中美斷交後、國會為了彌補台灣而制訂的《台灣關係法》，因為後者表明美國有出售防禦性武器給台灣，並保衛台灣安全的意義。但是《八一七公報》是美國和中國簽訂的公報，具有條約的性質，在效力上，是可以被解釋為高於作為國內法的《台灣關係法》。它對台灣有三項重大傷害：

第一是把台灣認為是需要由中國解決的問題（雖然是和平解決），這等於否定了過去一切美國做出的，「台灣主權未必屬於中國，以拒斥中華人民共和國統一台灣」的論述。

第二是一九四九年以來，這是美國首次對中國的對台政策表示肯定。

第三是本質上就是助長海峽兩岸簽訂和平協議。一旦兩岸和平協議簽訂，無疑代表台灣問題將要和平解決，美國就要履行對台軍售限質、限量並最終結束的承諾，必然嚴重影響台灣的防衛能力，使台灣更加必須擁抱和平協議，最後形成惡性循環。

此外，雷根還批准對中軍售。這些武器將大幅提升中國武力犯台的能力，同時由於這些技術是來自美國，意味著一旦中國武力犯台，美國的態度可能就會和撤銷承認之前大不相同。

在國會的壓力下，雷根以機密備忘錄的形式做出了「六項保證」，向台灣表示美國不會停止對台軍售。美國國務院政策次卿伊戈柏格（Lawrence Eagleburger）於七月十日用電報將「六項保證」發給當時的ＡＩＴ台北辦事處處長李潔明（James Lilley），指示李向蔣經國說明美國對台軍售的立場。在中國方面，則由美國駐中國大使恆安石（Art Hummel）向鄧小平報告。「六項保證」的內容如下：

第一，美國未同意設定終止對台軍售的日期。（“The “United States has not agreed to set a date for ending arms sales to Taiwan.”）

第二，美國未同意就對台軍售問題徵詢中華人民共和國的意見。（“The United States has not agreed to consult with the PRC on arms sales to Taiwan. ”）

第三，美國不會介入台北與北京的調停談判。（“The United States will not play mediation role between Taipei and Beijing.”）

第四，美國未同意修訂《台灣關係法》。（“The United States has not agreed to revise the Taiwan Relations Act.”）

第五，美國沒有改變對台灣主權的立場。（“The United States has not altered its position regarding sovereignty over Taiwan.”）

第六，美國不會施壓要求台灣與中華人民共和國談判。（"The United States will not exert pressure on Taiwan to enter into negotiations with the PRC."）

二〇一六年，美國眾議院（五月）與參議院（七月）分別通過共同決議案，重申《台灣關係法》及「六項保證」兩者皆為美台關係的基石，並敦促美國總統及國務卿公開、主動確認「六項保證」。[11]七月十九日，共和黨在全國代表大會上通過《二〇一六年共和黨黨綱》（Republican Platform 2016），正式納入雷根的「六項保證」，並支持適時對台灣出售「防禦性武器」。

但是六項保證並不能完全消除《八一七公報》的傷害。首先，《八一七公報》是白紙黑字的條約，六項保證只是總統私人的政策方針，不僅效力遠遠不如，下一任總統甚至雷根自己都無一定要遵守的義務。

其次，就算執行六項保證，還是無法動搖公報中「只要中共同意和平解決台灣問題，美國就同意逐漸減少對台軍售」的承諾。

第三，就算對台灣的軍售未設定期限（第一項保證），不能保證美國不會只提出一些象徵性項目並拒售先進武器，表面上未違背保證，實際上沒有效用。

第四，軍售項目不和中共諮商（第二項保證），不等於一定會有台灣所要的武器。而且美國如果覺得有需要，不與中共諮商一樣可主動逕行減少對台軍售。中共若看到美國實質減少對台軍售，是不會在乎這種行為事先沒有和北京諮商的。

美國不當兩岸調人的這項保證也毫無意義（第三項保證），美國從馬歇爾調停失敗之後，就無意再介入國共雙方的談判了。而且，中共絕對不會希望美國在兩岸談判的過程中出現，因為一出現就可能攪局，擺平台灣也絕對比擺平美國容易，美國不當調人還少一個多少可以監督、保證中國履行協議的第三者，北京絕對求之不得。

至於不修改《台灣關係法》（第四項保證），也是障眼法，因為修改法律的權力原本就不在總統身上，而是國會。國會如果想要修正既有法律或另立新法，總統只能訴諸否決。所以總統作出「不修改某法律」的保證，無疑是在開空頭支票。

「沒有改變對台灣主權的立場」（第五項保證）的問題在於美國對台灣的主權立場要以甚麼時候的立場為準？以杜魯門為例，他在一九五〇年一月五日的表態（「為實踐《開羅宣言》與《波茨坦公告》，台灣移交給蔣介石四年以來，美國及其他盟國均接受中國在台灣行使權力」），就與他在六月二十七日說的話（「台灣將來的地位，必須等到太平洋恢復安全，及對日本的和平條約成立後，或者聯合國予以考慮，才能確定」）有很大的出入（詳見第四章）。如果是《上海公報》裡面的立場，那這項保證說了也等於沒說。

真正有意義的只有第六項保證，即美國不施加壓力逼迫台灣與中華人民共和國談判。這點算是拒絕了鄧小平的要求。

在這種全面倒向中共的氣氛下，台灣與美國的關係當然極為冷淡。然而一九八九年發生六四事件，美國停止軍售中共，此消彼長的慘狀得以暫時中止；一九九一年蘇聯解體，聯中制蘇的必要性已經消失，中國戰略地位陡降，因此台灣地位不斷下滑的頹勢得以扭轉。

柯林頓助中國融入世界貿易體系

一九九二年十月，在美國總統大選的前夕，老布希決定出售一百五十架F－16給台灣，對台灣而言可謂絕處逢生。老布希做出這種決斷的原因之一是挽救他的選情，因為當時這筆訂單可以為德州增加四千六百個工作機會，而老布希在大選中落後，急需德州的選舉人票；二是蘇聯解體後，中國戰略地位大不如前，美國認為沒那麼需要在意北京的抗議；三是六四事件之後，中共形象極差，幫北京說話的人少了；四是台灣空軍的戰鬥機實在急需汰換，且蘇聯解體後俄羅斯與中國恢復友好關係，俄國開始軍售中國，第一筆訂單就是蘇霍伊二十七戰鬥機，台海空優出現嚴重變化；五是台灣已經和法國談妥幻象二千型戰鬥機的軍售合約，形成刺激作用，美國擔心再不出售，市場將被歐洲搶去。

美國外交強調「垂範」的作用，這筆軍售不僅大為提升中華民國國軍的空中戰力（直到二〇二〇年，這批F－16還是國軍的空中作戰主力），同時也為之後美國對台軍售的提升，不需要再受《八一七公報》的拘束，開創了先例，充分發揮了「垂範」的作用。

雖然冷戰結束，老布希還是認為需要改善對中國的關係。六四事件之後，美國國會嚴詞批判中國，但老布希總統只中止了雷根時代和中國的軍事技術合作和對中的軍售，因此遭受國會的痛批。此外，老布希讓中國延續享有貿易最惠國待遇，成為每年裡國會都要爭論的焦點

一九九六年柯林頓當選，面對的是一個共和黨掌握多數的國會。當時就有人提出美中已經形成「新冷戰」，國會依然對讓中國延續享有貿易最惠國待遇相當不滿。但是美國還是決定同意中國加入世界貿易組織。一九九九年十一月十五日，中美兩國就中國「入世」達成雙邊貿易協議。中國同意廣泛地開放農業、電信等一系列國內市場作為前提條件。因為世貿組織成員之間應相互給予對方無條件的最惠國待遇，所以美國也必須給予中國「永久正常貿易關係」。美國國會持反對立場，但柯林頓警告，反對對華正常貿易關係的表決結果，將使美國在出口和就業機會方面蒙受損失，把這個巨大的新市場讓給歐洲和日本競爭對手。而美國要讓中國開放市場和推動其民主轉型，且從中獲得巨大的經濟利益，國會就必須通過給予中國「永久正常貿易關係」。

二〇〇〇年三月八日，柯林頓政府向國會提交了「給予中國永久正常貿易關係」法案，引發了二十年來美國國會中最激烈、耗費最巨、費時最長的鬥爭。許多眾議員要阻撓議案的通過，工會、環保組織、人權組織、宗教組織開展了有史以來最大規模的遊說活動反對議案的通過。為使議案在眾議院通過，柯林頓親自上陣，而部分和柯林頓時時作對的共和黨議員也在柯林頓的遊說下改變態度。

經過了十七天的角力，三月二十五日凌晨，美國眾議院在經過七個多小時的激烈辯論之後，以二三七票對一九七票的表決結果，通過了對中「永久正常貿易關係」議案。九月，參議院也以八十三票對十五票通過。十月十日，柯林頓總統在修正後的「給予中國正常貿易關係法案」（NORMAL TRADE RELATIONS FOR THE PEOPLE'S REPUBLIC OF CHINA）上簽字。該法案正式生效。根據這項法案在中國加入世貿組織之後，美國將終止按《一九七四年貿易法》中有關條款對中國最惠國待遇（正常貿易關係）進行年度審議的做法，與中國建立永久性正常貿易關係。

一九九四年，李總統訪問中南美洲，在夏威夷過境，遭到美國不甚禮貌的對待，引起國會的不滿；要求檢討對台灣領導人入境美國的限制。

一九九五年，李總統決定訪問母校康乃爾大學，由台灣駐美代表魯肇忠領銜，與美國國務院進行談判，同時雇用卡西迪公關公司對美國國會進行遊說工作。對於李登輝的訪問，美國主要媒體皆表達支持之意，參、眾兩院皆投票通過，美國在台協會理事主席白樂崎（Natale Hans Bellocchi）也表態支持這次訪問。

美國國務院深信此舉將會引起中華人民共和國政府不滿，極力反對，國務卿克里斯多福（Warren Christopher）在當年度四月曾以非正式方式，向中華人民共和國副總理兼外長錢其琛表達美方不支持李登輝訪美的立場。但是美國國務院迫於來自國會與媒體輿論的壓力，將准許與不准許兩案同時提交白宮，由美國總統做最終決定。柯林頓總統在衡量得失後，不想讓人留下總統第一次否決國會的立法就是為了中華人民共和國的印象，因此決定批准李登輝以私人身分到訪美國。一九九五年，李總統獲得赴美簽證，訪問康乃爾大學。

這個結果當然讓中共勃然大怒。一九九五年七月十八日，新華社發表新聞宣布中國人民解放軍的二砲部隊將於七月二十一日至二十八日間，舉行飛彈演習，朝向距離基隆港約五十六公里的彭佳嶼海域附近試射，以抗議李登輝訪問美國。作為回應，柯林頓決定派遣「尼米茲號」（USS *Nimitz* CVN-68）航艦戰鬥群通過台灣海峽。

一九九六年三月二十三日，台灣舉行第一次總統直接選舉，中方在選舉前夕宣布，將在三月八日至二十五日期間，在台海實施第二次飛彈發射及軍事演習，甚至有消息稱將攻占馬祖的東莒島。中華民國國軍以及所屬飛彈部隊隨即進入最高警戒狀態。三月八日當天，美國立刻宣布「獨立號」

（USS *Independence* CVL-22）航空母艦戰鬥群部署到台灣東北海域。三月十一日，美國海軍自波斯灣加派「尼米茲號」航空母艦戰鬥群前往台灣東部海域，預定與「獨立號」航空母艦戰鬥群會合。這次美國對台灣的軍事支持，具體展現了美國道德外交和現實主義的結合。

小布希在二〇〇〇年競選時，一開始是以批判柯林頓的對中政策為競選主軸。他將中國定位為戰略競爭者，他任用的官員幾乎都是對中政策的鷹派，如副國務卿阿米塔吉（Richard Armitage）、國防部副部長伍夫維茲（Paul Wolfowitz）等人，主張對中國要既「圍堵」（containment）、又交往（engagement）。但是二〇〇一年發生的九一一事件打亂了小布希政府的既定政策。中國表示可以協助蒐集情報、影響巴基斯坦對塔利班的支持，並且在聯合國支持美國。從外交上來看，美國不願意在阿富汗的反恐戰爭變成像越戰那樣，沒有聯合國的授權，更不希望中國作梗。從軍事上來看，將軍隊投入反恐戰爭也讓美國必須將國防資源轉向陸地上的綏靖作戰，而非在亞太以海空軍力圍堵中國。儘管如此，小布希仍然在二〇〇一年四月批准大筆軍售台灣，他提出的項目對台灣國防的幫助比如今川普時代提出的項目要大得多，包括：四艘紀德級驅逐艦、八艘柴電潛艦、十二架P－3C獵戶座反潛機、愛國者PAC－3型等。同時要考慮的是，在小布希的時候，中國軍力遠不如川普時期，換句話說，二〇〇一年時的這些軍售對兩岸軍事實力對比的扭轉要比二〇二〇年大，可以想見中國的反對動機會更大。

歐巴馬繼小布希之後擔任總統，他最主要的工作就是結束反恐戰爭，他對中國比布希為友善。也更具威爾遜自由主義的氣質，他和小布希一樣，都認為中國是崛起中的對手，軍事上繼續維持對亞太地區的駐軍，並且推動「跨太平洋夥伴全面進步協定」（The Trans-Pacific Partnership，簡稱TPP），結合美國和十一個國家，但是排除中國在外。

歐巴馬定義中國和美國一起為「G－2」，目的在於建立美國和中國共同制定出解決全球問題的合作機制。後來稱之為「中美戰略經濟對話」，二〇〇九年七月召開首次高峰會，以應對經濟危機，設法進行合作，以阻止全球氣候變暖，和解決核武器擴散和人道主義危機。二〇一一年，歐巴馬宣布要「重返亞洲」和「再平衡」。

印太戰略並未改變一中政策

川普在競選時就對中美的貿易不對等關係大加抨擊，痛批中國正在用商業手段「扼殺美國」，指責中國偷走美國的就業機會，他表示要讓美國「再次偉大」。二〇一八年三月二十二日，川普宣布對一系列中國貨物徵收進口稅，每年稅額約六百億美元，以懲罰中國對美國智慧財產權和商業秘密的盜竊，美中貿易戰揭開序幕。接著川普陸續對中國輸美產品課徵關稅，並且對華為等中國公司展開一系列制裁。

在外交和軍事上，川普公布了「印太戰略」，鞏固在亞太地區的地緣軍事優勢。二〇一七年十二月十八日，白宮發表〈美國國家安全報告〉（National Security Strategy of the United States of America），其中正式提出：

> 影響我國世界地位的重大挑戰和趨勢，其中包括：修正型大國，例如中國和俄羅斯，採取技術、宣傳和脅迫等方式試圖塑造一個與我國利益和價值觀對立的世界。地區獨裁者擴散恐怖，威脅鄰國，發展大規模毀滅性武器……因此我們將確保世界關鍵地區的實力平衡繼續有利於美國：印度—太平洋，歐洲，以及中東……

儘管美國尋求繼續與中國進行合作，但中國正在利用經濟上的誘惑和懲罰、施加影響的行動以及潛在的軍事威脅，來讓其他國家聽從其政治和安全議程。中國的基礎設施投資和貿易戰略強化了其地緣政治願望。中國在南海建立軍事基地的做法危害自由貿易，威脅其他國家主權，並破壞地區穩定。中國發起了一場快速的軍事現代化運動，目的在於限制美國介入該地區，以便於自己更自由地主導地區事務。儘管中國將其野心美化為互利互惠的政策，但中國的主導會破壞印太地區多數國家的主權。印太地區的國家需要美國在該地區的持續領導，這一領導由各方共同回應，尊重地區主權和獨立的地區秩序。[12]

美國在印太地區具有一定程度的地緣軍事優勢。主要體現在美國在西太平洋有眾多駐軍和軍事基地，形成對潛在戰略對手的軍事威懾。在日本，美國保有完善的陸海空軍基地，橫須賀海軍基地是美國唯一的海外航母修理設施，在韓國也有大面積的軍事營區，具有部署戰略武器的能力。多數美國軍事基地都具備訓練的機能，使美軍能夠在當地保持高度戰備。而美國的潛在戰略對手並不具備這種優勢。依托這些基地，美國長期在亞太地區進行軍事活動，對於這一地區可能發生衝突的區域，都有一定的戰場經營。從歷史來看，美國也曾經在朝鮮半島和中南半島打過戰爭，對於部署軍隊到這一區域，具有豐富的經驗。

川普政府也擴大和區域內國家的軍事合作，二〇一八年五月，美國國防部長馬提斯（James Mattis）宣布將美國的美軍「太平洋司令部」改名為「印太司令部」。他說，這代表美國認知到印度洋與太平洋的連結。過去亞太國家多半都已經藉由軍購、共同演習等，和美國有程度不一的防務與安全合作。印太聯盟透過政策的宣示，各項高峰會議、聯合演習等地安排，勢必擴大和區域內國家的軍事合作關係。特別是和印度這個崛起的區域大國展開進一步的軍事合作。在印太司令部成立典禮上，首任美軍印太司令戴維森（Philip Scot Davidson）表示「中國不斷增強軍事規模和能力，希望在這個區域及全球取代美國。美國必須繼續與盟邦及夥伴在印太區合作，並且整合為更致命的協同作戰能力，以確保航行與飛行自由。在嚇阻失敗時，印太司令部一定要有能力擊敗任何對手。」[13]

川普政府戰略的改變，主要基於幾個原因，最重要的就是中國的快速崛起，形成美中戰略觀的根本衝突。前面的討論中我們可以發現，雖然歷任美國總統的論述不一，行為也所有不同，但以下原則應該是持續不變的：**維護並推崇自由民主、自由市場經濟的意識形態、價值觀和生活方式；尋求在重要科技和軍事上擁有壓倒性優勢**。除了編列龐大國防預算支援最尖端武器的研發以外，美國強調對全球的「武力投射」；讓美國企業在全球範圍內，能夠自由地做生意，並且獲得各國公平的對待。

然而中國近年來在意識形態上逐漸讓美國心生疑慮。**中國採取共產主義制度，原本就和美國的自由民主制度與價值觀不相容，在二〇一八年習近平修改最高領導人任期規定之後，更讓美國感到中國政治可能朝徹底獨裁發展，一方面和美國價值愈行愈遠，一方面可能使美國回憶起冷戰時期蘇聯領袖獨掌大權終身的例子**。因此冷戰傳統的「圍堵」策略有復活態勢，印太戰略正是「圍堵」的象徵。

此外，為了阻止美國干預台海事務，中國近年來積極發展「反介入」能力，由於其國防經費龐大，新式武器陸續就役，對美國在西太平洋的武力投射能力已經形成一定的制約。中國目前更以經濟開發合作為前導，逐漸擴張政治和軍事的影響力，逐漸改變印度洋區域以至於西亞中央地帶的權力平衡面貌。因此美國深感需要聯合更多軍事上有一定實力的國家來抗衡中國，以免在戰略上居於被動，實力上落於下風。

中國在二〇一五年提出的「中國製造二〇二五」規劃，更在核心技術領域挑戰美國的優勢。各國強化自身經濟競爭力本來是天經地義，但是結合中國由政府主導經濟的模式，就讓美國擔憂中國在經濟上可能威脅到美國的自由經濟模式和美國企業的競爭地位，擴大不公平貿易的程度，並且增加中國的軍事實力。**因此美國強化和印度關係，可說是為了與中方貿易戰開打時，為美國企業尋找更穩定的勞力密集產品和加工產品生產基地做準備。**

美國也意識到了，亞太地區「權力平衡」正在產生根本改變。**中國挾其經濟實力日益壯大，快速擴張軍力，將南海逐漸內海化，已經對美國宣示捍衛的公海航行自由形成直接挑戰。近年來的「一帶一路」更積極將勢力擴張到中亞、西亞甚至到土耳其，已經促使亞太地區以至於印度洋的權力平衡產生轉變。**上述《美國國家安全報告》中就明言「因此我們將確保世界關鍵地區的實力平衡繼續有利於美國。」美國的「印太戰略」，正是為了扭轉權力平衡。

不過，印太戰略提出之後，**美國也還沒有明顯改變一中政策的論述內涵，顯然美國認為要達成印太戰略的戰略目的，尚不需要改變目前的一中政策。**[14]其他國家對於台灣是否在印太戰略中缺席，也無直接的官方要求。

川普在二〇一八年十二月三十一日簽署《亞洲再保證倡議法案》（Asia Reassurance Initiative Act of 2018）[15]，之後，隨即發表總統聲明指出，關於台灣的部分，他認同國會對於維護美國安全與實力的目標，但涉及美國對外軍事與外交事務部分，川普政府認為，這是美國總統作為三軍統帥專屬的憲政職權。[16]意味著對國會的親台態度，行政部門不會照單全收。

川普上任之後，重要官員和幕僚紛紛求去，連印太戰略的主要提出者國防部長馬提斯也在二〇一八年十二月二十日辭職，顯示川普政府內部始終有磨合問題。二〇一九年九月十六日，美國國務院發言人歐塔加斯（Morgan Ortagus）宣布，主管經濟成長、能源和環境的國務次卿柯拉克（Keith Krach）將訪問台灣，出席李登輝總統告別禮拜。柯拉克在二〇一九年六月正式接任經濟成長、能源和環境次卿一職，在他接任前該職位懸缺達二年半。這也是川普政府的弱點之一。[17]台灣各界在歡呼台美關係升溫的同時，對美國當地政治的變化不可不察。

印太聯盟成功的關鍵

回顧歷史，我們可以發現，在一九四五年到一九四九年，美國雖已經有冷戰的思維出現，也在伊朗與土耳其圍堵蘇聯共產主義，但是對於中國的內戰並未採取同樣的政策，毫不援助中華民國政府。筆者認為原因在於：

首先是美國對中國共產黨仍有好感和幻想，認為它是「土地改革者」。魏德邁將軍在回憶錄中就提到「我常聽說他們（毛、周）不是真正的馬克思主義者，而只是對中國人福祉關心的農民改革者。」儘管魏德邁本人不相信這一點，但他的意見不是多數。[18]

更重要的是，美國認為中共有和美國發展良好關係的願望。中共也非不能溝通的對象。

其次是國民黨政府在美國決策者中的形象實在太壞，貪汙、腐敗、內鬥的狀況讓美國認為援助國民黨政府沒有道德正當性。一九四七年六月十八日，美國大使司徒雷登報告國務院，南京政府官員對中共威脅時存戒心，遍布失敗情緒。老百姓既沒有自由，又難以溫飽，對國民政府普遍心存怨恨。中共之成功，多由於中國國民黨之無能與腐敗。

第三是在外交方面，美國沒有意識到中國赤化以後對美國的深遠影響。這當然和美國先前和中共打交道的經驗有關，從羅斯福、史迪威到馬歇爾，對中共的印象不算太差。其次，美方當時認為中共有可能成為南斯拉夫的狄托，雖然實施共產主義，但不受蘇聯指揮。

第四是在軍事方面，內戰中國民黨兵敗如山倒，讓美國認為無藥可救，或是投入資源也無濟於事，或是需要投入的資源可能是美國所不能負荷的，意思就是美國不願意打不能負荷的仗。**美國在《中美關係白皮書》中認為國民政府至抗戰末期已完全腐化，故美國於二次大戰期間所給予的二十億美元以上的援助，由於國府領袖們的無能與部隊的叛降，大部分已落入中共手中。國民黨的失敗並非由於美援不足，而是因為它的領袖們無能應付危機，部隊缺乏戰鬥意志，政府也失去人民的支持。**唯有美國傾全力替國府打敗共產黨，才能挽救其覆亡的命運，但如此介入內戰不但會遭致中國人民的怨恨，美國人民亦不會贊成。[19]最後也是最重要的，**就是當他國發生內戰或國際衝突時，只要戰火不直接波及美國或是以美國為敵人，美國的政策還是以「調停、解決衝突，而非擊敗衝突中的一方」為最高勝利的價值**。

這些觀念影響美國對中共的政策數十年。美國的各項外交政策，與普通法體系裡法院判決的先例類似，「垂範」的效果非常重要，一旦形成典範，後面的總統若要變更，就得格外多花功夫。從艾森豪到歐巴馬，美國一直認為中共是不可忽視的存在。重點是怎麼了解它、讓它的行為不致威脅美國。如果能夠改變它的行為當然最好，**但並沒有摧毀它的打算**。

如果川普的政策能夠延續，成為美國政府不分黨派的既定政策，中國就必須因應美國的新一波軍事圍堵。擔任首任美軍印太司令的戴維森上將曾表示，中、俄是這個地區的首要目標，但北韓、極端暴力主義及伊朗也是他們密切關注的對象。藉由印太聯盟，美國的軍事部署也伸入過去沒有進入的區域。印太聯盟也給在西太平洋上已經感受到中國軍事壓力的國家一個清晰的訊號，就是「美國不會坐視中國擴張」。目前美軍的優勢，在海上體現在航母戰鬥群的機動，在空中體現在無遠弗屆的長程攻擊力、戰略運輸能力和結合無人機、衛星和海軍的「空海一體戰」能力。[20]未來印太聯盟如果真的管用，美國將有更多的情報來源和潛在軍事設施可以運用。和印度展開軍事合作，也有助美國獲取俄製先進武器的相關資料。

不過，我們也必須注意美國是否有能力完全落實印太戰略。這需要印太聯盟先行鞏固。**民主政治、開放的市場經濟與自由社會是印太聯盟能夠凝聚的關鍵，這需要美國自己在道德外交上做出典範，支援這一區域的民主政體可以給中國清楚的訊號。**

其次是鞏固現實主義強調的軍事力量和安全同盟，中國目前在軍事實力上的發展，已經逐漸突破西太平洋所謂的第一島鏈，逐漸擴展到印度洋，並且在緬甸、斯里蘭卡、巴基斯坦甚至非洲的吉布地都開始設置軍事設施。印太聯盟要成功，在軍事上必須要能圍堵中國勢力的擴張。如果美國不能保衛這一區域內的國家，他們勢必會選擇不激怒中國，甚至倒向中國，導致聯盟就算不瓦解也是形同虛設。

現在川普的「印太戰略」雖有其客觀因素及動力，畢竟還只是屬於共同政策倡議性質，不是如北約組織那樣的建制性組織，缺乏具有約束力的公約、領導機構和歸其指揮的部隊。目前看來仍是美國領頭的「國際秩序目標」，相當鬆散。

在印太戰略中，自由主義主張的國際合作與集體安全更是不可忽略。這裡最能夠合作的表徵就是「跨太平洋夥伴全面進步協定」之類的國際經貿協定。要在亞太地區組成類似北約的組織並不容易，因為各國都和中國有龐大的貿易關係，所以都會顧忌中國的反應，除非美國能做到讓各國一起同時加入，中國如果要報復就得一起，這會讓自己完全孤立，所以吞下去的可能會增大。如果一個一個加入，中國報復頭一個以示殺雞儆猴，對後面就會產生寒蟬效應。

道德外交一直是美國不顧中國反對，支持台灣的最重要因素。因為台灣所能提供給美國的利益有限，從經濟角度上來看，中國可以完全包辦。台灣也從來沒有對美國介入的軍事行動提供任何稍微有效的支援。除了客觀實力不足之外，冷戰時期，美國也只將台灣作為圍堵中共的基地，並不熱衷於讓台灣參與其他的亞太安全事務。因此韓戰發生時，美國拒絕中華民國派兵參戰，也沒有力推中華民國加入當時的「東南亞公約組織」。同時印太戰略中的日本、印度都是軍事強國，對美國來說台灣的重要性不高。

那麼，台灣該如何面對美國，我們將在下一章討論。

9 第九章

美國與台灣

美國的對台政策，可以分為幾個重要的時期：

一、放棄與介入人事時期；
二、放棄介入人事、具體協防台灣，但阻止反攻大陸時期；
三、美援時期；
四、開始調整中國政策時期；
五、承認中華人民共和國後的「聯中制蘇」時期；
六、冷戰結束和一九九〇年代台灣民主化時期；
七、反恐戰爭時期；
八、美中再次對立時期。

以下詳述各個時期的經過與特色。

美國的兩難：要取代蔣中正嗎？

放棄時期源自一九四五年之後美國對國民黨政府的失望，以及美國不欲再捲入中國內戰，因此自然對台灣的安危與主權歸屬並不關心。二二八事件時，美國駐台北總領事館僅對狀況做報告，對於台灣人要求美國協助的呼聲沒有給予任何回應。一九五〇年元月，也就是中華人民共和國成立之後四個月，美國通令外館，說明台灣對美國安全不具重要性。[1] 杜魯門總統在一月五日宣布美國不會防衛台灣，同時表示對台灣沒有領土野心，不想捲入中國內戰，也不再對台灣的國軍提供軍事援助或意見。一月十二日，艾奇遜國務卿宣布美國將防衛阿留申群島、日本及菲律賓一線，刻意不提台灣，顯然是不想過度得罪中共，將中共更加推向蘇聯。這可說是美國對台灣的放棄時期。

不過，美國也不是完全對台灣棄之不顧。由於中華民國政府的軍事一瀉千里，在大陸全盤淪陷到蔣中正遷台之前，美國一度有意扶植其他親美人士接管台灣。軍人是孫立人，文官是吳國楨。

一九〇三年，吳國楨生於湖北，自幼隨任陸軍部軍訓處長的父親吳經明旅居北京。一九一四年，吳國楨考入天津南開中學就讀。自南開畢業後，就讀北京清華學校，畢業後前往美國留學，一九二六年獲得普林斯頓大學政治學博士，在當時是非常罕見的人才。之後，吳國楨歷任要職，包括上海市長。

吳是忠貞的國民黨員。蔣下野後，吳國楨隨蔣四處行動，作為他的幕僚，出謀劃策，並在一九四九年八月一日成立的中國國民黨總裁辦公室內任職，一九四八年十二月二十九日，蔣令陳誠出任台灣省政府主席，陳誠一開始沒有心理準備，和台灣也沒有淵源（陳誠在這之前未出任過地方首長），因此吳國楨認為這位子應屬於他，但蔣因為已經決定遷台，軍事防衛是他考量的重點，蔣函電陳，「如何不速就職，若再延滯，則夜長夢多，全盤計劃，完全破敗也。」一九四九年一月五日，陳誠開始主持台灣省政。一九四九年二月，蔣任命陳兼任台灣警備總司令，以圖確保台灣，是蔣「引退」前重要人事部署，他認為「有台灣在，即使大陸盡失，也可復興」。但吳國楨亦特別對台灣政治有所動作，此亦種下了當時已經被蔣指派來台負責台政的陳誠對吳不滿的原因。

一九四九年十一月一日，美國國務院指示美國大使館，表示相信蔣中正是在台灣具有真正最後決定權的人。國務院訓令相關的訊息仍然要先轉給他，之後再非正式的轉給陳誠和孫立人。十一月三日美方將這一訊令告知蔣中正，蔣中正認為他已經重新獲得美方的支持。十一月四日，美國大使館向代總統李宗仁傳達美國對台灣的看法。李認為美國對台灣政治、經濟情勢的看法正確，台灣對美國的地位重要。李宗仁建議美軍使用台灣的港口作為基地，也建議中美共同治理台灣。十一月十四日。美國駐台北總領事館和吳國楨接觸。吳向美國人表示最無能，最應撤換的官員就是陳誠。如果必要，吳同意接受台灣省主席職位。美方認為，「因為吳國楨和孫立人與美國關係密切，（蔣中正）可能以吳取代陳誠，並以孫取代彭孟緝。在加上美國顧問在台灣出現，或許可以對此地的台灣人與中國人注入新的生命與希望，乃至消除軍中與民間的失敗主義，而不必美國增加其他新援助。」

一九四九年十二月七日，國民政府遷往台北。十二月十五日，美國建議將陳誠換成吳國楨。[2]於是蔣中正決定讓吳國楨接替軍人出身的陳誠擔任台灣省主席兼保安司令、行政院政務委員，以利用吳國楨「民主先生」的形象，「全力爭取美援」。十二月十六日，蔣正式任命吳國楨為台灣省政府委員兼主席，不干預省政府的任何事務，吳國楨擔任台灣省主席期間，致力於推動台灣地方自治、農業改革，允許某些地方官員職位由普選產生，並試圖減少濫用警權。甚至還逮捕涉嫌貪汙的高級軍官。

在軍事人事方面，孫立人是國軍中數一數二的將材。他不是黃埔軍校出身，而是清華學校（清華大學前身）畢業，後來留學美國普渡大學土木工程系，一九二五年學士畢業。次年孫立人進入維吉尼亞軍校，回國後身經百戰，特別是在緬甸戰場上有出色的表現，受到美國和英國的高度肯定。一九四七年八月四日，國民政府特派孫立人代理陸軍總司令兼陸軍總司令部陸軍訓練司令，八月三十一日，孫立人自南京飛抵台北，在台灣開始了他訓練新軍的工作。

一九四九年二月十一日，美國麥克阿瑟將軍邀請孫立人到東京會談。孫立人通過台灣省政府主席、台灣省警備總司令部總司令陳誠先要求蔣中正的許可，蔣中正同意後，孫立人搭乘麥克阿瑟的飛機飛往日本。麥克阿瑟告訴孫立人，美國希望孫承擔防衛台灣的責任，美國將給予他全力支持，但孫立人表明他支持蔣中正。當回到台灣後，孫立人立即向陳誠報告麥克阿瑟與他的談話，並要求陳向蔣中正報告此事。

另一方面，吳國楨與蔣經國和特務系統不斷發生衝突，最後於一九五三年辭去台灣省主席一職赴美。一九五四年，總統府秘書長王世杰被免職後，傳出吳國楨貪汙套取巨額外匯之傳聞，吳國楨在台灣大各報刊登啟事駁斥謠言。其後，發表批評台灣當局之言論，公開批評國民黨的「一黨統治」，批評救國團、情治單位及蔣介石獨裁，甚至在美國的雜誌上以英文發表文章，揭露國民黨政府利用美國援助來建立「警察國家」，結果導致吳與國民黨之間關係惡化。蔣在日記中批判吳是「大奸巨惡」。吳國楨迄至一九八四年病逝美國都未再回台，亦是戒嚴期間白色恐怖的受害者。[3]

根據許文堂的研究：

> 麥克阿瑟對於孫立人的親善被認為是他不欲支持蔣的重要信號。麥帥曾表示，孫立人畢業自我們的維吉尼亞軍校（Virginia Military Institute），是個有才、勇敢的軍官。遠東總司令與其參謀長、同樣出身自VMI的Ned Almond，便以孫作為國民黨政府一旦能獲得充足資助，仍

> 然可為驍勇之師的證據。麥帥並未透露麥孫兩人在一九四九年三月第一次的會談內容，其時維吉尼亞關係或正為國民黨思及運用。孫對麥表示，反共的當務之急是在政治與軍事領域，就吾人心理與做事方式予以大肆更張。麥孫並曾與台獨運動領袖密會。一九四九年五月十八日，孫致函麥表示，如果我們能在一個適當之地匯集足夠的戰鬥部隊，是有可能透過連串妥善指導的反擊來恢復我們的失土。據稱麥帥在國民黨僚屬籲請蔣介石搭機旅外後，乃提出組建政府之議。孫向麥抱怨：「我們的努力在缺乏有效援助的情況下難有成果」；「我擔心華府還沒有下決心」。孫將相關信件投往美國駐台北領事館，但未有回應。總領事館認為孫缺乏政治領袖所需之財力，艾奇遜等認為孫缺乏行政經驗。學者 Pearlman 認為，附和中國民族主義與領土完整藉以勸服中共與史達林相遠，方為華府不推動政變之主因。[4]

美國支持孫吳二人當然是出於「選賢與能」的考量。杜魯門向來認為蔣無能，國民黨貪汙腐敗，為恐台灣又落入中國大陸的覆轍，因中國國民黨統治的徹底失敗而慘遭赤化，因此會想援助這些留美的高學歷，又有能幹之名的人士取代蔣的統治。而且美國露出支持這些人的口風，**將他們的地位和美國是否要援台關聯起來，代表美國對台灣興趣和關注在提升**，因為若美國不關心台灣的政治能不能改革，如何改革，何人秉政就不關美國的事，它也就不會派那麼多人前來台灣。

蔣對此當然只能發發牢騷。從蔣的日記看，他雖然經常怨懟美國，也不是沒有懷疑過美國可能棄他而去支持這些「大奸巨惡」，但一切自強自立的決心終究都是紙上談兵。他從沒有提出如果真的和美國決裂，能有甚麼錦囊妙計能夠確保台灣的安全和發展。

其次值得討論的是，蔣之所以認為這些人都是「大奸巨惡」，恐怕是完全站在他自己統治的立場來說的。因為縱使將政權交由他們，也還是中華民國體制（筆者找不到任何證據或史料證明這二人有推動台灣獨立的想法），只是領袖不是蔣而已，甚至連國民黨也會保留下來。而且如果這兩人深受美國支持，支持程度足以大到取代蔣，代表美國的介入和掌握台灣的意願必然極深，如此對保衛台灣不落入中共統治的意願只怕只有更高些。

而且，這些人執政恐怕也不至於將台灣的主權拱手相讓給美國，讓中華民國真的只能退到金馬。道理非常簡單，如果美國真的想要掌握台灣甚至占領台灣納為領土，在二戰結束後的真空時期就可以出手——派遣軍隊來台灣接受日軍投降進而占領就好，就像蘇聯在中國東北一樣。中華民國恐怕沒有能力有效反對。

但美國沒有這想法。蘇聯進占東北後，中華民國不靠美國派船運輸軍隊是無法恢復對東北行使主權的（即使如此只能在部分地區），遑論隔著海的台灣。**美國未派部隊進駐台灣（當時它在菲律賓和沖繩仍有大批軍隊），反而派船載運國軍來台受降，顯現美國根本不要台灣的主權。所以吳、**

孫這些人即使真的願意將台灣的控制權甚至主權交給美國，恐怕不會有可能成功。而且。台灣也沒有甚麼資源是美國非掌握不可的。

事實上，理性的判斷是這兩人再怎麼親美，甚至媚美，在美國無意願對台灣實施治理的基本前提下，對當時的中華民國的安全不會有根本性的影響。對此，蔣還是嚴厲打壓他們，事實上只是製造更多他和美國之間的爭執而已。

美國的兩難：如何防禦台灣卻不捲入中國內戰？

韓戰爆發之後，美國決定還是支持中華民國在台灣的統治，也支持蔣中正對中華民國的領導。[5]這當然有幾個重要原因。首先，是台灣若赤化則將讓美國於西太平洋的防線出現裂口。其次是中國大陸陷共之後，美國國會嚴厲指責杜魯門「失去了中國」，並對國民政府則開始表示同情和支持，「中國遊說團」再度活躍；而蔣將所有中華民國政府的單位轉至台灣之後，統治也較為強固。所以美國恢復對中華民國與蔣中正的支持。這是台美關係的第二階段：放棄介入人事、具體協防台灣、但阻止反攻大陸時期。

美國一方面軍事援助中華民國以增加其防衛力量，另一方面實施經濟援助，以讓台灣人民脫離貧窮，因為美國認為，貧窮是共產主義滋生的溫床。因此美國要成功反共，不能只在軍事上反，也得在經濟上反。這對台灣的生存和發展形成了雪中送炭進而絕處逢生的效果。另一方面，美國也不希望中華民國反攻大陸，一來美方認為國民黨毫無勝算，讓共產黨多一場勝利並不明智，其次是要避免讓美國捲入中國的內戰中。

一九五三年韓戰停戰後，解放軍開始將重心從朝鮮半島移到台灣問題上。首先，毛澤東認為和美國已無改善關係的希望；其次是中共在三年韓戰之後，雖然傷亡重大，但是在軍事上大有進步，特別是空軍戰力從無到有，增加了中共解決外島問題的信心。

浙江沿海島嶼是解放軍首先要處理的地區。韓戰停戰後，解放軍迅速強化東南沿海基礎建設，一九五〇年起，蘇聯協助中共在上海修建可供噴射戰鬥機起降的機場，以防國軍或美軍轟炸。韓戰中中共獲得了蘇聯援助的米格十五戰鬥機，並且逐漸形成戰力，並且積極準備建立航空工業。

韓戰結束後的一九五三年末，時任美國副總統尼克森出訪亞洲後返回美國時，主張在亞洲建立另一個「北大西洋公約組織」（北約），而美國等國則於同年九月八日在馬尼拉簽訂了一份反共集體防務條約——《東南亞集體防務條約》（又稱為《馬尼拉條約》）；《馬尼拉條約》的簽約國隨後便根據這份條約，組建「東南亞公約組織」。該組織所針對的圍堵對象是奉行社會主義的中華人民共和國。美國也希望在台灣的中華民國能夠加入，以亞洲各國的集體力量集合美國以防衛台灣。

面對美國的用心，毛澤東決定以升高衝突的方式，讓各國覺得北京好戰、敢戰，同時有不惜一戰解決台灣問題的準備，進而產生「若讓台灣加入反而會讓各國捲入國共衝突」的這種畏懼心理，一方面封堵台灣加入之路，另一方面弱化該組織。因此他決定採取積極的軍事行動。從一九五四年五月到八月，國共多次於東南沿海的舟山群島、大陳島進行海空戰鬥。由於國軍的噴射戰鬥機航程不足，無法從台灣支援大陳地區，只能依靠二戰時的P－47螺旋槳戰鬥機維持戰力；在技術優勢下中國人民解放軍空軍取得大陳周邊的制空權。九月三日，解放軍對金門發動大規模的九三砲戰，引發第一次台海危機。

中共的做法得到了成功。當九月六日各國在馬尼拉討論條約時，中華民國就未受邀加入。之後英國、巴基斯坦、法國和菲律賓（兩國和中華民國仍有邦交）居然都反對新的國際組織邀請中華民國加入。美國沒有辦法，只好放棄原有的計畫。但是這時第一次台海危機已經發生，美國認為以台灣當時的軍力不足以抵擋中共的進犯，決定單方面和中華民國簽訂雙邊條約。

一九五四年十月十二日，美國東亞助理國務卿羅伯遜（Walter Robertson）飛抵台灣，開始與中華民國政府交涉條約簽訂問題，結果立刻就面臨了和兩年前簽訂《中日和約》時的相同問題－條約的適用範圍。但因中華民國政府主張條約範圍應包括全中國大陸在內，美國政府的認知卻只有台灣島及澎湖，雙方各執己見，以致於交涉過程費時將近兩個月（中日和約談了六十八天）。十一月十四日，於大陳駐守的「太平號」護航驅逐艦遭解放軍魚雷快艇擊沉。這是國軍海軍中噸位及戰力都排名前幾名的艦艇，而解放軍海軍則是初出茅廬。此次勝利給予中共極大鼓舞，而國軍於大陳地區的制空制海權迅速喪失，這加快了談判的步伐。

十二月一日達成協議共識，雙方並先發表如下共同聲明：

一、美國與國府完成了為締結共同安全保障條約的交涉。該條約將與美國在太平洋地區所締結的其他安全保障條約同樣形式。該條約將承認條約國雙方對於台灣、澎湖島及美國管理下的西太平洋諸島安全保障是利害一致的。並且，關於在條約國雙方管理下的土地、協訂在這條約中，將留下把其包括在內的餘地。同時，該條約是準備對付所包含地區的安全保障受到武力攻擊的威脅。若發生這種攻擊或威脅之際，決定對此將隨時商討。

二、該條約必與美國在太平洋地區的其他諸國業已締結的種種集團防衛條約所形成的集團安全保障機構結合，並給予強化的作用。同時，這些協定將形成西太平洋地區對共產主義侵略防衛所不可欠缺的堡壘。華府與台北之間的這條約，與其他條約同樣，本質

中美共同防禦條約

1954年12月2日

發生背景：

- 1954年9月爆發第一次台海危機，中國解放軍對金門展開大規模砲擊，以「試探美國對我外圍島嶼協防之態度」
- 在1954年9月8日的東南亞公約組織會議上，英國、法國、菲律賓和巴基斯坦等國因畏懼中國而反對中華民國加入，導致台灣無法接受集體安全的保障。

條文內容：

一、締約國約定基於聯合國憲章，以不危害國際和平、安全及正義的和平手段來解決自國被捲入的國際紛爭，並在其國際關係上不以與聯合國的目的不兩立的方法來以武力威脅或行使武力。

二、締約國為了更加有效的達成此條約的目的，由自助及互相援助、單獨及共同、維持且發展對締約的領土保全及政治安定的來自外界武力攻擊及共產主義者的破壞活動的、個別的及集團的抵抗能力。

三、締約國約定為了強化自由的諸制度並促進經濟進步及社會福利，而互相協力，並為了達成這些目的個別的及共同的繼續努力。

四、締約國關於實施此條約，透過自國外交部長或其代理隨時進行協議。

五、各締約國認為在西太平洋地區對任何一方締約國領域的武力攻擊，即危害自國的和平及安全，且基於自國憲法手續，宣言為了對付共同的危險而行動。前述的武力攻擊及因此所採取的措置，得立即報告聯合國安全理事會。上述措置，安全理事會若恢復和平及安全，即為維持和平及安全採取必要措置時，得終止之。

六、第二條及第五條所規定的適用上，所謂「領土」及「領域」，中華民國是指台灣及澎湖諸島，北美合眾國是指在其管轄下的西太平洋屬領諸島。第二條及第五條的規定，也適用於互相同意所決定的其他領域。

七、關於在台灣與澎湖諸島及其週圍，為了防禦所必要的美國陸軍、空軍及海軍，基於互相同意所決定，中華民國政府許諾其配備的權利，美國政府予以接受。

八、此條約，對維持基於聯合國憲章的權利及義務或國際和平及安全的聯合國的責任，不給予任何影響，同時不可解釋為給予任何影響。

九、此條約，必須由美國及中華民國，根據各自憲法上的手續予以批准；兩國在台北交換批准書時，同時發生效力。

十、此條約有效期限，定為無期限。若有任何一方締約國通告他方締約國時，可以使條約在一年後終止。

以上中文翻譯採自美國在台協會公布的「中美關係重要文件」，https://web-archive-2017.ait.org.tw/zh/taiwan-relations-act.html

上是防衛性的。並且，雙方再確認此條約將對聯合國憲章的目的及其原則有所貢獻。

美國為什麼要作出這樣的決斷？首先是擔心中華人民共和國進犯台灣，屆時美國如果坐視不管，則對共產主義的擴張是莫大的鼓勵，這是當時的美國在冷戰架構下所不能接受的。但如果積極介入，無疑又要捲入中國內戰，這是當年美國所極力要避免的。如何發出一個清楚的訊息，讓中共明白美國的決心，不至於重演韓戰的誤判，這是美國的首要目的。其次，讓中華民國方面知道美國並不支持蔣的「反攻大陸」政策，這點美方知道蔣必然不高興，因此美國利用條約文字，實際告訴蔣，美國同意他領有台灣（在條約第二條中，所有「領土」等詞，就中華民國而言，應指台灣與澎湖），也告訴中方，美國無意將台灣視為領土的一部分，也無意交由聯合國託管。

第三個目的則很少有人注意，就是美國認為台灣的地理位置，作為美國防線的一部分是有其價值的，必要時也可以作為美國在日本和菲律賓的軍事基地的輔助。美國若要有效協防台灣，也必須在台灣設置能有效運作的基地。雖然中華民國地位孱弱，**美國基於道德外交和自由主義原則，仍然不能霸王硬上弓，直接派軍進駐台灣，因此才有條約第七條「基於互相同意所決定」的文字**，反映的是美國信奉的契約政治原則要求它和中華民國簽訂雙邊協定，讓美國對台灣的義務和活動範圍能夠條文化。

第四，**就是讓美國對台灣的協防，不是單純的美國施惠台灣，而是有「互惠」和「集體安全」的性質**。這反映在條約第二條與第五條的內容中。

《中美共同防禦條約》的簽訂，確立了美國對台灣的防衛承諾，也實質否認了台灣地位未定論，堪稱中華民國政府遷台以來的最大成就。

中共為測試《中美共同防禦條約》的效力，一九五五年一月十八日，解放軍發起一江山島戰役，這是中共第一次組織發動的陸海空三棲作戰，激戰一日過後獲得全勝，一江山島淪入中共之手。

當一江山島被攻擊時，《中美共同防禦條約》已經簽訂，美國居然未出兵，令兩岸都有些驚訝；由於一江山島是大陳島的屏障，失去一江山後，大陳島直接暴露在解放軍火炮射程內，防守也相對困難很多。加上以距離而論，台灣到大陳島較中國大陸到大陳島的距離遠，在物資補給與戰力維持上相對不易，解放軍的米格十五戰鬥機在當地擁有空中優勢。在制空制海權都無法確保的情況下，一九五五年一月三十日，美國政府決定幫助中華民國國軍從大陳島撤退。美國透過蘇聯政府向中華人民共和國政府轉達了訊息：希望在美軍幫助國軍撤離大陳島時，解放軍不要採取行動。中華人民共和國政府接到蘇聯轉達的這一信息後，決定窮寇莫追，一九五五年二月二日，毛澤東在解放軍海軍司令部二月一日關於海岸炮兵使用的建議給中共中央軍委之請示電報上，指示國防部長彭德懷：「在蔣軍撤退時，無論有無美（艦），均不向港口及靠近港口一帶射擊，即是說，讓敵人安全撤走，不要貪這點小便宜。」由於中共方面的間接默許以及美國的協助，使得撤離行動得以和平順利的進行與落幕。美國並同時協助國民政府全部撤離南麂島，大陳軍民轉移工作順利完成，最後統計撤運抵台義胞共一萬六千四百八十七人，其中居民前往台灣安置，軍隊則移至金門、馬祖等地。

大陳島撤退與第一次台海危機讓美國再次意識到國軍駐守的外島是國共雙方最可能直接發生衝突的地方。然而，它們在當時的軍事上對於防守台灣沒有價值，因為美國認為防守台灣需要掌握台灣海峽的制海制空權，而將大量陸軍駐守在這兩島上是對這個目標毫無幫助的。金馬缺乏良好的港口，當時金門只有簡易機場，馬祖連機場都無法設置，換句話說，兩島都不能作為有效的空軍基地和海軍基地。第一次台海危機證明金門完全在解放軍的炮火射程內，把戰鬥機和軍艦部署在這裡極易遭中共地面砲火摧毀。

相反的，因為外島離中國大陸近，中共很容易在這裡取得局部軍事優勢，這會增加中共以武力攻奪這裡的誘因。此外，國軍駐守外島的原因是因為蔣中正想利用外島作為反攻大陸的基地。一旦將外島全部拔除，就可大大減低國軍對中國大陸東南沿海的威脅。

一旦中共發動進攻，美國就處於一個困難的處境；如果坐視不管，則一江山的故事必然重演。中共的勝利可能會損及美國的顏面，意味著共產主義的勝利；如果美國介入，則等於是在中共的家門口和中共作戰，這對美國來講在軍事上很不利，同時美國也需要面對國內「為何要派我們的子弟去為蔣介石防守幾個在地理和軍事上都無足輕重的小島」的質疑。當時根據美國軍方的評估，如果不動用核子武器，則美軍無法確保金門。

所以，美國的決斷是以各種手段嚇阻中共不要對外島採取軍事行動，以免讓美國必須面臨是否要軍事介入的抉擇。這其實是七十年來美國對台政策的核心。[6]

美援救了台灣經濟

一九五〇年開始，大量美援來到台灣，美台關係進入「美援時期」。從一九五一年到一九六五年，中華民國大約每年自華府得到大約一億美元（當時幣值）的援助。[7]美援的內容除包括民生物資與戰略物資之外，也包括基礎建設所需的物資，例如建築道路、橋梁、堤壩、電廠及天然資源的開發等。這些支援對中華民國的貢獻無可比擬，因為當時中華民國根本無力購買和興建這些物資和設施。為有效運用美援，一九五八年由行政院副院長王雲五主持的行政改革委員會提出了一套改革建議，其中包括裁撤非法定機構和恢復建制單位權責的議案。美援運用委員會改組，成為一個綜合協調全盤財經政策的單位，其地位的重要性超過經濟部。

美援的直接助益包括以下幾點：第一，直接增加當時的物資供給；美援不僅是資本設備，甚至包括大宗物資（如糧食、醫藥等）。第二，平抑物價上漲的潛在壓力，因為美援的物資來到，增加供給自然平抑物價，促進了台灣的整體經濟成長。第三，控制台灣二戰後的通貨膨脹，減緩了外匯短缺的困境。因為美援有相當部分是贈款和貸款，等於以美元充實新台幣的發行準備。[8]第四，促進中華民國政府的穩定與再一次的資本形成。[9]第五，促使中華民國政府改革內部組織架構及效率。

美國對台灣的拉攏支援也呈現在外銷市場上。一九五〇年代初期，台灣最大的出口市場是日本，日本當時是台灣最主要農產品外銷市場，這當然有距離因素，雙方對彼此的經商環境和貿易規則也熟悉。隨著台灣工業發展，美國市場相對開放，對紡織、電子及鞋類進口需求甚大。台灣對美出口乃急速增加。在美援的幫助下，台灣在一九五三年開始推動第一個「四年經濟建設計劃」，此時工業發展的主要目標以供應國內市場為主，以取代進口，減少外匯支出。重點工業在紡織、食品加工、合板、肥料等。在經歷五〇年代的兩次的四年經建計劃之後，若干工業產品已足夠滿足國內市場需要，且漸有剩餘。因此美援會在一九五八到一九五九年間實施外匯貿易改革，由計畫型導向自由化。並且計畫建立「加工出口區」，引進各種加工業，奠定工業發展基礎，提供更多就業機會。

一九六〇年代以後，美援逐漸減少。為因應此一趨勢，台灣的工業發展重點乃以拓展外銷為主。繼一九六〇年制訂「獎勵投資條例」之外，為了降低投資者的管理成本，以便吸引僑外投資人來台投資，一九六五年開始營建高雄加工出口區，這是亞洲第一個加工出口區。一九六九年再設置楠梓與台中兩個加工出口區。從一九六〇年到一九七三年止，工業生產指數增加六點九倍，平均每年工業成長率達百分之十七。以國內生產淨額而言，一九六三年起，工業產值比例就超過農業產值比例。一九六八年起，製造業產值比例也超過農業產值比例，台灣已由農業經濟型態轉變為工業經濟型態。自一九六一年到一九七三年的十三年間，台灣的對外貿易呈現長期持續成長。一九七一年開始出現貿易出超，從此就步入了長期貿易出超的新經濟局面。

一九六五年之後，美援逐漸停止，取代的是美國對台灣產業的扶持，主要是透過貿易手段。美國給予台灣產品優惠的待遇，一九六七年美國超越日本成為台灣第一出口市場，該年台灣對美國出口占出口總值百分之二十六點六。其後，對美出口繼續上升，一九七二年時已達百分之四十一點九。

筆者之所以稱這段時期為「美援時期」，主要在於美援的重要性，但美國對台灣的軍事協防，隨中國在國際社會的地位和影響力，以及越戰而逐漸降低。雖然依據《中美共同防禦條約》，美國可以在台灣駐軍，但是基於不過度刺激中國，和日韓與菲律賓相比，美國在台灣的駐軍數量就戰鬥部隊來說相當少。陸軍和海軍陸戰隊只有軍事顧問，空軍則有少數戰機（不到一個聯隊），較大單位是派駐在清泉崗基地的運輸機聯隊，以支援越戰。最重要的是美國海軍的「台海巡防艦隊」，一般編制四艘驅逐艦，一次派出一艘或兩艘在台灣海峽南北航行，其他艦艇在基隆港或高雄港待命輪換。一九六九年，尼克森政府決定台海巡防艦隊的任務模式，從固定偵巡改為間歇性偵巡，是向北京傳遞出一強而有力的訊息。雖然美方告訴台灣此種變更是出自於經濟考量，但事實上是個政治決定。

蔣中正的政策導致台北退出聯合國

一九六四年十月，中國試爆第一枚原子彈成功，震驚了世界。加上當時中蘇共已經開始決裂，美國意識到中共作為「戰略夥伴」的有效性：對美國來說，如果中國加入反蘇陣營，冷戰的圍堵線就前移至中蘇邊界，而非第一島鏈，台灣不再位於防線上。台灣本身是否反蘇不具戰略上的重要性，因為它本身缺乏實力，也不是美國的主要海空基地。台美關係進入了第四個階段：「調整中國政策時期」。

面對這種困局，蔣中正的嬰兒式外交還是沒有改變。他只不斷要求美國繼續支持中華民國在聯合國裡的中國代表權，但沒有提出任何中華民國可以協助美國達成此一目標的方案，幾乎純粹視之為美國的責任。隨著承認中華人民共和國的國家越來越多，這件事成為美國極重的戰略包袱。然後反攻大陸戰略又讓蔣、美關係陷入類似二次大戰末期的狀況，就是彼此蔑視且互不信任。

汪浩在其著作《借殼上市》指出，「幾十年來『中華民國台灣』外交政策的核心，在一九五〇年十月十四日，面對聯合國的代表權危機，蔣介石寫道：

> 甲，如何確保台灣復興基地，使之鞏固不搖。乙，如何使中共不能參加聯合國，以保持我政府代表權，不退出聯合國。丙，如甲，乙二者不能兼顧，則以確保台灣基地為第一。與其為保持聯合國會員名義，而使台灣被攻，不能安定，則寧放棄會員之虛名，暫時退出國際社會，雖在國際上失去地位而力求自立自主，確保台灣主權，實為利多而害少。而且乙者，其權全操之於英、法，非我所能主動，而甲者則我尚有主動領地，此為永久根本計，比較在不得已時，未始非計之得者也。[10]

這段話筆者也深感興趣。究竟蔣何以會認為「保持聯合國會員名義」會使台灣有被攻的可能？吾人完全無法索解。

中共若有攻台能力，台灣有無聯合國會員名義都一樣。但是，只要台灣擁有聯合國會員之資格，就較有機會讓中共攻台遭到聯合國干預，因為只有國家才能作為聯合國會員，台灣若為聯合國會員（無論是何名義），中共攻台就是侵略，否則就是內戰性質。換言之，聯合國會員身分對台灣之安全絕對是有利無害。

因此，對蔣介石而言，聯合國會員會造成傷害的（「被攻」），恐怕是「中華民國」在台灣的統治。因為台灣若無聯合國會員身分，自然就易於被認定為某一國家的一部分，以當時狀況和蔣的認知，當然就是中國的一部分。惟有台灣是中國的一部分，作為中國政權之一的中華民國在台灣存在，甚至行使統治權才有可能。後面一句「雖在國際上失去地位而力求自立自主，確保台灣主權」，筆者認為**這個「自立自主」其實指的是國民黨政府在台灣的「自立自主」，所謂「確保台灣主權」其實是確保國民黨政府對台灣的統治權**。在蔣看來，維持國民黨政權的存在和自主，是可以用台灣的國際地位來交換的。筆者認為，若得在「台灣作為獨立的國家，國號為中華民國」和「台灣僅作為一個在中國境內，由國民黨據有統治權的政治實體」二者選擇，蔣絕對選擇後者。因為前者就是幾十年後出現在台灣為多數台灣人贊成的現況，事實證明在此情勢下國民黨未必是執政黨。如果在國際社會中代表中國與確保台灣主權不能兼顧時，蔣恐怕都是「棄台保名」，這裡的「台」指的不是台灣的控制權，而是「台」作為「國家」的機會，至於保的「名」，表面上是「中華民國」，實際上是「台灣屬於中國的一部分」。只是蔣自我認定這個中國是中華民國。換言之，蔣才是「一中各表」的始祖。

兩件正常來說會並不衝突甚至有利的事，在蔣的觀點卻認為有互斥的可能，顯然這是因為蔣認為必要時統治權的順位優於國際地位，這得放在中華民國在台灣本質上為外來政權的脈絡下進行解釋。在一九七一年發生聯合國「中國代表權」保衛戰時，蔣不接受或沒有提出一中一台方案，甚而表示「漢賊不兩立」，即是上述說明的實例佐證。

對美國來說，他們的對台政策是傾向於「兩個中國」。一則是因為在當時的台灣社會，沒有強而有力的力量主張台灣獨立。二則以當時的氛圍，美國也不支持讓台灣人實施民族自決。不但蔣絕不可能同意，美國也擔心民族自決容易使左派共產勢力得逞。美國的「兩中」政策，後來演變成為在聯合國內的「雙重代表權」策略。

台灣民主化之前的冷戰時期，美國對台灣的承認和支持需要有幾個原因。首先一個是圍堵中國，其次是台灣自己宣稱代表中國，美國必須支持非共的中國以暗示「共產中國這麼大，美國都不予承認，可見美國是多麼不認同共產主義」。美國承認和支持任何非共國家都不需要有這麼多條件，但是因為在美國部分政治人物眼中，台灣本身身分不正、妾身未明，美國要承認和支持台灣就得要有這麼多條件，才能面對美國國內的質疑。

但在美國決定聯中制蘇之後，圍堵中國和台灣代表中國這兩個因素都消失，依據美國的外交三原則，就沒有甚麼好支持台灣的（不民主導致道德評價低，不符合道德外交；台灣無反蘇的戰略價值，不符合現實主義；台灣已無國際組織會籍，難有合作價值，不符合自由主義），這也是台灣地位在一九七〇年代後一落千丈的原因。

美國學者唐耐心（Nancy Bernkopf Tucker）說的非常正確：「尼克森和季辛吉最後受惠於台灣領導人的不當行動。在為聯合國問題折衝的那幾個月裡，蔣介石和他的部屬迫使華府向他們說盡好話、低聲下氣懇求或是提出威脅，以便發動近似統一立場的行動。可是，只要台北堅持台灣是中國的一部分，任何主張一千四百萬住民——他們在自己統治的領土上要決定自己的事務——應該有權依聯合國會籍普遍性原則入會的論述，就統統破功。當台北宣稱它是整個中國的首都時，令人不禁懷疑它的政府是否掌握事實。而且，只要台北要求各國必須在台灣和中國之間做選擇，它就阻礙了讓兩者都加入聯合國的努力——在一九七一年十月，或之前的數星期、數個月，蔣介石都沒有允許一個有活力的倡議可以讓台灣已經衰退的支持者一新耳目、重整旗鼓。當然我們必須承認，即使一項有創意的方案也未必頂擋得了尼克森、季辛吉一九七一年七月的震撼，但是台灣面臨幾乎必敗之局卻消極無作為，只代表它的抉擇拙劣、領導無方。」[11]

一九七一年聯合國通過二七五八號決議，中華民國喪失了在聯合國裡的中國代表權。但是無論通過的前後，蔣介石政府都沒有採取任何有效的方法去挽救國際地位的喪失和外交的孤立。問題癥結除了唐耐心說的以外，更在於特定政治人物對己身統治地位的關切，大過對國家（即使是中華民國）主權和安全的確保。也就是說，當兩者發生衝突時，他會選擇前者。台灣人對這類政治人物向來不陌生。

李登輝推動民主化獲得美國支持

一九七九年一月，美國撤銷對中華民國政府的外交承認，廢止了《中美共同防禦條約》，這對台灣安全的衝擊大過退出聯合國。雖然美國國會也在同時通過了《台灣關係法》，要求維持台海和平穩定，維持台海現狀，維持美台商業及文化關係、保障人權與台灣安全，但畢竟沒有明言協防台灣，於是台美關係進入了戰略模糊時期。一九七九年一月十六日，美國國務院依據《台灣關係法》及哥倫比亞特區法律所設置的民間非官方組織美國在台協會，逐漸成為實質美國駐台使館。這是台美關係的第五個階段：「聯蘇制中」時期。

這時候，台美關係的核心也是所有人關心的重點，**是美國對台軍售問題**。因為台灣的安全完全來自於美國的協防和軍援。撤銷承認和廢止條約後，美軍完全撤離台灣，和中華民國的軍事合作降到最低限度，聯合演習更是完全中止，可說協防已經趨近於消失。因此，美國軍售成了台灣防衛中共侵略的唯一憑藉，因為長年以來，雖然有反攻大陸的國策，國防預算長年占政府總預算百分之四十以上，但中華民國的國防工業仍在襁褓時期，僅能勉強製造部分步兵武器和中口徑火炮。一切大型主戰裝備，如戰車、裝甲車、戰鬥機、主力作戰艦艇都不能自製，得完全依賴美國提供。台灣能不能獨立對抗中共的入侵，成了所有台灣人不能說的擔憂。

一九八〇年立場較反共、親中華民國的雷根當選美國總統。雷根在選舉時曾揚言與中華民國恢復邦交。但是雷根的決斷是全力對抗蘇聯，中國的戰略重要性陡升。雷根有一句名言：「只要中國和我們結盟，站在我們這邊的共產黨員人數就比和我們敵對的要多。」加上蘇聯入侵阿富汗，美國需要中國協助支援阿富汗游擊隊抗蘇，也需要利用中國新疆設置對蘇的情報監偵措施，中國在中蘇邊境的大量部隊雖然裝備較舊，仍舊有牽制大批蘇軍的能力。此外，中國還能壓制越南在中南半島的擴張。以上四項因素，讓雷根比尼克森更加重視中國。

鄧小平是個精明的戰略家，他看出美國對中國的需要，向美國提出幾項要求；停止對台軍售、協助中國軍事和科技發展，以及施壓蔣經國對中和談統一。**雷根的決斷是前兩項都有條件同意。**因此在一九八二年，美國與中華人民共和國發表《八一七公報》，同意逐漸減少美國對台軍售，並且讚許中國「和平統一、一國兩制」的「葉九條」[12]，台灣的命運再度陷入不確定中。

在美中改善關係的龐大外部壓力下，國民黨政府逐漸放寬對台灣島內的政治控制，但是在體制上仍然宣稱代表全中國。一九八二年二月，一群關心台灣前途的旅美台灣人社團代表在洛杉磯集會，決議在美國成立外交組織，在國際上主張台灣人有自決前途的權利，台灣不屬於中國，藉以對抗中國併吞台灣的企圖。一九八二年二月十四日，「台灣人公共事務會」（Formosan Association for Public Affairs，簡稱FAPA）成立。

這時蔣經國面臨他父親在一九四九年時面臨的類似狀況：美國對中共有好感，決定放棄國民黨政權；而美國國會對台灣戒嚴威權體制的批判，和對黨外人士的好奇與支持，也很可能讓他想起當年美國支持吳國楨的往事。一九八七年六月十七日，在FAPA及關心台灣民主的美國議員努力下，美國眾議院通過《台灣民主決議案》，呼籲國民黨政府終止戒嚴令、取消黨禁、加速實現民主政治，包含保障言論和集會的自由，為實現具代表性政府而應全面改選中央民意機關。七月十五日，蔣經國宣布台灣地區解除戒嚴。十二月，美國參議院通過該決議案。[13]

由於中華民國的軍備逐漸老舊，美國為了台灣的安全，在不介入中國內戰又要維持對台安全義務（儘管戰略模糊）的情況下，美國還是提供部分軍備給台灣。並且協助台灣自行發展重要武器裝備，最大的成就就是「經國號」戰鬥機。

一九八八年一月十三日，蔣經國去世，由李登輝接任總統。李登輝決定全力建立台灣的主體性，政權本土化，全面改革政治體制，走向民主化。**最重要的是，大膽處理統獨問題和積極在外交上採取進取的作為**。蔣經國並不把外交當作政府或他的主要工作，在他擔任總統的十年中從未出訪，連邦交國都從未踏足。當然他的健康狀況是一大因素，另一個可能因素是，蔣的出訪必定要先釐清**是以甚麼地位出訪**，這樣勢必要先將台灣的法律地位先做詮釋後賦予一個定位。**因為台灣並不以台灣為國名，中華民國總統就是台灣總統，在國內關起門來宣稱中華民國代表全中國沒有問題，到了國外不可能再宣稱自己是中國的元首。如此一來，身分為何？必然會被認定為台灣總統或台灣最高領導人，如此就有「台灣是一個國家」的內涵，就算沒有作任何其他的政治宣示都一樣。**蔣經國不願意去碰觸這個問題，是筆者認為他不願出訪的原因之一。

李登輝就沒有這種顧慮，相反地他希望利用這種方式提醒全世界，台灣是一個獨立的國家，至少是獨立的政治實體。這當然是美中都不想看到的事情；所以他的努力開始被某些美方官員認為是「麻煩製造者」。**和蔣中正時期的反攻大陸一樣，台灣在政治上和美國不同拍，但是李登輝「台灣民主化」的訴求畢竟比蔣中正「反攻大陸」的訴求來得更容易被美國支持，因此美國還是作出了繼續支持台灣的決斷。**李登輝成為經過民主程序產生的領袖，也使邀訪他合情合理，只有中國才會氣得跳腳。

柯林頓對台灣的支持與侷限

冷戰結束和蘇聯解體為台灣帶來空前的機遇。在撤銷承認之後，美國對台的關係完全受制於美中的戰略夥伴關係。原因在於從尼克森到雷根，都認為中國是極重要的抗蘇戰略夥伴，台灣不是；其次是美國還有一定程度的擔心，害怕一旦和台灣關係太好，可能會讓北京倒回莫斯科那邊，就算只接近一些，都會損害美中的戰略合作關係和美國的全球戰略。這種可能性在美國歷屆政府眼中，雖然認為機率不大，但始終沒有消失。事實上，他們的這種顧慮不是完全沒有根據。中國和蘇聯畢竟都還是共產國家，彼此又有極長的邊界，中國的軍備體系全部是蘇聯式的，要合作並沒有那麼大的障礙。

然而，一九九一年蘇聯解體之後，中國「抗蘇」的戰略地位就消失了，俄羅斯雖然民主發展顛簸，但不再是一個共產國家，軍事實力在一九九〇年代也大為削弱。對美國來講，這時要改善對台灣的關係，障礙就只剩下「一中政策」，還有就是擔心關係發展過快，會激勵台灣獨立，進而引發中共武力犯台。

李登輝抓住了這個機會，他大力推動台灣的憲政改革及民主化，連帶形成了台灣的獨立意識，李登輝巧妙的把這問題轉化成台灣人認知的「統獨議題」。「統」是指納入中華人民共和國；「獨」是指獨立於中華人民共和國以外，至於要不要宣布成立新國家，將來再決定，現在先進行民主和本土化。他的政府迴避討論台灣真實的國際法地位和中華民國統治的正當性。在中國全方位和台灣社會產生密切的經濟和社會連結之前，將統獨議題作這樣的詮釋，對於「統」是不利的。宣布脫離中華民國，成立台灣共和國雖然還沒有得到多數人的共識，但是「不再堅持代表全中國，而是作為一個獨立於中華人民共和國以外的民主國家」，逐漸成為政府的政策。

對美國來說，雖然擔心台灣獨立會引起中國武力犯台，但台灣的民主提供了美國支持台灣最好的理由。道德外交上，支持民主符合美國長期的政策，在冷戰後更是恰當不過。李登輝意識到要抵禦中國對台灣新出現民主的威脅，最好的方法就是大量購買武器。要維護台灣的安全，美國出售武器是可以賺錢的，出兵是要花錢還要死人的，所以當然是前者更容易得到美國同意。對台灣來說，得到美國大量軍售，不僅充實實質戰力，外交上更是美國支持台灣的有力訊號，又可綁住美國國會和軍火巨頭。他很清楚在越戰以後，美國海外用兵受到了更多限制，所以他暗示「美國強化對台軍售，就可以降低美國將來出兵的必要」，也就是「幫朋友多做一些」，就可以和美國的決斷得到同樣的節拍。

一九九四年五月，李登輝訪問中南美洲及非洲。這也是兩蔣時代沒有的事情。他選擇過境美國夏威夷，成為撤銷承認後，首位踏足美國的台灣總統。美國的行政部門評估，認為允許李訪美會觸怒中國，不讓他訪美會觸怒台灣，但觸怒台灣比較沒有甚麼副作用。所以當時美方不允許在境內過夜，只安排到當地空軍基地的小房間休息，由一個上尉階級的軍官接待。此舉引起李登輝不滿，決定不下飛機，穿著一件休閒襯衫，在飛機上接見美國在台協會理事主席白樂崎，作為抗議。此事件引起美國國會及輿論譁然，認為一個號稱民主的美國，竟然受迫於另一個國家的威脅，在台灣總統過境的問題上採取這麼不當的態度。國會開始對這個問題高度關注，並對行政部門痛加檢討，有七十六位參議員聯署要求邀請李登輝訪美，讓白宮和國務院倍感壓力。

一九九四年七月，柯林頓政府重新檢視美台關係，發布《一九九四台灣政策檢討》（1994 Taiwan Policy Review），提出改善部分對台關係與政策，包括：

1. 台灣駐美機關改名為「駐美國台北經濟文化代表處」。
2. 允許美國經濟及技術機構之高層官員與國務院較資深的經濟與技術官員訪台，並與台灣各層級官員晤談。
3. 允許美國國務院主管經濟及技術事務之次卿及以下官員，與台灣代表在官署以外地點會晤。
4. 允許美國經濟與技術部會閣員，透過美國在台協會安排，與台灣代表和訪客在官署洽公。
5. 允許美國在台協會台北辦事處處長、副處長等人進入我外交部洽公。
6. 於適當時機支持台灣加入不以國家為會員之國際組織，並設法讓台灣的意見能夠在無法以國家身分參加的國際組織中被聽到，對於聯合國等僅以國家身分為會員之國際組織則不支持；
7. 允許台灣高階層領袖過境美國，但不得從事任何公開活動，每次過境將個案考量；

8. 提議由美國在台協會舉辦雙方次長級經濟對話，以及談判簽訂一項貿易投資架構協定。14

這些原則當然對台灣存在許多不公平的限制，但截至目前為止仍是美國對台的指導原則。雖然二〇一八年美國國會已經通過《台灣旅行法》（Taiwan Travel Act，H.R.535），目前雙方高層官員互訪仍未比這份文件中所規定的有太大突破。

在國會強大壓力下，與李登輝母校康乃爾大學校長的熱心，使柯林頓政府作出決定。在一九九五年五月中使李登輝訪問母校美國康乃爾大學的計畫獲得批准。當時美國國務卿正好就是一九七八年來協商斷交事宜的克里斯多福。李登輝刻意挑戰《一九九四台灣政策檢討》，在康乃爾大學發表公開演說，成為當時世界矚目的大事。李登輝的訪美起了「垂範」的效果，形成了之後的美國行政當局處理的典範，也開闢了一個重要的外交空間。

一九九六年三月台灣舉行首度直選總統選舉，引發中國對台進行實彈演習，掀起第三次台海危機。對此美國曾派遣「尼米茲號」及「獨立號」兩個航艦戰鬥群巡航台灣海峽。這時候，美國的政策似乎有意走向平衡。一方面派軍維護台海穩定，一方面也發表一些北京所要聽的聲明。一九九八年六月柯林頓首度訪中，在上海發表美對台政策，經常被稱為所謂的「新三不」政策，其內容為：「我們不支持台灣獨立、兩個中國或一中一台、我們不認為台灣可以成為任何以國家為資格限制的組織之會員」。（“we don’t support independence for Taiwan; or two Chinas; or one Taiwan, one

China. And we don’t believe that Taiwan should be a member in any organization for which statehood is a requirement.”）直到柯林頓政府末期，美國行政官員仍絕少公開談論與台灣的政治關係。柯林頓政府的對台政策雖然曾有檢討修正，但幅度跟台灣的民主發展腳步以及台灣的期望相較顯得遲滯。柯林頓雖然曾公開稱許台灣的民主，並說美國願意幫助台灣在無法成為會員的國際組織中發聲，但實際作為有限。美國在與中國積極交往的同時，台美關係在很大程度上依然是個禁忌。

二〇〇〇年，台灣舉行第十任中華民國總統選舉。在投票前三天的三月十五日，中華人民共和國總理朱鎔基在全國人民代表大會的中外記者會上發表「不管是誰，只要搞台灣獨立，就沒有好下場」、「切莫一時衝動，以免後悔莫及」、「還有三天，世事難測，台灣同胞你們要警惕啊！」的談話，美國國務卿阿布萊特（Madeleine Albright）立刻在眾議院答覆問題時表明無法接受中共對台聲明，而正在日本訪問的美國國防部長威廉・科漢（William Cohen）在厚木基地接受訪問時亦呼籲中共停止對台恫嚇，並表明美國有義務對台灣提供防禦性武器裝備。

就筆者看來，柯林頓時代台美關係取得的進展是相當確實的。但是也確立了一些框架，如《一九九四台灣政策檢討》、新三不等等。

小布希軍售案受阻的影響

二〇〇一年，小布希總統上台後，台美關係一度被視為四十年來最好的時候。這時期美國雖然基於反恐戰爭需要中國的配合，但對台的支持並沒有嚴重受阻。小布希競選時曾說，當選將加強對台軍售；二〇〇一年四月二十三日，美國批准包括柴電潛艦、愛國者三型防空飛彈、P－3C長程定翼反潛機、M109A6自走砲和掃雷直升機在內的大批軍售，二〇〇一年四月二十五日，他在電視上公開表示要「竭盡所能協助台灣自衛」，這是小布希原本希望全面改善對台關係的具體象徵。但九一一恐怖攻擊發生後，美國需要中國在反恐問題上合作，使得台美關係未能如想像中快速。中華民國方面更是拖延了三年才向立法院提出三項軍購案，因故未能通過。[15]

二〇〇二年四月，小布希在歡迎中華民國以「中華台北」（全稱為台澎金馬個別關稅領域）的身分加入世界貿易組織時，說出「Republic of Taiwan」三字（"It's important to recognize and to welcome both countries, both the republic of Taiwan, and of course China, into the World Trade Organization."）。事後美國官方並未作出澄清或更正。[16]

小布希時代大致和陳水扁擔任總統的時代重疊。小布希非常願意支持台灣，但是陳水扁總統在二〇〇〇年五月二十日就職時作出「四不一沒有」的宣示，表示「只要中共無意對台動武，本人保證在任期之內，不會宣布獨立，不會更改國號，不會推動兩國論入憲，不會推動改變現狀的統獨議題公投，也沒有廢除國統綱領與國統會的問題」。對於重視契約政治的美國人來說，這就是承諾，如果沒有很好的取消理由，就必須遵守。美國也因陳水扁當局對二〇〇一年的軍售案實質上的反對而感到困惑。首先，美國難以理解為什麼陳水扁政府不能立刻向立法院提出預算案，若未經立法院通過軍購預算，軍購不可能落實，因為美國不可能強要台灣付款。其次是台灣拒絕了其中的一些項目，這讓美國質疑台灣真的有防禦自己的決心嗎？

以筆者看來，小布希任內碰到反恐戰爭，想要和中國合作，是必然會有的戰略思考。台灣應該在此保持低調，畢竟我們無法對反恐戰爭有所

歐巴馬政府對台軍售

日期	武器項目	總價（美金）
2010年 1月30日	2套愛國者PAC-3發射組、 UH-60黑鷹直升機60架、 鶚級獵雷艦2艘、 魚叉遙測訓練飛彈12枚等項。	63.94億
2011年 9月21日	F-16 A/B型升格為F-16 V型戰機及武器配備146套、 美國路克基地訓練續約、 F-16A/B、F-5E、C-130運輸機零附件等項。	58.52億
2015年 12月16日	派里級巡防艦2艘、 方陣快砲、 獵雷艦戰系（商售）、 AAV7兩棲突擊車36輛、 人員攜行刺針飛彈250枚、 拖式2B型飛彈769枚、 標槍飛彈及迅安系統後續支援等項。	18.31億

貢獻。但這時，陳總統積極追求主權獨立，**對美國來說，是把陳總統追求主權獨立的作為看作是在美國需要中國時，因為擔心台灣利益被犧牲，也是為了本身選票，而刻意衝撞美國和中國的關係，這代表對美國挺台的不信任**。但是，陳又沒有能力不靠美國自己防衛台灣。因為對美國來說，如果台灣不信任美國會派兵援台，就該自我強化防衛力量。然而軍售案的屢遭杯葛，意味著台灣無法拿起美國交給你的武器來保衛自己，所以美國認為陳沒有能力保衛台灣安全。雖然在野黨杯葛是主要原因，但無法說服在野黨的執政黨就不成其為執政黨，而能堅持自己意見的在野黨就無疑是執政黨。

歐巴馬時代，台美關係大致上維持平穩。馬英九在二〇一二年一月當選連任時，白宮以新聞秘書的名義發表聲明，祝賀馬英九連任以及台灣人民成功舉行總統和立法委員選舉。白宮這樣的祝賀方式，和陳水扁時期大致相同。[17]不過歐巴馬時代倒是大舉增加對台軍售。

美中對抗的機遇

二〇一六年之後，川普當選總統，對於中國態度有所轉變，台美關係也在形式上取得了相當進展。美國對台灣的讚譽逐漸增加，也越來越不避諱以國家名義稱呼台灣。尤其是美國國會，對於支

近期台美關係重大事件

時間	發表人	摘要
2018年1月	美國國會	通過《台灣旅行法》；3月16日，總統川普簽署生效；此法律促進台灣與美國間的高層級交流。
2018年年底	美國國會	通過《亞洲再保證倡議法》將台灣納入印太地區戰略的一環。
2020年1月11日	美國國務卿蓬佩奧（Mike Pompeo）	蔡英文總統勝選連任後。蓬佩奧發表聲明表達祝賀，以「蔡總統」（President Tsai）稱呼。讚揚台灣再次展現民主力量。蓬佩奧表示，美國感謝蔡總統帶領台美建立強健夥伴關係，並在壓力下仍維持兩岸穩定。
2020年2月2日	白宮、國安會	副總統當選人賴清德前往美國，出席該年度在美國首都華盛頓特區舉辦的「國家祈禱早餐會」（National Prayer Breakfast）。被視為是自1979年中華民國與美國斷交以來，台灣訪華府的最高層級官員。 2月6日，賴清德在白宮國安會與美國官員會晤，成為中華民國與美國斷交後最高層級的拜會。 2月7日，賴清德出席「國家祈禱早餐會」（National Prayer Breakfast），與美國總統川普、眾議院議長裴洛西等人同場。
2020年3月18日		因應武漢肺炎疫情，台灣與美國首度發出防疫夥伴關係聯合聲明，將進一步強化合作諮商機制、聯手對抗疫情，台灣方簽署者為外交部長吳釗燮，聯合聲明中看到名稱以「台美」（Taiwan-U.S.）作為國名呈現，被視為台美關係的更進一步加深。
2020年5月19日	美國國務卿蓬佩奧	蓬佩奧表示，蔡總統以大幅度票數差距勝選連任，顯示她已贏得台灣人民的尊敬、欽佩及信任，而她帶領台灣民主的勇氣與願景。蓬佩奧強調，近期武漢肺炎疫情讓國際社會有機會看到為何台灣防疫模式值得效法。蓬佩奧表示：「當我們展望未來，我有信心在蔡總統帶領下，我們與台灣夥伴關係會持續蓬勃發展，恭祝她第二任任期成功。」成為斷交後美國國務卿發表聲明祝賀台灣的總統就職首例。
2020年8月10日	美國衛生及公共服務部長亞歷克斯·阿薩爾（Alex Azar	阿薩爾此行晉見總統蔡英文並與台灣公衛專家交流，並代表總統川普悼念前總統李登輝，及彰顯台美緊密夥伴關係。 10日下午，在陳時中及阿薩爾的共同見證下，由台灣美國事務委員會主任委員楊珍妮及美國在台協會台北辦事處處長酈英傑代表雙方於台北簽署「醫衛合作瞭解備忘錄」

持台灣更顯積極。行政部門也表達願意強化和台灣的各項合作。同時有逐步偏離「一中政策」的訊號。

二〇二〇年八月三十一日，美國東亞與太平洋事務助理國務卿史達偉（David Stilwell）發表演說，他表示「北京的『一個中國原則』主張中國共產黨對台灣擁有主權，而美國對台灣主權問題不採取立場。』[18]然而，他也表示「美國的根本意願是，如同北京所承諾的，以海峽兩岸人民都能夠接受的方式和平解決台灣問題，而不進行脅迫。」既然是「海峽兩岸人民」，意味著美國仍然沒有明確拒絕中國統一台灣，只要是和平且經過台灣人民同意的。

近幾年來台美關係的重大事項，筆者整理如前表。

這些重大事項的共同特色是著重在美國對台灣的肯定，但是台灣是否能對美國反中的戰略有積極而難以取代的貢獻，則相對不那麼明確。如果美國的決斷是持續反中，則台灣還需要有更多對自身的調整和反思。

美國有可能取消一中政策嗎？

從一九四九年起，台灣和美國七十年來的關係之最大特色，就是台灣比其他盟邦更依賴美國。

亞洲的其他國家充其量只需要美國保護其安全，但台灣或中華民國**還需要美國支持其國際地位**。這對美國來說，可能比保衛台灣安全更為複雜困難，因為美國可以在軍事上維持亞洲第一，但在國際事務上並沒有這麼強的約束力，能夠要其他國家一定要支持台灣。亞洲所有國家除了新加坡和韓國，都早於美國撤銷對中華民國的承認，美國無法也從未干涉。

台灣和美國的關係必然受到美國與中國的影響，這在本章已經有所說明，對讀者們來說很容易理解。**但同樣重要的一點是：台灣和美國的關係一樣受到台灣與中國的影響。因為中國就離台灣這麼近，同時又是台灣最大的貿易夥伴和最大的敵人。台灣比美國更需要中國，極度密切的經貿依賴和社會連結使台灣沒辦法在美國對付中國時同步採取同樣的作為。這就讓台灣對美國的戰略價值沒有一般想像的那麼高。**這是台灣人比較少思考的一面。

民主化之後，台灣必然會有親中的聲音和勢力，這些在民主社會中都不可能完全掃除，結果就是**台灣甚至在防衛自己對抗中國時都會有所遲疑**，二〇〇一年的軍售就是最好的例子，三項重大軍購都是台灣和中國武力對抗中，彌補本身最大弱點的解方。潛艦是中華民國海軍最弱的一環，和中國人民解放軍至少是二十比一的劣勢，結果被台灣自己否決；長程反潛機是海島防衛的必要武器，可以擴大海上的偵搜範圍和大幅提升反潛效率，被延宕了多年；愛國者飛彈是反飛彈的必備裝備，不只是在於對來襲飛彈的摧毀效能，也在於它為了導引飛彈所配備的指管通情監偵能力。這些都遭台灣內部的政治勢力因為政治因素而杯葛。連購買美製武器防衛自己都有疑問的區域，怎可能讓美軍進駐？

如果制衡中國將是美國不分黨派的長期政策目標，那麼美國必然會在東亞尋找合作的盟友或伙伴。對美國來說，一個地方若連採購亟需的軍備都推三阻四了，要進一步地利用此地作為支撐美軍在東亞制衡中國的軍事基地，自然難成為可行的政策選項。因為駐軍當地都需要與地主國展開複雜的協商和規畫，當地的政治態度自然必須是首要考量。民主國家裡一定會有反對的聲音，就看地主國執政黨的手腕。進一步來看，更重要的是要有正式的條約或協定，以保證不會因為政黨輪替就產生變化。這也是美國「契約政治」的習慣——你的權利義務必出於你的同意。以條約為本更是道德外交的根本。

以軍備的更新幅度來說，日本和韓國所面臨的軍事威脅都小於台灣，但他們都願意積極發展自己的防衛力量，而非等待美國跳躍式的軍購，又肯提供自己的國土作為美國的軍事基地，這些都是台灣目前難以企及的。但是他們是否會同意美國利用在他們國土上的基地捍衛台灣，則並非絕對能保證的事。事實上當地人民連和平時期美國使用基地保衛他們，都不時有反對聲浪，我們怎麼能完全期待在戰時基地有被攻擊危險的時候，日韓政府和人民會有比現在更高的贊成態度？

當然讀者一定會認為，一旦中國武力犯台，台灣人民一定會歡迎美軍進駐，但到那時候才進駐

已經太慢了。**是否在平時就能建立有效的合作關係，以及讓美軍能有可用以展開軍事行動的基地，絕對是影響美國是否要做出防衛台灣決斷的最重要因素。**在涉及一國以上的軍事行動中，相互的合作是避免「友軍砲火」，並且能有效作戰的最重要條件。但這些都必須在平時就有密切的交流和演練，不可能在戰時無師自通。

同等重要的是台灣是否能有可支援美軍使用的基地，包括機場和港口。這些在戰時必然會有遭到中國攻擊的問題。台灣必須要讓這些設施保持運作，讓美軍可以依托這些設施建立優勢兵力和儲備後勤物資。優勢兵力是減少傷亡的最重要前提，減少傷亡是美國在二戰後介入衝突的指導原則。如果沒有辦法達成這些準備，美國的作戰效率還是會受到極大的影響。同時，阻礙這些準備達成的因素（如親中派反對）本身就會影響美國是否要出兵的決斷。

美國如果判斷它能部署的軍事實力無法成功防衛台灣，它防衛台灣的意願一定會受到很大影響，可能就會思考以其他的替代選項來防衛台灣。軍事介入一個地區有許多不同的方式，同樣的軍事合作也有許多應做的事情，而只是來觀摩兵棋推演並不是太有效的軍事合作。

川普時代不是美中關係最惡劣的時候，就美國歷史上看也不是對外動武機率最高的時候。

和今日相比，過去美國跟中國的關係沒有比較差，但對台灣在軍售上的支持也沒少過。一九九二年時，中國並沒有得罪美國，老布希總統就撕毀《八一七公報》，國軍戰機、主力作戰艦艇、戰車得到全面更新（直到今天國軍還是以老布希時代購得的武器為主力）。一九九五和九六年時，中國也沒特別和美國有所不睦，柯林頓還是毅然批准李總統訪美，在飛彈危機時立刻派航艦戰鬥群威嚇中國不得動武，保障了台灣第一次民主直選總統。二〇〇一和二〇〇四年中國沒得罪美國，美國還需要中國在反恐戰爭上相互合作，小布希總統依然批准了金額超過二百億美元，足以大幅拉近兩岸軍力差距的三項重大軍售（儘管最後沒有成交，但不是美國的問題）。歐巴馬雖然被認為和中國非常友善，且他任內中國也沒有得罪美國，歐巴馬仍然批准了高達六十四億美元的軍售給台灣，讓台灣阿帕契攻擊直升機的數量除了美國自己之外居世界前茅。當然，這些時期美中之間不是沒有衝突和意外，但顯然沒有像二〇二〇年一樣那麼烽火連天。

二〇二〇年川普已經對中發起貿易戰，點名中國種種劣行，許多人認為甚至有新冷戰之勢，（但就主戰裝備來看，川普政府截止於二〇二〇年十月，）也不過是相隔二十八年後再次對台軍售**Ｆ－16的改良型六十六架、一百零八輛新式戰車，其他多為主戰裝備的配備，如ＨＡＲＭ反輻射飛彈五十枚、聯合距外武器（JSOW）五十六枚、ＭＫ－48潛射重型魚雷六十四枚、ＡＧＭ－84增程型距外陸攻飛彈（SLAM-ER）、多管火箭發射系統以及現有武器的零附件賡續維持。**這些「福袋式」軍售是否足夠抵擋中國早已今非昔比的戰力？至少我們可以發現，美國對台軍售是挑選式的，並未完全依據台灣的採購清單批准，也不涉及對國軍整體戰力規劃、訓練及管理的協助，更遑論像日韓那樣的聯合演訓。光看金額超過過去幾任總統任內的金額並沒有太大意義，因為武器裝備的價格是逐年飛漲的。考量中共軍備二十多年來的發展，美國在安全上支撐台灣的作為可能還是有「逆水行舟，不進則退」的情形。

冷戰結束後，美國不再需要反蘇，唯一影響美國支持台灣的因素，除了台灣自己和中國的關係以外，就是擔心影響美國和中國的關係。這個關係過去是用「一中政策」黏合的。基於契約政治，美國在《上海公報》中承諾了一中政策，就不能隨便說話不算話。但至少台灣「本身」不能讓美國支持的原因已經大幅消失。**未來要讓美國更加支持台灣或承認台灣的國家地位（無論國號為何），如今剩下一個要達成的事情，就是讓美國取消「一中政策」**。但在甚麼情況下美國會取消一中政策，這種契約政治在甚麼情況下能夠被打破？台灣要在與美國的關係中獲得最大的利益，就必須要充分了解對這個問題，美國可能的決斷是甚麼。認清事實與摒除己願他力的心態是絕對必要的。

10 第十章

美國外交決斷的本質

在對外關係或國際事務上，美國如何做出決斷？要回答這個問題，我們必須先釐清或了解以下幾個問題，這也是本書前面九章的重點：

一、美國會對哪些事情做出「決斷」？

二、美國政府裡的哪些人或機構會做出「決斷」？

三、這些決斷通常包括哪些成分？

四、影響作出「決斷」的因素有哪些？

美國會作出決斷的事件，首先當然是威脅到美國自己的安全的事務。一次大戰德國攻擊美國船隻、二戰時日本偷襲珍珠港，都是導致美國參戰的原因。九一一事件啟動反恐戰爭也是一樣。因為美國是三權分立的民主政府，執政者不能坐視人民遭受攻擊而不作反應。也因此中東問題長居決策的重點，因為中東石油和美國人民的生活有關。

其次是盟約的有無。從一六二〇年的《五月花號公約》以來，美國就是契約政治的國家。美國認為同盟條約可以釐清美國的責任和義務，也是嚇阻敵人最有效的工具。盟約也是美國「鐵肩擔道義」的道德外交象徵。二戰以來，從歐洲到亞洲，美國肩負著全球反共和反恐的重任。這源於美國政治菁英從開國以來的道德感和利他主義精神。不可諱言，其中當然不乏雙重標準，也有判斷錯誤或能力不足而導致的失敗，或者是和錯誤的勢力合作，但是我們還是無法找到比美國更願意為道義原則而戰的國家。

美國外交的重點在於達成協議——簽訂條約或協定。軍事手段是次要的，除了立刻解除或懲罰對美國造成的傷害以外，都是希望用戰爭的痛來迫使相關方達成協議。協議一方面可以結束戰爭，一方面明定各方權利義務，還能夠作為之後的垂範。

細數過去總統促成的重大協議，包括：艾森豪的成就是《韓戰停戰協定》和《中美共同防禦條約》；尼克森任內簽署了《巴黎停戰協定》和《第一階段限武條約》；卡特完成了《第二階段限武條約》和《巴拿馬運河協定》；雷根完成了《中程核武條約》；歐巴馬最驕傲的是《伊朗核協定》。這中間最有代表性，也能讓我們一窺美國外交決斷邏輯的，除了前面各章所提到的協定或條約以外，最具代表性的是《伊朗核協定》。這個協定是美國現代外交的典型。

首先，它不是美國已經遭到伊朗核攻擊之後所簽訂的停戰協定，而是為了防患未然，阻止伊朗發展核武威脅鄰近國家的一種外交作為。這其實就是道德外交和利他精神。因為伊朗有核武雖然會降低它和美國的軍力差距，但威脅的是鄰近國家不是美國。美國的核武實力絕對不是伊朗可以相提並論的。美國不選擇以軍事力量直接摧毀伊朗的核武，是現實主義的考量，因為這麼做必然要耗費軍力。在伊拉克戰爭之後美國的反思是美軍要打敗一個國家比占領一個國家要容易許多。

談判過程雖然極其波折，但美國認為只要形成協議，就有「垂範」的作用，形成之後類此事件可以效法的典範。如果美國可以和伊朗達成協議並且協議內容能順利運作，就有可能說服朝鮮也做類似的協商。這就是建構主義指出的對於利益的建構作用。而談判本身就是自由主義外交的象徵。

決斷通常會包括哪些？當然我們無法在本書中一一介紹美國所有的外交決斷，但從和台灣有關的決斷中，我們通常可以發現，美國的所有外交政策作為必受一個目標，以及為達成目標下的指導原則所控制。外交上決斷強調彈性，就是做出的決策要盡量避免限制將來的行動自由和各種選項。所以美國的對台政策會有「戰略模糊」的出現，因為他們認為把話講死就會限制將來的行為選項。

誰作出「決斷」其實非常重要。前面我們提到艾利森的理論主張，在外交決策上「位置決定立場」，不同位置的人會基於本單位的利益、他自己的職權，職位本身的特性和對自己未來政治前途的考量，決定他在甚麼事情上要採取甚麼立場。個人的性格也是一個決定性因素。

杜魯門在韓戰期間，拒絕了軍方使用原子彈攻擊中國和北韓的要求，這純粹是出於道德理念，他認為美國不能兩次對亞洲人使用這麼恐怖的武器。他並不擔心這樣做會讓美國或美軍陷入險境，因為當時的敵人並沒有以原子彈報復美國能力。艾森豪相信自己的說服能力，認為親自和蔣中正會面，比較能夠說服他放棄反攻大陸的決定。一九七三年中東戰爭期間，尼克森已經作出了軍援以色

列的決定，但美國政府本身沒有立即展開作業，主要原因在於高層的政治衝突。尼克森總統當時為了水門案而無法分身，因此將協調的作業全部交給國務卿季辛吉負責。季辛吉除了穿梭各國展開外交折衝之外，為了爭取日後的政治籌碼，在運輸作業上該由誰負責等政治責任與功勞方面與國防部長斯勒辛格（James Schlesinger）發生拉鋸戰。雙方的立場都相當堅定，毫不相讓，即使以色列已經發出多次緊急請求下，僵持的局面也無法打開。連日應付各方政治與輿論壓力的尼克森總統也未能適時介入，解開這些衝突。

美國的外交決斷一定會傳達必要的訊息，因為其他國家會以美國的訊息做為應對的基礎。因此訊息的內容是非常重要的。湯瑪斯．謝林是知名的國際關係學者，作為當代策略理論原則的最佳論述，謝林所著的《衝突的策略》一書至今仍未受到挑戰。他的研究專長在於衝突研究，對「有限衝突」以及「信號傳達」（signaling）的討論非常知名。關於這些課題，謝林提出了以下幾個命題。

一、由於發動「全面突襲」（all-out surprise attack）越來越不可能，國與國間進行各類「有限戰爭」（limited war）的可能性也就越高。二次大戰後，美國面臨的危機都是區域衝突，也都是有限戰爭，事前其實都有徵兆和信號。即使是像韓戰那樣看似全面突襲的戰爭，事前都有許多信號（參見第五章）。

二、有限戰爭需要在手段上有所限制，例如對於「制約因素」（restraints）的共同認知。這些經由部分或偶然互動所獲致的默契，必須被衝突方真的認為很重要，不會輕易地被放棄，。棄用核子武器即屬此類重點之一。

三、各國明確的聲明與行動在有限衝突的過程構成了「策略性訊號」（strategic signals）。敵對雙方觀察並解讀彼此的行為，各自了解自身的行動正受到解讀，並抱持自身所建立的預期展開行動。然後形成「我知道對方知道我知道」的矛盾迴歸（paradoxical regression）。筆者認為，美國就是服膺這一原則的國家，柯林頓在一九九六年派航艦戰鬥群嚇阻中國犯台，之後又以「新三不」打壓台灣，就是最好的例子。

謝林認為，有限戰爭較有可能發生在戰略力量均勢相當穩定，以至於敵對雙方無懼戰事升級的時候」這個主張受到一系列論證的支持。對理性的一方來說，透過第一擊便使敵方繳械的作法，要比在有限戰爭中失利更受青睞。根據這個理論，印度與巴基斯坦核態勢不甚安穩的情況應該對它們有警告作用，並降低雙方在喀什米爾（Kashmir）採取行動的意願，因為這可能會引發兩國間的第四次常規戰爭。[1]倘若兩造皆取得可靠的第二擊能力，讓發動核攻擊意味著**相互**毀滅，那麼無論哪一方都會更甘冒風險、甚而訴諸有限戰爭，因為它們不再那麼懼怕戰事升高引發災難性報復的情況。

因此，全世界都接受以「禁止核武擴散」做為普世價值，因為一個人人都有核武的世界，一國若自認為取得對假想敵或世仇的核武優勢，就有發動第一擊的誘因了。如此全世界都要陷入核武軍備競賽，而且要盡量擴充到能發動第二擊報復的數量，才能嚇阻對方不敢發動第一擊突襲或以此為勒索。這就可以說明為什麼後冷戰時期美國最擔心的區域安全問題就是伊朗和朝鮮的核武問題。因為這就是「禁止核武擴散」的破口。如果伊朗可以有核武器而不用承擔任何後果（譬如說制裁），則很難阻止沙烏地阿拉伯或伊拉克不會設法獲得核武。如果各國都要擁有核武自保，則美國要干預任何區域衝突都將面臨極大的風險。此外核武若廣泛普及，外流至恐怖分子手中的可能性必然增加。其次若衝突兩造皆取得可靠的核武能力，對獨裁者的權威必然有強化作用，區域戰爭的規模可能會變得更加殘忍血腥。因為他們不再那麼懼怕戰事升高引發災難性報復的情況。

這就可以解釋為何歐巴馬達成的《伊朗核協議》被認為是美國外交成就的典範之一，因為一方面緩解伊朗的核武研發，也就是減少了中東國家核武競賽的可能，其次是可以以此垂範朝鮮。平壤一定會用最嚴謹精細的態度去解析《伊朗核協議》的內容，因為這就是美國對擁有核武的「流氓國家」所放出的最重要「策略性信號」。因為伊朗核協議將來極可能作為垂範，相當程度用在朝鮮的身上。所以川普用「我的核武按鈕比你大」來嚇阻朝鮮被認為是笑柄。因為川普的話只代表他對這個議題的理解停留在「他能嚇阻朝鮮不要對美國發動核武攻擊」。事實上，美國核武就算在現有標準上裁減九成，對朝鮮也有壓倒性優勢，誰當美國總統都不會有人會去懷疑，連金正恩也不會。但是這沒有具體解決朝核問題的作用。因為美國在核武上對朝鮮有絕對優勢，也不能嚇阻朝鮮不以核武威脅日韓。重點是如何緩解這一問題，集體合作和外交機制是必要的途徑。台灣人對此常嗤之以鼻，認為國際政治就是拳頭大的有理，這會讓我們對「美國的決策」與「國際政治的發展」的理解產生相當的偏差。

至於哪些因素會影響美國的決斷？如果是有關於美國是否對中國武力犯台進行干預，影響美國決斷的因素會包括：

第一，中國武力犯台的目的，是威嚇台灣，抑或是逼迫簽訂協議，還是全面摧毀獨立於中國的台灣政權，以達成統一？對此有沒有可靠且足夠的情報？

第二，當時美國和中國之間的外交關係好壞？這會影響美國國內的支持程度。如果外交關係已經相當惡劣，美國可能就會直接投入作戰。如果還處於可以溝通的境地，外交手段還是必然會在動用武力前先上場。

第三，鄰近國家的態度與反應。如果鄰近國家都希望美國趕快介入，並且願意美國利用在他們境內的基地，則美國的行動彈性會大增。如果周邊國家的態度消極，必然削弱美國支援的意願和能力。

第四，中國武力犯台的方式。是海上封鎖、空中攻擊抑或已經展開登陸作戰？範圍是在東沙、南沙，還是金馬等外島？雙方的戰況如何？台灣的損失、內部的局勢如何？續戰的意願和能力為何？

第五，根據四的方式所要達成的戰爭目標，目標是否清楚、明確而易於評估？美國針對中國的各種攻台舉動，是直接對中國發起或支援的基地實施攻擊，抑或協助台灣軍隊攔阻和防衛中方的攻勢？美國需要採取的作戰方式為何？

第六，要採取這樣的作戰方式，美國需要出動多少軍隊？第一次波斯灣戰爭中，美國大概出動了百分之五十的陸軍現役作戰師，百分之四十六的空軍戰鬥機聯隊，六艘航空母艦與護航艦隊。鑑於中國兵力之大，美國要出動的兵力恐怕非常驚人，因此決定戰爭目標對美國來說非常重要。就算僅是協助台灣防衛，海空軍投入的兵力，考量到中國的攻台兵力，不能僅靠海上的航空母艦，一定要依托陸上的基地。台灣本身有沒有符合標準且足夠支援美軍開展和作業的基地，目前看來並不樂觀，或者說根本沒有這方面的準備。

第七，美國在此一地區的後勤能力，是否能支撐將要派出的軍隊遂行作戰？現代戰爭對後勤的要求極大，第一次波斯灣戰爭時，美軍五十多萬大軍的後勤相當部分是由沙烏地阿拉伯負責的。今天中華民國有沒有能力對來台助戰的美軍提供足夠的後勤支援？就現在的狀況，中華民國可能連自己軍隊的後勤都難以滿足，甚至還希望美軍能順道支援。另外，這可能是美軍第一次碰到補給線會遭受威脅的區域戰爭。中國在軍事實力完全被削弱、外交上沒有達成停戰之前，是有潛力對美國的補給線有效地發動一定程度的攻擊的。因此，台灣可能還要保護好自己的港口、機場以掩護美軍。另外，美國也會評估是否能達成作戰的目標，而傷亡能在承擔的範圍。

第八，是否會造成美國其他方面利益的損失，如果會，是多少？能否用不干預中國武力犯台的方式去改變？

這些因素不完全有先後順序的考慮，而是有多項會同時進行。

美國在面臨其他國家之間發生衝突或內戰時，干預的標準也和上述原則有關。如果衝突或內戰威脅到其他國家的地位或疆界，抑或明顯破壞區域內權力平衡，則美國干預的可能性就會升高（在蘇聯解體前，還加上一個因素，就是這衝突或內戰有助於共產主義的擴張）。外交干預或表態是必定會有的，因為外交必然先於軍事；軍事干預是在外交手段無效之後方有可能出現，但這也不是絕對的。譬如三次印巴戰爭和除了第四次中東戰爭以外的以阿戰爭，美國就都沒有插手。

美國總統的責任是化解衝突

如果需要投注兵力進行軍事干預，則問題就複雜很多。軍事干預有許多的方式，**但是有一個原則是每一任總統都會遵守的，就是盡可能減少傷亡和縮短戰爭，還有，調停衝突比消滅一方重要。作為調停者而非勝利者，是歷任總統都想達到的最高冠冕。**杜魯門沒有消滅北韓、甘迺迪沒有消滅古巴、詹森沒有進攻北越、老布希沒有消滅伊拉克、柯林頓沒有消滅塞爾維亞。

和很多人想的不同，雖然美國有世界上最強大的軍事力量，並沒有一個陰謀論者想像的「深層政府」是以挑起戰爭來達到外交目的。這和美國的政治體制和憲政傳統有關係。**「危機處理」是對歷任總統政治手段、外交智能和領導能力的最高考驗，也是國會和民間最在意的事。危機處理成功的標準之一就是不能引發為戰爭。**甘迺迪成功面對了古巴飛彈危機，讓這場危機沒有變為戰爭，以及拒絕派兵進入寮國和越南，是他的聲望在生前、死後始終維持不墜的最大原因。

美國政治傳統是小政府，這讓美國國會高度**傾向於不會讓美國政府去代替他國政府管理他國土地，一定是要當地人組織政府來管理。**這時候，自由主義的理念就會上場，希望當事國採取民主政治和自由市場經濟，雖然這種期盼經常落空。

除了極少數例子，美國總統不會用發起軍事攻擊來挽救選情或聲望。**因為打勝戰對提高美國人**

對總統的肯定幫助非常有限。杜魯門連任沒有以「軸心國是在我任內投降的」為訴求，艾森豪的競選訴求是結束韓戰，詹森因為無法結束越戰而放棄連任。尼克森的訴求是退出越戰。「共產主義」是敵人這點沒有問題，但是不是要用軍事手段主動對付則是最大的爭論。簽訂防禦條約、有效嚇阻、軍援盟邦，被公認為更好的方式。

美國在冷戰中的外交策略，派兵介入區域衝突直接與蘇聯代理勢力作戰的成功率是四分之一（越南、柬埔寨和寮國失敗、韓國成功），實施軍經援助和簽訂同盟條約的成功率卻接近百分之百，沒有一個受美國軍經援助又簽訂同盟條約的國家淪落共產陣營之中。

美國的外交宣示，本質上都是避免再捲入衝突，既然目標確定，就以清晰的訊息來表達，以免各方誤判。目標越清楚，訊息也越清楚。也避免外界對美國作出揣測。如二二八事件之後，美國國務院不是沒有想過要利用對日和約尚未簽訂，台灣歸屬在國際法上尚未完全確定之前，提出美國和中華民國共管台灣的方案。但是後來美國放棄管理台灣，是為了表示並無此一領土野心，於是宣布了不干涉的立場。不但是不想占有台灣，連將其納入防線都不願意。

其次，美國政治體制複雜，各機構間的互動產生「位置決定立場」的情況，**這使得任何決策都很難將其動機、制訂過程、實施方式和希望達到的目標予以簡化。**也很難簡單預測美國對甚麼事情一定會怎麼做。

再來，美國若要出動軍隊參戰，前提是要能夠出動較敵方優勢的兵力。因為優勢兵力才能減少傷亡和盡快瓦解敵人，也就是縮短戰爭。但是美軍雖強，也不能時時刻刻都在所有可能發生衝突的熱點都保持優勢的兵力。所以平時的嚇阻就很重要。讓對方知道發動戰爭會遭美國制止，而且不能取勝，這是美國維持安全與穩定的關鍵。因此美國非常在意平時的武力展示、與盟邦的軍事合作和安全條約。後者尤其重要。

因為，有軍事合作才能保證在戰時能夠有效援助盟邦，減少初期犯錯和雙方磨合的時間，達成「減少傷亡和縮短戰爭」的目的。軍事合作也能保證美軍能有軍事基地和設施可用，這是集結優勢兵力的先決條件。在沒有軍事合作和安全條約的地區，要集結優勢兵力就困難很多，一來集結優勢兵力要有足以使用的機場、港口、道路和軍事設施，其次是有這些東西才有可能保持所需的後勤補給。前面講過，美軍是全世界最重視後勤的軍隊，後勤能力會直接影響美國用兵的意願。

但是，究竟怎樣才叫做優勢兵力，又是另一個複雜的問題。因為集結優勢兵力需要時間，更可能需要從其他地方抽調，所以也得考慮相關的政治與外交效應。所以，判斷怎樣才算是優勢兵力，是美國決策的關鍵因素，這就取決於情報的多寡和正確與否，不然無從判斷是否已經達到了優勢兵力。如果沒有足夠的情報就不會發動攻擊，這是美國軍事行動的鐵律。情報涵蓋的內容除了作戰當時敵人的兵力、武器性能、軍隊部署之外，**最重要的是敵人的意圖。因為這會決定這場衝突會不會**

變成長期戰爭。美國從越戰中自認為得到的最大教訓就是不明白或錯估北越的決心與續戰的能力。

美國為何出兵援台？

美國的道德外交當然被很多人嗤之以鼻，但是有幾點我們不能否認。首先，美國還是世界上援助他國最多的國家。[2]縱使有自由主義霸權的心態，大體上仍然尊重當地人民的自由選擇。特別是在越戰之後。對台灣而言，面對中國的壓力，也只有美國願意具體協助台灣自衛。台灣很多人認為台灣對美國是不可或缺的。原因第一是「戰略利益」。然而，台灣對美國雖然重要，但還沒到「不可或缺」的地步。殷鑑不遠，在冷戰中台灣就不是美國的重要軍事基地，美國在冷戰結束前十年就已經在軍事上完全撤出台灣，這完全沒有妨礙美國打贏冷戰。除非中國和美國進展到和美蘇一樣的對立態勢，台灣才會具備真正的戰略重要性。

美國援台，出於「道德外交」層面大於所謂的利益層面。如第九章所敘述的，美國的付出大於所得。很多人說美國是為了售武器賺錢才挺台，當然美國的武器不是白送的，製造商有一定的利潤存在，但是就總金額來看，如果美國真的為了利益，停售台灣武器，勢必可以從中國方面得到大很多的回報。就算要中國全部包下這些金額，就算北京只是白墊錢不拿貨，都將是毫無困難的事。

雷根時代，美中雙方有大規模的軍事交流與交易。中國人民解放軍對和美國軍購至感興趣，一方面可以提升戰力，觀摩到世界最先進的武器技術，另一方面這對中國的任何敵人（尤其是蘇聯）都是明確的政治訊號。

對台灣而言，向美國購買武器充實國防比期待美國戰時出兵來援要務實的多。就算美國確定會出兵來援，台灣自己有實力，至少有積極充實實力的意願和表現，也是符合美國三大外交原則的表現——積極捍衛民主符合道德原則；現實主義需要國家強化力量；自由主義增加與美國集體安全合作的能力，特別是在美國其實並沒有真正作好援台準備的時候。

美國學者易思安（Ian Easton）在二〇二〇年指出：「五角大廈是否已準備好應對中共動武？這是當然的。但五角大廈並未針對最關鍵的局面——中國人民解放軍侵犯台灣——做好他們可以做到、也應該做到的準備，甚至談不上接近那個程度。美國許多現行政策已經落伍，限制了美國達成真正全面壓制中國的能力。美國必須做出重大變革，而且事不宜遲。只有與台灣更密切地合作，五角大廈才能在戰備上做到萬無一失。」[3]

美國不想圍堵中國。台灣該如何面對？

如果沒有要打算消滅中國共產黨政權，美國遲早會跟中共坐下來談美、中利益在何處有交集、何處又分歧。中國在沒有辦法消滅美國的情況下，對這種談判不會永遠拒絕。因為對共產黨來說，他們是以不透明對透明，封閉對公開，因此他們會認為能夠掌握比自由世界的對手更多的情報，而這是對談判有利的。

這可以解釋如本書前章提到的，早在延安時期，毛澤東就樂意和美軍觀察團對談；國共內戰時期，周恩來向美國表態；中美建交前的華沙會談雖然沒有太大建樹，次數仍然高達一百三十六次；談判也會讓國務院有事做並能發揮影響力，進而居主導地位。因此談判是非常可能的。

全世界除了台灣以外，主權國家不喜歡中國的可能不在少數，但是希望中共政權滅亡的肯定要少些，願意加入摧毀它的行列的可能更少。獨裁政權更有可能犧牲國民的利益滿足外交需要。史蒂芬．華特說的很正確，大部分美國民眾不關心也不能很充分理解外交政策的好壞，更封閉、政府更控制資訊的中國社會不會比較好。因此若中國採取「犧牲國民利益」的外交政策，不太會遭到人民的反對。中共也不會在意人民是否反對。所以未來中共有可能犧牲若干中國人民或企業在經貿或商業上的利益（所謂割韭菜），以讓美國放鬆制裁時能有台階可下。

美國的國家利益在於調停國際衝突。因為這是建立威信的最有效策略。衝突停止代表和平，和平代表美國不再需要有子弟犧牲性命，這是人民樂見的；和平代表需要開始討論戰後的重建，企業界、NGO會樂觀其成；對政府裡的現實主義者來說，和平之後代表美國可以開始將軍力轉用到其他地方，有助於讓美國在世界上繼續維持優勢；對自由主義者來說，衝突解決正好證明國際合作和集體安全是有效的。

亞洲其他國家其實都很清楚這一點。日本、韓國、澳洲三國都和美國有正式的同盟條約，明載美國有協防他們對抗一切侵略的義務，但三國都在能夠負擔的程度下，最大幅度地強化其軍事力量和彼此之間的安全合作。各國都在做同一件事，就是努力強化自身的力量，以減少美國防衛他們所需投入的兵力。舉例而言，三國都在添購F－35戰鬥機以強化空中戰力。從軍事面上來看，F－35才是有能力應付中國殲十六或殲二十的戰機。但是政治面的含意更為重要：**和美國海空軍同時投資在同樣的戰鬥機上，意味著他們願意和美國承擔同樣的國防負擔，同時也能在必要時和美國並肩作戰**。如果在同盟作戰中，你使用的是比較差的武器，那麼你承擔的任務也必然是比較不重要的任務，戰爭中和戰後的發言權也會有差別。

購買和美國現役裝備相同的裝備也是對假想敵最清楚的訊息，就是和美國的同盟關係非常穩固。日韓都在地面作戰裝備上全部國產化，意思就是地面作戰盡量由他們自己來擔負。這對維繫同盟關係非常重要，因為地面作戰是流血最多的。美軍介入海外戰爭，從一戰開始到反恐戰爭，傷亡最大的都是地面部隊（陸軍和海軍陸戰隊）。地面作戰也最容易被媒體所報導，越戰引起嚴重的反戰民怨以至於最後讓美國做出必須撤出越南的決定，和美國民眾難以忍受從電視上看到的美軍在地面作戰中的艱苦和傷亡有強烈關係。二戰後的每一場區域戰爭，地面部隊的傷亡都占了美軍傷亡百分之九十五以上。

以日本來說，它面臨的國家安全威脅比台灣要小的多。至少中國並沒有宣稱日本是它的一部分；日本的經濟規模和國力遠較台灣為大，在軍工研發和生產能力上差距更為驚人（日本能自製所有主要地面作戰裝備、海軍艦艇與潛艦，並且從一九五〇年代起，就能在得到授權的情況下於日本國內組裝美國當時的最先進戰鬥機），和中國的地理距離也遠許多，但是日本仍然積極和美國從事各項軍事合作。其中最重要的是聯合演習，包括三種類型：第一是雙方部隊一起實施訓練，共同執行真實（如反海盜）或假想（如反潛）的任務；第二是雙方高層進行指揮所演習，相互溝通、分享作戰計畫、推演想定；第三是日本自衛隊派人員前往美國參加機密性質的演習，如「紅旗」演習。

聯合演習的重要性無可替代，一方面觀摩美軍的戰術戰技，一方面強化自身部隊的戰備，建立彼此間合作的SOP，對於可能發生的問題先發現再加以解決。因為日美雙方都清楚，兩支軍隊要聯合作戰絕對有許多問題需要克服，絕對不可能在戰時再來解決。而且戰時在敵人的攻擊、己方有傷亡和損失的情況下，局面會更加混亂、多變。在軍中服過役的人都聽過一句老話，就是「計畫永遠趕不上變化」，況且是根本沒有計畫！

韓國的作法和日本類似。只不過美韓聯合軍演規模更大，因為要順帶展現必要時美軍能夠派來的兵力數量，因此都是幾乎全國陸海空軍一起動員或支援的大型演習[4]。利用演習，美軍不僅可以實地演練在朝鮮半島作戰，還可以藉由檢討演習結果時時修訂援韓的各項計畫、作戰想定、演練排除各項障礙，最重要的是估計所需動用的各項物資數量，許多可以事先加以囤儲，就可以減少海運空運的時間。

這些準備工作對台灣而言，至少在筆者寫作的當下還是遙不可及的。中華民國國軍對於和美軍協同作戰，還有支援美軍來台作戰，恐怕是沒有絲毫的準備。最需要美軍來助戰的地方，對於美軍來助戰的準備是最不足的。奇怪的是，台灣人對於美國對台軍售與安全承諾明顯和對日韓有差別待遇，竟然很少人討論。這種差別待遇可能來自於：一、台灣無力購買全部所需的武器；二、美國不願過於得罪中國；三、台灣有某些因素讓美國不願售台所需的先進武器；四、台灣自己無法提出最有效的國防規劃以指導武器採購。四者都是台灣安全的嚴重隱憂，但不少台灣人對此視而不見，認為這些不用解決也沒關係，**反正到時美軍會無條件全力來援，甚至把台灣當成美國的一部份來防衛**。這種想法其實沒有太大的歷史和事實基礎。很多人又會自我安慰美國有一盤大棋，很多事「只能做、不能說」，這忽略了在外交上「策略性訊號」的重要，而且很多事「能做」不代表「已做」。

美國在西太平洋最大的政策目標還是在避免衝突。根據謝林的研究，「策略」解釋並分析了關於國家行動與反應的謎團，將其視為在一場互賴（interdependent）的衝突競賽中，基本上對各國本身有利的舉動。每個國家的最佳選擇取決於其所預期的他國作為。「策略性行為」（strategic behavior）試圖影響另一名行為者的選擇，作法就是讓對方預期彼此行為間的關聯。這解釋了美國為什麼會有「一中政策」，它讓台北和北京都知道華府在甚麼議題上會有怎樣的行為。

此外，美國外交政策重視「垂範」，就是要讓各方了解在甚麼狀況下，美國會怎麼作。這樣可以減少誤解而產生衝突的可能。但在台海，美國卻採取一定程度的「戰略模糊」，這源於一中政策，但出現了違反「垂範」原則的矛盾，對中國來說是有利的。首先美國要保持戰略模糊，必然實質降低台美的軍事合作層次和品質，這是中國最求之不得的事。其次是戰略模糊會削弱美國的形象，因為協防台灣的作為如果必須採取模糊，不能明講，暗示美國還是一定程度的怕中國，無疑暗示其他美國盟邦「不能全然親美反中」。

過去美國對台政策的核心原則是有些取巧的平衡作法，一方面不支持台灣獨立（反正台灣執政者也不想獨立）以換取中國不發動衝突，另一方面也以「戰略模糊」的姿態保護台灣、提供台灣防禦性武器。如此，中國得到形式上的滿足，也得到清楚訊息——就是要解決台灣問題是不能繞過美國的。**這正是謝林講的，每個國家的最佳選擇取決於其所預期的他國作為**。對台灣的防衛支持，就以「讓中國的不滿維持在可控狀態」為標準，所以會有《台灣關係法》和《八一七公報》。很多台灣人會以為，美國在西太平洋的戰略目標是要用「第一島鏈」圍住中國，因此台灣的地位重要到美國無法放棄，但這只是一廂情願的想法。事實上，中國是美國的主要貿易夥伴，太平洋是兩國貿易的大道，中國在貿易中得到了巨大的利益，它沒有必要去威脅這條航道的安全，這跟德國在大西洋發動無限制潛艇戰是為了要窒息和它作戰的英國海外航運是完全不同的。

更何況，中國若要威脅美國，唯一有效的武器是洲際彈道飛彈，這完全可以克服第一島鏈的地理限制。今天美國也未在台灣駐軍以圍堵中國。這樣做的原因不外乎：戰略上不需要；這樣做會引起中國劇烈反對。如果美國連在台灣駐軍，都會因為在乎中國抗議而不作，邏輯上我們也有理由多加思考美國直接因為台灣而和中國開戰的可能性。

美國所有的盟邦，幾乎都理解也盡力在安全上和美國努力合作。因為盟邦越努力，就會讓美國必要付出的努力越少，也更容易做出決斷。這些都是台灣所難以企及的部分。因此，台灣一定要竭盡所能強化自身的防衛力量。其次是要有**協助美軍援台**的準備。二〇二〇年九月，外交部長吳釗燮表示「台灣期盼美國能持續對台軍售。但若與中國發生衝突，台灣不會依靠美國干預。台灣防禦是台灣自己的風險與責任，台灣會努力為未來局勢做好準備。」[5]這點看來顯現了台灣自我防衛的決心，但是如果「不依靠美國干預」的態度，會導向「不做有助於美國干預的準備」，這對台灣安全就未必是最佳的策略了。而且，美國是否會認為台灣在暗示會獨力處理兩岸問題（「強調自己的風險和責任」），因而採取以兩岸簽訂和平協議的方式進行（因為台灣不會自主發展出能不依靠美國而能防衛台灣的軍力）以「作好準備」？則有待歷史來解答了。

美國是帝國嗎？

美國雖然常被稱為帝國主義，實際上所擁有的權力資源，要比處於巔峰時期的大英帝國還來得多。英國還要面對歐洲列強的挑戰，但美國不需要。但是就「直接掌控他國內部運作」的狀況來看，美國擁有的權力卻比過去曾統治四分之一個地球的英國還少。舉例來說，肯亞或印度的學校、稅收、法律以及選舉——更不用說對外關係——在過去都由英國官員所掌握。如今美國卻很少有這樣的控制權。

如今國際政治的各種議題，在本質上具有多邊性，並且需要相互合作以求其解決之道。使用「美利堅帝國」來形容這樣一個世界，無法掌握美國和眼前這個世界的真實內涵。在外交上，美國總是傾向於想要尋求一個普世通用的道德原則或教條，來合理化自身的行為，但這和「帝國主義」

還是有很大的距離。一八九八年美國竄起成為世界強權時，曾短暫醉心於真正的帝國主義，然這種帝國主義的作風並未持續。有別於英國，帝國主義對美國人來說不是件令人感到舒服的經驗。**民調一致顯示，美國民眾對於成為一個帝國並沒有多大興趣，反倒在需要作出決斷時，他們喜歡的是在美國的領導下，以多邊主義為架構弘揚正義、以優勢武力迅速打敗敵人，讓自由主義原則獲得伸張。**從歷史經驗，還有道德觀、現實主義和自由主義幾大方向的揉合，形成了美國的決斷。而理解美國會作甚麼，而且為甚麼會這麼作，對我們理解我們今日所處的世界，是一項有益的工作。這也是筆者著作本書的衷心盼望。

附錄：近代美國總統重要宣言

資料來源：美國在台協會官方網站

（一）威爾遜總統對德國宣戰演講

時間：一九一七年四月二日
地點：美國國會

今年二月三日我正式通知你們，德意志帝國政府發表了異乎尋常的通告，宣稱從二月一日起它的宗旨是把法律的限制或仁慈的考慮統統拋置一邊，用它的潛艇去擊沉任何駛近英國和愛爾蘭港口的船隻，或駛近歐洲西海岸或地中海內德國的敵人所控制的任何港口的船隻。這似乎是德國潛艇戰在大戰之初的目標。但從去年四月起，德意志帝國對其潛艇指揮官們多少有所設限，以實踐當時它對我們許下的諾言，即不擊沉客輪，且對其他它的潛艇可能摧毀的船隻，只要不作抵抗、留在原地，便會向它們預先發出警告，並讓它們的船員至少有機會從救生艇上逃生。在殘酷無情的戰爭中，一樁樁令人悲痛的事件證明，德方的克制有限，而且帶有任意性，但確實有一定程度的節制。不過新政策把任何限制都取消了。任何種類的船隻，不論它掛什麼旗，具有什麼性質，載什麼貨，駛向何處，完成什麼使命，全都被擊沉，從未預先警告，也全然不顧船上人員的死活；友好中立國的船隻與敵國的船隻被等同視之。甚至連醫護船以及向比利時死傷慘重的人民運送救濟物資的船隻——後者被德國政府允許安全通過禁海而且帶有明確無誤的標記——同樣也被喪失同情心和原則性的德軍擊沉。

有一度我無法相信，這種行徑竟然真是一個向來贊同文明世界人道慣例的政府的所作所為。國際法起源於人類試圖制訂一些能獲得人們尊重且遵守的海上原則，因為任何國家皆無權統治海洋，世界各國的船隻都可以在海上自由航行……德國政府以報復和必需為藉口，已將這最基本的法律規定一腳踢開，因為德國在海上除了毫不顧忌人道，蔑視對國際交往的共識，窮兵黷武之外，幹不了什麼別的事。我現在想到的不是德國在海上造成的財產損失，儘管損失慘重，而是肆無忌憚地屠殺大批平民，而這些男人、婦女和兒童所追求的目標向來——甚至在現代歷史最黑暗的時期——

被認為是單純和合法的。財產可以被賠償，但愛好和平、無辜的人民的生命則否。目前德國對付海上貿易的潛艇戰其實是以人類為敵。

這是針對所有國家的戰爭。美國船隻被擊沉，美國公民葬身海底，消息傳來令人震驚。但其他中立或友好國家的船隻和人員在海上遭到相同的厄運，沒有什麼差別。這是對全體人類的挑戰。每個國家必須獨自決定它應如何對付這一挑戰。我們必須適應我國的特點和宗旨審時度勢，謹慎考慮，以作出我們自己的決定。我們絕對不應感情用事。我們的動機既非為復仇，也不是為了耀武揚威，而僅僅是為了維護權利，維護人權，在這場鬥爭中，我們國家僅僅是一名鬥士……

我深刻認識到我所邁出的這一步的嚴重性乃至悲劇性，以及它所包含的重大責任，但是我對履行自己憲法規定上的義務毫不遲疑。正是以這樣的態度，我建議國會宣布，德意志帝國最近的行動事實上已是對美國政府和人民發動了戰爭；美國正式接受已強加於它身上的交戰國地位；美國將立即行動，不僅使國家處於完全的防禦狀態，而且將竭盡全力，使用一切手段迫使德國政府屈服，結束這場戰爭……

當我們採取行動，採取這些重大行動的時候，我們自己應當清楚，也應讓全世界明白我們的動機和目的是什麼……我們的目的……是維護國際生活的和平與正義的原則，反對自私和專制的力量，我們要在世界上真正自由和自治的各國人民之中確立一種意志與行動的共識，有了它就能保證這些原則得到遵循。當問題涉及世界和平，涉及世界各國人民的自由時，當組織起來的勢力支援某些專制政府按自己的意志而非人民的意志獨斷專行，從而對世界人民的和平與自由構成威脅時，中立便不再是可行或可取的了。我們看到，在這種情況下中立已成為歷史。我們處在一個新時代的開端，在這個時代中人們堅決要求，凡文明國家中每個公民所遵循的行為上和承擔罪責上的準則，各個國家和它們的政府也必須同樣遵循。

我們與德國人民之間不存齟齬。對他們，我們除了同情和友誼沒有別的情感。他們的政府投入戰爭並不是因為人民的推動，他們事先一無所知，並未表示贊同。這場戰爭與過去不幸的歲月中決定開戰的方式如出一轍。舊時統治者從不徵求人民的意見，戰爭的挑起和發動全都是為了王朝的利益或是為了野心勃勃的人組成的小集團的利益，這些人慣於利用同胞作為走卒和工具……

我們接受這一敵意的挑戰，因為我們知道與這樣一個採用這種手段的政府是絕對不可做朋友的；只要它組織起來的力量埋伏著準備實現不可告人的目的，世界上所有的民主政府便無法得到安全保障。我們接受的將是一場與這個自由的天敵展開的宏大戰役，如有必要，將動用我國的全部力量去制止和粉碎敵人的意圖和勢力。我們感到欣慰，因為敵人撕去偽善的面紗，使我們看清了真相，如此我們將為世界最終和平，為世界各國人民包括德國人民的解放而戰：為大大小小的國家的權利以及世界各地人們選擇自己的生活與服從權威的方式的特權而戰。必須為了民主而使世界變得安全。世界和平應建立在政治自由歷經考驗的基礎上。我們沒有什麼私利可圖。我們不想要征服，不想要統治。我們不為自己索取賠償，對我們將慷慨作出的犧牲不求物質回報。我們只不過是為人類權利而戰的鬥士之一。當各國的信念和自由能確保人類權利不可侵犯之時，我們將心滿意足。

在我們面前很可能有曠日持久的戰火考驗和慘重犧牲。把我們偉大、愛好和平的人民領入戰爭是件可怕的事。因為這場戰爭是有史以來最血腥、最殘酷的，甚至文明自身似乎也已岌岌可危。然而權利比和平更寶貴。我們將為自己一向最珍惜的事物而戰——為了民主，為了人民服從權威以求在自己的政府中擁有發言權，為了弱小國家的權利和自由，為了自由的各國人民共同享有權利以給所有國家帶來和平與安全，使世界本身最終獲得自由。為完成這樣一個任務，我們可以獻出我們的生命財產，獻出我們自己以及我們所有的一切；我們滿懷自豪，因為我們知道，這樣的一天已經到來：美國有幸得以用她的鮮血和力量捍衛那些原則，正是它們給予她生命和快樂，給予她一向珍視的和平。上帝保佑她，她別無選擇。

（二）羅斯福總統對日本宣戰

時間：一九四一年十二月八日

地點：美國國會

昨天，一九四一年十二月七日——它將永遠成為國恥日——美利堅合眾國遭到日本帝國海空軍預謀的突然襲擊。美國當時同該國處於和平狀態，而且應日本的請求，仍在同它的政府和天皇進行對話，以期維持太平洋的和平。確實，就在日本空軍中隊開始轟炸美國歐胡島之後一小時，日本駐美大使和他的一個同僚還向我們的國務卿遞交了一份對美國最近一封信函的正式答覆。雖然覆函聲言繼續進行外交談判似已無用，它並未包含有關戰爭或武裝進攻的威脅或暗示。

應該將這一點記錄在案：夏威夷同日本相距甚遠，顯而易見這次進攻是許多天甚至數星期之前便精心策劃的。在此期間日本政府透過虛偽的聲明和希望維持和平的態度，蓄意欺騙美國。

昨天日本對夏威夷群島的進攻使美國海陸軍部隊遭受重創。我沉痛地告訴各位，很多美國人喪失了性命。此外，據報告，美國船隻在舊金山和檀香山之間的公海上亦遭到魚雷襲擊。

昨天日本政府也發動了對馬來地區的進攻。

昨夜日本軍隊進攻了香港。

昨夜日本軍隊進攻關島。

昨夜日本軍隊進攻菲律賓群島。

昨夜日本軍隊進攻威克島。

今晨日本軍隊進攻了中途島。

這樣，日本就在整個太平洋區域發動了一場突擊。昨天和今天的事實說明了一切。美國人民已形成了自己的見解並完全明白我們國家的生存和安全所受到的影響。

作為陸海軍總司令，我已指示採取一切措施進行防禦。

我們整個國家都將永遠記住這次日本對我們進攻的性質。

不論要用多長的時間才能戰勝這次預謀的侵略，美國人民與正義之師必將大獲全勝。

我相信這樣說表達了國會和人民的意志：我斷言，我們不僅將盡全力保衛我們自己，而且將確保永遠不再受到這種背信棄義行為的危害。

戰爭業已存在。誰也不能否認，我國人民、我國領土和我國利益正處於極度危機之中。

我們信賴我們的武裝力量，依靠我國人民無比堅強的決心，我們必將取得勝利。願上帝保佑我們。

我要求國會宣佈，自一九四一年十二月七日星期日，日本對我國無端進行卑鄙的進攻，美國與日本帝國之間已處於戰爭狀態。

（三）杜魯門總統就職演說

時間：一九四九年一月二十日

地點：美國國會

我國歷史上的每一時期都遇上其特定的挑戰。現在我們所面臨的挑戰與過去的挑戰同樣重大。今天這個日子不僅標誌著一個新政府的開始，而且標誌一個新時期的開端，這一時期對我們、對世界來說都將是重要的，或者說是決定性的。

我們可能有幸經歷，且在很大程度上促成了漫長的人類歷史上一個重大轉捩點。本世紀前半期以人權遭受空前殘暴的踐踏及歷史上最可怕的兩次戰爭為特徵。我們時代的當務之急，是讓人們學會在安寧和諧中共同生活。

世界各國人民面對著一個難以預測的未來，它蘊藏著幾乎等量的巨大希望和巨大恐懼。在這困惑不安的時刻，他們比以前更迫切地期待著從美國得到善意、力量和英明的領導。

因此我們這樣做是恰當的：利用這一場合向世界闡明我們賴以生存的信仰所包含的基本原則，向各國人民宣布我們的目標。

美國人民堅持那始終激勵鼓舞這個國家的信仰。我們相信，人人享有在法律面前平等的權利，人人擁有分享公共利益的權利。我們相信，人人有思想和言論自由的權利。我們相信，人人生而平等，因為人都是按照上帝的形象創造出來的。

我們懷抱這一信仰，決不動搖。

美國人民期望而且決心建立一個世界，在那個世界中，一切國家、一切民族可以自由地依照他們認為合適的方式自治，享受一種體面的、令人滿意的生活。此外，我們的人民期望而且決心建立世界和平——一種公正而長久的和平——建立在以平等各方達成的真正協定的基礎之上……

自戰爭結束後，美國將它的人力物力投入偉大且具有建設性的工作，以便在全世界恢復和平、穩定和自由。

我們從未要求任何領土，也從不把自己的意志強加於人。凡我們不想給予他人的特權，我們從不索求。

我們堅定不移地全力支援聯合國及有關機構，從而把民主原則運用於國際關係。我們一貫擁護並仰賴以和平方式解決國家間的爭端。

我們不遺餘力地爭取，以達成對我們最強有力的武器實行有效的國際控制之協定，並且為限制和控制所有軍備不懈努力。

我們透過示範和規程鼓勵在合理和公正的基礎上發展世界貿易。

差不多一年以前，我們與十六個歐洲自由國家一起提出了歷史上最大的經濟合作計畫。這一空前的嘗試之目的在於鼓舞和加強歐洲的民主，以使歐洲大陸的自由人民能在文明的前線重返他們應有的地位，為世界的安全和幸福再次作出貢獻。

我們的努力已給全人類帶來新的希望。我們已戰勝了絕望和失敗主義。我們使一批國家免遭喪失自由的厄運。全出界億萬人民現在贊同我們的觀點：我們不需要戰爭，且我們能享有和平……

在未來的歲月中，我們爭取和平與自由的計畫將著重於四大行動方針。

第一，我們將繼續堅決支援聯合國及其有關機構，我們將繼續努力強化它們的權威性，提高它們的效率。我們相信，由於在按照民主原則走向自治的地區裡，新的國家紛紛建立，聯合國將藉此更加鞏固。

第二，我們將繼續實施爭取世界經濟復甦的計畫。這首先意味著我們必須繼續全力支援歐洲復興計畫。我們相信，這一宏大事業在世界復興的過程中必定取得成功。我們相信，同我們在這項工作中合作的國家將再次取得自立自強的國家地位。

另外，我們自己必須實施消除國際貿易壁壘和增加國際貿易的計畫。經濟復甦及和平本身有賴於國際貿易的增長。

第三，我們將強化愛好自由的國家，使其免受侵略威脅。我們正與一批國家共同起草一項旨在鞏固北大西洋地區安全的聯合協定。該協定將採取在聯合國憲章範圍內集體防務計畫的形式……

第四，我們必須著手進行一項大膽的新計畫，以使我們的科學發展和工業進步成果造福於不發達地區的改善和發展。

全球半數以上的人民生活相當困苦。他們食不果腹，疾病纏身。他們的經濟生活原始落後，停滯不前。他們的窮困不僅對他們自己，而且對較繁榮的地區都是一種障礙和威脅。

人類有史以來首次有了把這些人從痛苦之中解救出來的知識和技能。

在工業和科學技術的發展方面，美國走在各國的前列。我們可用於支援別國人民的物質資源有限，但我們在技術知識方面無法估量的資源正不斷增長，取之不盡用之不竭。

我認為，我們應當讓我們豐富的技術知識造福於愛好和平的各國人民，以幫助他們實現改善生活的願望。而且，我們應當與其他國家合作，促進對需要發展的地區的投資。

我們的目標是幫助世界上自由的人民，讓他們能夠自己努力生產更多的食品、更多的衣服、更多的建築材料，以及更多能夠減輕他們勞力負擔的器械。

我們邀請其他國家在這項事業中投入並分享它們的技術資源。我們熱烈歡迎它們的貢獻。這應是一項合作事業，所有國家透過聯合國及其特定機構在一切可行的地方共同工作。它應該是一種跨越國家界線，為取得和平、富裕和自由所付出的努力……

所有的國家，包括我們自己的國家，將從更好地利用世界人力和自然資源的建設性計畫中大大受益。經驗告訴人們，當其他國家在工業和經濟上取得進步時，我們與它們的貿易也就隨之擴展。

擴大生產是繁榮與和平的關鍵。而擴大生產的關鍵在於更廣泛、更積極地應用現代科技知識。只有透過幫助人類大家庭中那些最不幸的成員自助自救，人類才能過上體面的、令人滿意的、人人有權享受的生活。

唯民主才能提供活力，推動世界各國人民採取行動，不僅去戰勝壓迫他們的人，而且去戰勝他們的宿敵——飢餓、苦難和絕望。

在這四大行動方針的基礎上，我們希望協力創造條件，以最終實現全人類的個人自由和幸福。

（四）甘迺迪總統就職演說

時間：一九六一年一月二十日

地點：美國國會

我們今天慶祝的並不是一次政黨的勝利，而是一次自由的慶典；它象徵著結束，也象徵著開始；意味著更新，也意味著變革。因為我已在你們和全能的上帝面前，作了跟我們祖先將近一又四分之三世紀以前所擬定的相同的莊嚴誓言。

當今世界與以往大不相同。因為人在自己手中掌握的力量足以消除一切形式的人類貧困，又足以毀滅一切形式的人類生命。但是我們祖先曾為之戰鬥的革命信念仍在世界各地飽受針砭——這信念認定人權並非來自國家的慷慨施予，而是上帝所賜。

我們今天不可忘記，我們是那第一次革命參加者的後裔。此時此地，我願向我們的朋友和敵人宣告：火炬已傳到新一代美國人手中——他們在本世紀出生，經歷過戰火錘煉，經受了嚴酷的和平時期的磨練，為自己的古老傳統自豪——他們不願看到，也不容人權逐漸被褫奪。美國對這種人權一貫負有責任，如今我們也在本國和全世界對其承擔義務。

應讓每一個國家明白，不論它希望我們走運或倒楣，我們將付出任何代價，承擔任何重負，克服任何艱難，支援任何朋友，反對任何敵人，以確保自由的存在和成功。

這是我們矢志不移的事——而且還不止於此。

對於那些和我們共有同一種文化和精神淵源的老盟邦，我們保證獻出摯友的忠誠。倘若團結，我們在許多合作事業中幾乎無所不能。倘若分裂，我們則很難有所作為，因為意見分歧，各行其事，我們便不敢應付強有力的挑戰。

對於那些我們歡迎其加入自由國家行列的新國家，我們發出誓言，絕不讓一種形式的殖民統治的消亡，只是被另一種殘酷得多的暴政所取代。我們並不總是指望他們同意我們的觀點，但我們始終希望他們堅決維護自己的自由——而且應該記住，過去那些愚蠢地狐假虎威之人，最終死於虎口。

對於那些住在遍布半個地球的棚屋和村落中、力求打破普遍貧困的桎梏的人們，我們保證盡最大努力助其自救，不管需要多長時間。這並非因為共產黨會那樣做，也並非因為我們要求他們選邊站，而是因為那樣做是正確的。自由社會若不能幫助眾多的窮人，也就不能保全那少數的富人。

對於我國邊界以內的各姐妹共和國，我們提出一項特殊的保證：要把我們的美好諾言化作善行，在爭取進步的新聯盟中援助自由人和自由政府來擺脫貧困的枷鎖。但這種為實現本身願望而進行的和平革命，不應成為不懷好意的國家的俎上肉。應讓我們所有的鄰國知道，我們將與他們一起反對在美洲任何地區發生侵略或顛覆。也應讓所有其他國家知道，西半球決意做自己地域的主人。

至於聯合國這個各主權國家的世界性議會，在今天這個戰爭工具的發展速度遠遠快過和平工具的時代中，它是我們最後的、最美好的希望。我們願重申我們對它的支持諾言；不讓它變成僅供謾罵的講壇，加強其對於新國弱國的保護，並擴大其權力所能運用的領域。

最後，對於那些與我們為敵的國家，我們所要提供的不是保證，而是要求：雙方重新著手尋求和平，不要等到科學所釋出的危險破壞力量在有意或無意中使全人類淪於自我毀滅。

我們萬萬不可示弱來吸引他們。因為只有當我們擁有無可置疑、足夠強大的武力時，我們才能毫無疑問地確信自己永遠不會使用這些武力。

然而，這兩個強大的國家集團都不可對現狀高枕無憂——雙方皆對現代化武器的開支感到不勝負擔，顯然都對致命的原子力量逐漸擴散感到驚恐，但雙方都力圖改變那種遏制任何一方發動人類最後決戰的不穩定的恐怖均勢。

因此，讓我們重新開始——雙方都應記住，謙恭並非表示懦弱，而誠意則向來須要驗證。讓我們永不因畏懼而談判。但也讓我們永不要畏懼談判。

讓雙方探究哪些問題能使我們團結在一起，而不要在引起雙方對立的問題上虛耗心力。

讓雙方首次制訂有關視察和管制武器的嚴肅認真而又確切的建議，並且把那足以毀滅其它國家的絕對力量置於所有國家的絕對管制之下。

讓雙方去探求科學的奧秘而不是科學的可怕力量。讓我們共同探索宇宙，征服沙漠，消除疾病，前往海洋深處，促進藝術和貿易的發展。

讓雙方攜手在世界各個角落遵循以賽亞的指示，去「卸下沉重的負擔……（並）讓被壓迫者獲得自由」。

如果初步建立合作便能夠減少重重猜疑，那麼，讓雙方攜手再次努力，不是追求新的權力均衡，而是建立一個新的法治世界，使強者公正，弱者安全，和平在握。

凡此種種不會在今後的一百天內完成，不會在今後的一千天內完成，也許也不會在本政府任期中完成，甚至無法在我們這一代人的一生中完成。但讓我們開始吧。

我的同胞們，我們事業的最後成敗，不僅掌握在我手上，更掌握在你們手中。自從我國建立以來，每一代的美國人都曾應召以證明他們對國家的忠誠。響應此項召喚而服役的美國青年的墳墓遍布全球各處。

如今那號角又再度召喚我們——不是號召我們拿起武器，雖然我們需要武器；不是號召我們作戰，雖然我們嚴陣以待；那是號召我們肩負起一場漫長的、勝負難分的奮鬥重任，年復一年「在希望中得到歡樂，在患難中堅韌不拔」，展開一場對抗人類公敵——暴政、貧困、疾病以及戰爭本身──的鬥爭。

我們能否能建立一個把北方與南方、東方與西方連結起來的偉大的世界聯盟，來對付這些敵人，以確保全人類享有更為富裕的生活？你們是否願意投入這歷史性的事業？

在世界的悠久歷史中，只有少數幾個世代的人在自由面臨最大威脅的時刻被賦予捍衛自由的任務。在這一責任面前，我決不退縮──我歡迎它。我認為我們中間不會有人樂意與別的民族或另一代人交換位置。我們獻給這一事業的精力、信念和忠誠將照耀我們國家和一切為它效力的人們，這火焰所發出的光芒將真正照亮全世界。

所以，我的美國同胞們：不要問你們的國家能為你們做些什麼，而要問問你們能為你們的國家做些什麼。

世界各國的公民們：你們該問的不是美國將為你們做些什麼，而是我們共同能為人類的自由做些什麼。

最後，不論你是美國的公民或世界它國的公民，請以我們所要求於你們的有關力量與犧牲的高標準拿來要求我們。我們唯一可靠的報酬是問心無愧，我們行為的最後裁判者是歷史，讓我們邁步向前領導我們所摯愛的國土，企求上帝的保佑與扶攜，但我們知道，上帝在這個世界上的任務一定也是是我們自己所應肩負的任務。

註釋

第一章

1 一二一五年的《大憲章》確立了一些英國貴族享有的政治權利與自由，亦保障了教會不受國王的控制；同時改革了法律和司法，限制了國王及王室官員的行為。《大憲章》有六十三條條款，影響最為深遠的是第三十九條，由它衍生了人身保護的概念：「除非經過由普通法官進行的法律審判，或是根據法律行事，否則任何自由的人，不應被拘留或囚禁、或被奪去財產、被放逐或被殺害」。根據這個條文的規定，國王若要審判任何一個人，只能依據法律；而不能以他的私人喜好來進行。（出自維基百科〈大憲章〉）

2 一六八五年，信奉天主教的詹姆士二世不顧國內普遍反對，大量啟用天主教徒於政府與軍隊任職，同時殘酷迫害清教徒，還向英國工商業主要競爭者——法國靠攏，危害英國利益。一六八八年六月二十日，詹姆士得子，因此其信仰英國國教的女兒瑪麗從此與寶座絕緣。當時掌握議會的輝格黨人與部分托利黨人決定罷黜詹姆士二世。罷黜詹姆士國王之後，七月由輝格黨和托利黨出面邀請詹姆士二世的女婿、其女兒瑪麗之夫荷蘭執政奧蘭治親王威廉入主英國國王寶座。同時國會向威廉提出《權利宣言》，譴責詹姆士二世破壞法律的行為，並聲明以後國王未經議會同意不能停止任何法律效力；不經議會同意不能徵收賦稅；天主教徒不能擔任國王；國王不能與天主教徒結婚等。威廉接受宣言提出的要求。宣言於當年十月經議會正式批准定為法律，即《權利法案》。由於這場革命並未產生死傷（即沒有流血——「bloodless」），故稱「光榮革命」。（出自維基百科〈光榮革命〉）

3 引用「美國在台協會」官方網站提供之翻譯。

4 情勢變遷原則：這個原則是一種古代羅馬法的概念，原來的含義是「情勢不變」，指締結契約時的情況如沒有發生基本變化，契約應繼續有效；反之，如情況發生了基本變化，契約的效力就應改變。此原則後來適用到條約法上，被當事國引用作為終止或退出條約的理由。《維也納條約法公約》（The Vienna Convention on the Law of Treaties）規定：締約時存在的情況發生基本改變，如該改變是當事國當時所預料得到的，才可成為當事國終止或退出條約的理由。

5 與今天的共和黨無關，而是現在民主黨的前身。

6 在北美獨立戰爭中，絕大多數印第安部落都站在英國一邊，鎮壓爭取獨立的大陸會議，緣由僅僅是酋長們迷戀英國殖民者贈與的商品。只有極少數印第安部落與起義者並肩戰鬥。例如著名的一七七八年七月「懷俄明慘案」，以印第安人為主的鎮壓部隊便殘忍地屠殺了近四百名擁戴獨立的和平居民。而在中部肯塔基，獨立軍幾乎完全是在與印第安人作戰，印第安人也屠殺了近千名要求獨立的和平居民，手段均為殘忍的印第安傳統方式。一七八二年十一月，驍勇的印第安人肖尼部落殲滅獨立軍一支部隊，導致克拉克將軍率部擊潰這個部落並驅逐其到十三州以外的西部。帶有紀念意味的是，這是北美獨立戰爭的最後一場陸戰，它竟然是以打敗印第安人幫助殖民者的鎮壓為結束標誌的。

7 北美十三州獲得獨立後，英、法、西班牙發覺這是人類對殖民主義的首次勝利，它必將導致最後埋葬殖民主義。於是這三個殖民國家聯手遏止殖民地獨立的浪潮，而代替殖民者開戰的卻是印第安人。三國向他們提供的武器、金錢，他們便不斷地從西部向新生的美國進擊，充當殖民者的炮灰。前期的戰鬥是印第安人的勝利，僅一七九一年的「聖克萊爾慘敗」，美國軍隊便傷亡近千人。然而之後美軍逐漸獲得勝利，一七九四年八月的「伐木之戰」，印第安人被擊潰，次年被迫簽署《格尼維爾和約》，割讓了從紐約到密西西比河之間的廣闊土地。

8 早在獨立戰爭時期，華盛頓麾下的大陸軍士兵就以心戰方式說服英軍投誠，作法是把宣傳品包在石頭上扔給英軍，當時的訴求就是大陸軍這邊的待遇和生活環境良好。一份傳單上寫著：「我們陣地：每月七塊錢，糧食新鮮而且豐富，人人健康自由、安逸、富裕，還有好農莊。你們陣地，一天三分錢，腐臭的醃肉，卑鄙的一群人，奴隸、乞丐、貧窮。」摘自Robert W. Chandler著，許明雄譯，《美軍在越南的宣傳戰》（*War of Ideas: The U.S. Propaganda Campaign In Vietnam*），（台北：黎明文化，一九八五年），頁一二。

9 這裡的講道德指的是政治人物一旦被認為失德，就很快會失去支持而下台。最重要的道德首推正直誠信。

第二章

1 十九世紀初法國曾一度占領西班牙，一八〇八年，法國皇帝拿破崙一世讓他的兄長約瑟夫・波拿巴成為西班牙國王，自此法國控制西班牙政局接近十年。

2 今日民主黨的前身，但主張蓄奴，以南部的棉花田莊園主為核心。

3 在這個條約中，美國再次用美元換土地，免除了墨西哥政府五百萬美元的債務。美國隨後又追加一千五百萬美元給墨西哥政府，把墨西哥的新墨西哥省和上加利福尼亞省納入版圖。

4 猿谷要，《極簡美國史：超級大國的前世今生》，第七十二頁。

5 在歷史上這次購地稱為「蓋茲登購地」（Gadsden Purchase）。源於當時美國駐墨西哥大使蓋茲登（James

Gadsden），因為是由他代表美國出面主談的。

6 《Convention of Commerce between His Majesty and the United States of America.--Signed at London, 20th October, 1818》https://web.archive.org/web/20090411212640/http://www.lexum.umontreal.ca/ca_us/en/cus.1818.15.en.html

7 見艾利森（Graham Allison）著，包淳亮譯，《注定一戰》（*Destined for War*），第一三六至一三七頁。

8 https://web-archive-2017.ait.org.tw/infousa/zhtw/PUBS/BasicReadings/49.htm

9 美國國務院，〈美國歷史簡介：殖民時代〉，https://web-archive-2017.ait.org.tw/infousa/zhtw/PUBS/HistoryBrief/colonial.htm

10 同上。

11 一八六二年九月十七日，當時南北兩軍於馬里蘭州夏普斯堡交會。由羅伯·李（Robert E. Lee）將軍率領的南軍未能擊退由麥克萊倫（George McClellan）將軍率領的北軍，李帶著未受損傷的部隊撤離，麥克萊倫則被革職。就軍事而言，此戰役並沒有結果，然影響卻很大。本已準備承認南方邦聯的英國和法國，因而有所遲疑，結果南方再也沒有收到它所急需的救援。參見美國在台協會官方網站〈南北戰爭與戰後重建〉。https://web-archive-2017.ait.org.tw/infousa/zhtw/PUBS/HistoryBrief/civil.htm

12 「國際警察權」的概念出自老羅斯福一九〇四年十二月六日在國會的演說。

13 https://history.state.gov/milestones/1899-1913/roosevelt-and-monroe-doctrine

14 請見《注定一戰》，第一三四頁。

第三章

1 請見《劍橋美國史》（A Concise History Of the United States of America），蘇珊-瑪麗·格蘭格（Susan-Mary

Grant）著，第二五八頁。

2 一般來說，海上作戰方法如封鎖及劃定海戰區的決定，必須針對交戰國為之，並向其他國家提出警告通知，且須符合合理性、適當性及軍事需要，禁止欺騙及背信忘義之行為，海戰時也可執行非攻擊的措施，如攔截（Interception）、臨檢（Visit）、搜查（Search）、改變航向（Diversion）和拿捕（Capture），但必須注意中立國利益及平民乘客安全。參閱 *San Remo Manual on International Law Applicable to Armed Conflicts at Sea*，https://ihl-databases.icrc.org/applic/ihl/ihl.nsf/385ec082b509e76c41256739003e636d/7694fe2016f347e1c125641f002d49ce

3 見單魁、丁文韜，〈獨特的反潛武器：Q船〉，《中國國防報》，二〇一八年八月十六日，http://www.81.cn/bqtd/2018-08/16/content_9254075.htm

4 參閱王黎，《美國外交理念、權力與秩序—從英國殖民地邁向世界強國》，（北京：世界知識出版社，二〇一九年），頁二二七。

5 湯森·哈里斯（Townsend Harris）於一八五六年赴任美國首位駐日公使。在他任公使期間，與日本德川幕府簽訂《安政條約》及《美日修好通商條約》，後者又稱《哈里斯條約》，承認美國擁有領事裁判權；關稅協定；議訂貨幣兌換比率以及美國享有片面的最惠國待遇。一八五五年，在他還未就任前，曾經向美國國務院提出過購買台灣計畫，建議美國應向清廷購買台灣。他指出，台灣先後有荷蘭、西班牙、鄭成功、清廷統治，認為轉移其所有權是有根據，而且在地理位置上不但可作為通往東方補給站，亦是美國對華貿易的必經門戶。但因當時美國國內黑奴問題日益嚴重，且美國也無意干預台灣事務，此案最終遭到否決。

6 當然最好的狀況就是美國東西兩岸的海軍艦隊各自發展、獨立作戰，不過這也是在第二次世界大戰之後的冷戰時，美國開始肩負對亞洲和歐洲的防衛承諾之後才有的事。

7 「第一等託管地」涵蓋中東，包含今天的敘利亞、伊拉克等地。「第二等託管地」涵蓋西部與南部非洲多處。

8 請參閱維基百科〈華盛頓會議〉詞條。

9 英國當時也提出三個條件，即日軍撤出中國、廢除日德義三國同盟、不得承認重慶國民政府以外的中國政權。這和《赫爾備忘錄》差別不大。事實上，日本的首要敵人是英國和荷蘭，其次是澳洲，因為日本所需要的資源掌握在這些國家手裡，英屬馬來亞有日本所需的橡膠和錫礦。

10 當時的日本和美國一樣，沒有獨立的空軍，空中戰力分為陸軍航空隊和海軍航空隊。此處為讀者理解方便，仍寫作陸海空軍。

11 戰後在日本投降典禮上，麥克阿瑟將軍是作為聯合國（盟軍）代表，尼米茲將軍則是作為美國代表。

12 表列為由美軍執行作戰的地點。由英軍、澳軍執行，但由美軍提供支援的眾多戰役則未列入。

13 尼爾．弗格森，《世界大戰：二十世紀的衝突與西方的沒落》，翁嘉隆譯，（新北：廣場出版，二〇一三年），頁一二〇。

14 〈假如美國沒有介入一戰〉，https://www.cup.com.hk/2017/04/12/if-allied-powers-lose-wwi/

15 若干島嶼如塞班島是自行透過公投於一九八六年才加入美國成為美國領土的。

16 所謂「聯盟管理」，就是形成聯盟的國家必須要建立能夠有效的溝通機制，還要彼此協調，各自調整其政策，以服從於聯盟的共同目標。

第四章

1 季辛吉（Henry Kissinger），林添貴、顧淑馨譯，《大外交》，第十七章。

2 一九四五年六月五日，盟國發表宣言，指出：「美利堅合眾國政府、蘇維埃社會主義共和國政府、大英帝國政府及法蘭西共和國臨時政府成立一個最高權力機構以管治德國，包括擁有德國政府、最高統帥部、任何州政府、地方自治政府或地方政府或權力機構的所有權力。上述機構成立並不影響德國併吞的領土。」參閱*Declaration Regarding the Defeat of Germany and the Assumption of Supreme Authority by Allied Powers;June 5, 1945* https://web.archive.org/web/20070218151523/http://www.yale.edu/lawweb/avalon/wwii/ger01.htm

3 約瑟夫．奈伊著，林添貴譯，《強權者的道德》（*Do Moral Matters*），第一三九至一四〇頁。

4 以上詳見拙著《國家的決斷》韓戰一章。

5 'Statement by the President, Truman on Korea.' JUNE 27, 1950, Wilson Center。網址：https://digitalarchive.wilsoncenter.org/document/116192.pdf?v=31e383a7e226b441e40fb0527a828da0

6 《洛奇－費雪決議案》是由費雪三世（Hamilton Fish III，紐約州聯邦眾議員）和洛奇（Henry Cabot Lodge，麻州聯邦參議員）一起提出。兩人都是共和黨籍議員。

7 山上之城（City upon a hill）或山巔之城一般指的是將美國視為一個良善、道德的政體典範。通常是指約翰．溫斯羅普（John Winthrop）於一六三〇年在一次著名的布道「基督徒慈善的典範」（A Model of Christian Charity）中提到的一個慣用語。當年溫斯羅普購買了英國新成立的麻薩諸塞公司的股票，舉家搬到麻薩諸塞，溫斯羅普本人則當選為殖民地總督。當年布道時他引用了馬太福音第五章十四節耶穌的登山寶訓中關於鹽和光的隱喻：「你們是世上的光。城立在山上，是不能隱藏的。」旨在提醒在新英格蘭建立麻薩諸塞灣殖民地的清教徒殖民者，他們的新社區將成為一座「山上的城」。

8 以空軍來說，一九五五年以色列努力獲得達索「M.D.450暴風」（Dassault M.D.450 Ouragan）型戰鬥機（約略相當於美國的F-84）、一九五六年獲得「神秘IV」（Super Mystère）型戰鬥機（約略相當於美國的F-86）、一九五八年獲得超級神秘B.2（約略相當於美國的F-100）後，日漸親密的以法關係，加上埃及即將自蘇聯引進兩倍音速的米格二十一，使得引進兩倍音速的幻象III（Mirage III）（約略相當於美國的F-104）成為必然。一九六〇年五月以色列簽署了首批幻象III的採購合同，購買二十四架，目標是訂購三十六架。一九六一年四月又簽訂了第二批二十四架幻象IIIC的合約，隨後的第三批合約同樣購買二十四架幻象IIIC。一九六六年法國向以色列交付了三架幻象IIIB雙座型，一九六八年交付第四架幻象IIIB時，以色列的幻象III機隊數量已達到七十六架。

9 https://history.state.gov/milestones/1953-1960/eisenhower-doctrine

10 七姊妹包括：一、紐澤西標準石油（Standard Oil Company of New Jersey，美資），即後來的埃克森（Exxon），現在的埃克森美孚（ExxonMobil）。二、殼牌公司（Royal Dutch Shell，英荷合資）。三、英國波斯石油公司（Anglo-Iranian Oil Company，英資），即後來的英國石油公司（BP）。四、紐約標準石油（Standard Oil Company of New York，美資），即後來的美孚石油公司（Mobil），之後與埃克森合併組成埃克森美孚。五、德士古（Texaco，美資），後來被雪佛龍（Chevron）收購，合併成為雪佛龍德士古，後更名為雪佛龍。六、加利福尼亞標準石油（Standard Oil Company of California，美資），現為雪佛龍。七、海灣石油（Gulf Oil，美資），後成為雪佛龍的一部分。到二〇二〇年，七家中還有四家繼續營業，分別是埃克森美孚、殼牌、英國石油和雪佛龍。

11 滾雷作戰中，美國空軍在北越上空就損失了五百二十六架飛機，美國海軍損失了三百九十七架，海軍陸戰隊損失了十九架。根據美國空軍的數據，五百二十六架空軍飛機的七百四十五名機組員中，有一百四十五名獲救，二百五十五人死亡，二百二十二人被俘（其中二十三人在被關押時死亡），還有一百二十三人失蹤。海軍則有四百五十四名飛行員死亡、被俘，或是在北越及寮國上空失蹤。至於陸軍和陸戰隊在越戰中的損失則更大，計有五萬四千多人不幸陣亡，受傷者超過二十萬人。

12 這是艾森豪的一句名言，意思是指軍備建設和人民福利互相爭奪資源，軍備多一些，人民的福利就少一些，反之亦然。

13 汪浩著，《意外的國父》，第一四六至一四九頁。

14 戰略值班飛行就是讓轟炸機裝載核子彈起飛巡邏，這樣它是否因故障而不堪執行任務便可立刻得知；平時也可演練投擲與核彈同等大小，且具備同等啟爆裝置的普通炸彈，以確定其效能。轟炸機也可執行戰術核武攻擊任務。

15 汪浩著，《意外的國父》，第二〇一至二〇二頁。

16 Joseph S.Nye, *Understanding International Conflicts: An Introduction to Theory and History*, (New York, NY: 2003),p.125.

17 Joseph S.Nye, 前引書，p.126。

第五章

1 一九九三年，因為西波士尼亞的波什尼亞克人不同意波士尼亞中央政府制定的政策，所以建立西波士尼亞自治區，並且與塞爾維亞靠攏。一九九四年，西波士尼亞被波士尼亞政府軍占領，但他們沒多久就被逐，恢復西波士尼亞自治區。一九九五年，西波士尼亞自治區改名西波士尼亞共和國，它也是塞爾維亞克拉伊納共和國抵抗克羅埃西亞的最後防禦範圍。一九九五年八月，克羅埃西亞發動的風暴行動中，克羅埃西亞和波士尼亞聯軍擊敗西波士尼亞共和國，被波士尼亞和赫塞哥維納合併。這段歷史說明了當時衝突的複雜本質：今天是敵人明天可能是朋友，反之亦然，其次是種族戰爭。

2 見維基百科〈阿富汗戰爭（2001年）〉與〈阿富汗〉詞條。

3 二〇〇三年十二月十三日伊拉克時間晚上八時，海珊在家鄉提克里特被捕。經審判後於二〇〇六年被處死。

4 伊拉克約有六成的穆斯林信徒是什葉派，但海珊政權由遜尼派主導，並進行高壓統治，引發什葉派的不滿。伊拉克北方的庫德族人更在一九八七與八八年間，遭到海珊政府的大規模屠殺。海珊的表弟馬吉德素有「化學阿里」之諢號，曾以化學武器毒害上萬名庫德族人。

5 一九六〇年代開始，阻止核武擴散成為國際政治的重要議題。一九五九年和一九六一年，聯合國大會先後通過愛爾蘭提出的「要求有核子武器國家不向無核國家提供核子武器」和《防止核子武器更大範圍擴散》的議案。一九六八年七月一日由英國、美國、蘇聯和其他五十九個國家締結簽署了《核武禁擴條約》（Treaty on the Non-Proliferation of Nuclear Weapons，縮寫NPT），或稱《核不擴散條約》（Nuclear Non-Proliferation Treaty，縮寫NNPT），宗旨是防止核擴散、推動核裁軍和促進和平利用核能的國際合作。截至二〇一六年八月，共有一百九十一個國家與地區簽署了該條約。而沒有簽署這項條約的國家包括印度、巴基斯坦、南蘇丹和以色列。條約所稱的「核子武器擁有國」，係指截至一九六七年一月一日已製造並爆炸核子武器或其他核爆炸裝置的國家，允許保留核子武器。美國、蘇聯（後為俄羅斯）、英國、法國和中國成為僅有五個被《核武禁擴條約》承認的有核子武器國家。各國約定：第一，核國家保證不直接或間接地把核子武器轉讓給非核國家，不援助非核國家製造核子武器。第二，非核國家保證不製造核子武器，不直接或間接地接受其他國家的核子武器轉讓，不尋求或接受製造核子武器的援助，也不向別國提供這種援助。第三，停止核軍備競賽，推動核裁軍。第四，把和平核設施置於國際原子能總署的國際保障之下，並在和平使用核能方面提供技術合作。一九九六年，聯合國大會以壓倒多數通過了《全面禁止核子試驗條約》（Comprehensive Nuclear Test Ban Treaty），禁止在任何地區進行核子試爆。該條約最先於一九五四年提出，經歷了四十年才得以通過，目前已從一九六三年的部分禁止試驗，擴大到全面禁止各種核武試爆。二〇〇〇年不擴散條約審議大會通過了一個最終決議，使擁有核武器的國家「擔負起……責任以期完全關閉他們的核工廠。」為了證實根據《核武禁擴條約》所應承擔的義務，各參與國家必須接受國際原子能總署的查核。為執行《核武禁擴條約》，國際原子能總署具有國際檢查員的身分，負責檢查核能保護措施的應用和包括民用核能方案在內的核查措施。根據各國所締結的協定，國際原子能總署的核查員將定期檢查非核國家的核設施、證實有關核原料所在地的情況、核查國際原子能總署安裝的儀器和監控設備是否正常運作，與確認核原料的庫存量。這些和其他所有的保護措施提供了重要證據，確認各政府遵守和平使用核能的承諾。參閱張國城，《國家的決斷》，頁二八九至二九一。

6 參閱張國城，《國家的決斷》，頁二九一。

7 〈阿富汗戰火再起？BBC梳理美國「反恐戰爭」的得與失〉，*BBC*，二〇二〇年三月四日，https://www.bbc.com/zhongwen/trad/world-51738646

第六章

1 引用「美國在台協會」官方網站提供之翻譯：https://web-archive-2017.ait.org.tw/zh/us-constitution.html

2 詹森總統在一九六五年於歷史悠久的黑人大學霍華德大學（Howard University）發表演說，其內容：「從許許多多方面看，美國黑人已成為另一個民族，他們被剝奪了自由，被仇恨所折磨，沒有希望跨入機會之門……我們也不能在其他美國少數民族的經驗中找到圓滿的回答。他們作出了勇敢的、相當成功的努力，以衝出貧窮和偏見的樊籬……因為其他少數民族沒有需要克服的若干世紀的遺產，沒有被經年累月的仇恨與絕望所扭曲和摧殘的文化傳統，也沒有因種族或膚色遭排斥——這種被排斥的感覺是我們社會任何偏見造成的痛苦所無法相比的。」參考「美國在台協會」網站：https://web-archive-2017.ait.org.tw/infousa/zhtw/PUBS/AmReader/p791.htm

3 雖然會議通過了康乃狄克修正案，班傑明．富蘭克林修改了修正案中的部分提議，讓其變得更容易被大州接受。他在財政相關法案要從眾議院提出的基礎上，補充要求「參議員應當與州立法部門予以分隔」。在之前的邦聯國會中，各州的議員以州為單位按其州議會的指示進行投票。換言之，這些議員只是州議會的傳聲筒。富蘭克林將這一部分改為參議院無須以州為單位投票，而是可以分別照參議員自己的意願投票。富蘭克林認為如此才能真正保障各州的平等，也成為美國政治文化的一大特色。此外，如此一來，聯邦參議員也才會有不同於各州議會議員不同的立場與主張，凸顯了「聯邦」與「州」的不同。參考維基百科〈康乃狄克修正案〉詞條。

4 冗長發言（filibuster，也有翻譯為「費力把事拖」）是美國參議員的特權，讓反對議案的參議員用它來阻礙議事日程，拖長整個議會辯論過程，目的是拖到所有議員無法支撐下去，最終使議案胎死腹中，或是用來表達自己的立場。發言人須站在席位上滔滔不絕一直講話，不能進餐，也不能如廁。演講內容可以是任何題目，甚至念電話簿也可以，只要不停下來就行。曾有參議員拿《聖經》、《美國憲法》、《美國獨立宣言》、《世界人權宣言》、《莎翁名著》，甚至食譜來朗讀。一九五七年八月，美國南卡羅萊納州聯邦參議員塞蒙德（James Strom Thurmond）為了反對《一九五七年民權法案》而連續演說長達二十四小時十八分鐘，創下最高紀錄。塞蒙德連任參議員達四十七年，享壽一〇一歲，也是最長壽的參議員之一。

5 《巴拿馬運河條約》是卡特在一九七七年九月七日與巴拿馬領導人簽訂的關於巴拿馬運河主權過渡的條約。條約規定，巴拿馬運河由兩國官員組成的運河管理委員會管理，運河區的司法和移民機構、海關、郵局等逐步交由巴拿馬管轄和經營，新條約期滿後，由巴拿馬承擔運河的管理和防務。參考維基百科〈巴拿馬運河條約〉詞條。

6 美國資料中心，〈行政程序〉：
https://www.americancorner.org.tw/zh/american-government-a-brief-introduction/ch08.htm

7 〈全球反恐怖主義戰爭：喬治．W．布希總統就全球反恐怖主義戰爭發表重要講話〉，美國資料中心，https://www.americancorner.org.tw/zh/speech.html

8 https://www.southcom.mil/About/Leadership/Bio-Article-View/Article/992093/adm-craig-s-faller/

9 中美洲因為有古巴的存在，讓美國認為特別有需要在當地支持民主程序產生的政府，一方面是弘揚美國自身制度的優點，另一方面凸顯古巴作為共產獨裁國家的錯誤與荒謬。

10 賴怡忠，〈美國國防部新增「中國事務」官員，反映何種對台戰略思維？〉，《關鍵評論網》，二〇一九年十一月二日，https://www.thenewslens.com/article/126838

11 根據史蒂芬·高旺斯（Stephen Gowans）的研究，截至二〇一六年，外交關係協會成員擔任美國重要政府職位的人數，計有財政部長十人、國家安全顧問十人、美國駐聯合國大使九人、國務卿八人、國防部長八人、中央情報局局長八人、參謀首長聯席會議主席四人、聯邦準備理事會主席四人、世界銀行總裁三人、國家情報總監兩人、國家安全局局長一人。最重要的是總統兩人、副總統兩人。史蒂芬·高旺斯（Stephen Gowans）著，黃開譯，《敘利亞戰爭：美國從不公開的中東地緣博弈與野心》，（台北：大寫出版，二〇一七），頁二三六。

12 該報告列出二〇二〇年美國需要防範的衝突領域。報告列出十三個美國需優先預防的地點，分為兩種，一是對美國影響程度中等但發生機率高的衝突點，包括阿富汗境內政治動盪導致塔利班叛亂、土耳其和敘利亞境內武裝團體的暴力升級，和墨西哥犯罪組織行為等等。二則是對美國影響重大但發生機率中等的衝突，其中包含美國與北韓無核化談判破局、中國與汶萊、印尼、馬來西亞、菲律賓、台灣和越南在南海爭議海域的衝突等等。台灣也列在值得關注的衝突當中，不過，台灣並不在優先防範的地點當中，因為報告認為，雖然台海衝突對美國影響性高，但在二〇二〇年發生衝突的機率低，列為第二級隱憂。參見〈美智庫發布二〇二〇全球區域衝突預防報告 台海危機列第二級〉，《自由時報》，二〇一九年十二月十八日，https://news.ltn.com.tw/news/politics/breakingnews/3013659

13 譬如二〇一八年二月一日，蘭德就發表一份報告，分析中國解放軍在二〇二〇年前後攻打台灣的假想情況。報告認為，因為中國持續的軍事投入和在訓練和準備方面取得進步，台海兩岸雙方的勝算平衡正在向中國一方傾斜。中國解放軍攻打台灣的成功可能性大大提高，美國和盟友必須加大軍事投入。參閱陳重生，〈蘭德公司：解放軍二〇二〇年攻打台灣成功可能性大增〉，《新頭殼》，二〇一八年二月二日，https://newtalk.tw/news/view/2018-02-02/112908

14 一九七五年五月十二日，一艘美國貨櫃輪「馬雅古茲號」在從香港至泰國的航行中，進入了柬埔寨宣稱的九十海里領海，遭到扣留。福特總統下令展開軍事行動救援該船船員並奪回該船。五月十五日美國出動十一架空軍直升機，搭載二百三十名陸戰隊員展開行動，結果任務失敗，美軍損失了三架直升機，十八人陣亡。

15 一九七六年八月十八日，駐韓美軍在朝鮮半島板門店附近的「共同警備區域」（JSA）裡，發現在雙方唯一通道「不歸橋」附近的第三哨所對面有一棵楊樹樹枝高十二米，阻礙了雙方的視野。考慮到第三哨所被三個朝鮮哨所包圍的狀況，美軍決定砍伐楊樹。八月十八日美韓方出動十六人砍樹，遭到朝鮮軍人的攻擊，兩名美軍軍官被斧頭砍死。事件發生後美、韓、朝三國軍隊都進入最高戒備狀態。福特總統下令美軍部隊繼續砍伐該樹，假如朝軍阻攔，美軍就堅決還擊，假如朝鮮軍發動進攻，就不惜全面展開戰爭，福特還下令美國海空軍增援朝鮮半島。八月二十一日美軍出動五百人、韓軍出動特戰部隊跆拳道高手六十四人掩護砍樹行動，將樹砍除，朝方未作反應。之後朝方對八月十八日的行動表示遺憾，強調己方絕不會率先挑釁，但如果遇到挑釁絕不會坐視，美方接受了朝方的表述，事情遂告結束。值得一提的是韓國總統文在寅當時服役於韓國陸軍特種部隊，是參加掩護的六十四人之一，之後他被認為是英雄並以此當選國會議員。

第七章

1 Marijike Breuning, *Foreign Policy Analysis: A Comparative Introduction,*（New York: Palgrave Macmillan, 2007）, p. 5.

2 Valerie M. Hudson, “Foreign Policy Analysis Yesterday, Today, and Tomorrow” , *Mershon International Studies Review,* Vol. 39, No. 2,（1995）, p. 212.

3 參閱 Valerie M. Hudson, *Foreign Policy Analysis: Classic and Contemporary Theory*,（Lanham, Maryland: Rowman & Littlefield, 2007）.

4 嚴格來說，修昔底德並非第一位希臘史學家，在他之前還有撰寫《歷史》（*Histories*）的希羅多德（Herodotus），但是，希羅多德的史學考據與書寫不夠嚴謹。希羅多德本人針對這一點倒是坦言不諱，承認他只是記錄下他聽說與看到的，而且他的記錄大多也都有憑據，但是西方史學界有一派認為修昔底德才是真正科學的史學之父。

5 Joseph S. Nye, Jr., *Understanding International Conflicts: An Introduction to Theory and History*（New York: Longman, 2003）, p. 66.

6 同上, p.62。印度和巴基斯坦之間的對立也可以用這個原則解釋。一項相當好的研究是S. Paul Kapur & Sumit Ganguly, "The Jihad Paradox: Pakistan and Islamist Militancy in South Asia," *International Security*, Vol. 37, No. 1 Summer 2012, pp. 111-141。

7 同上, p.63.

8 東協加三（ASEAN Plus Three Cooperation）是原東協會員國與中國、日本和韓國等三個東亞鄰近國家的合作機制，又稱「東協一〇加三」、「ASEAN+3」等。三國分別於一九九七年在吉隆坡與東協發表聯合聲明，承諾基於相互的利益與責任，共同為亞太地區的區域和平穩定、經濟成長繁榮、社會文化發展等層面努力。參閱〈東協加三〉，中華經濟研究院台灣東南亞國家協會研究中心網頁，http://www.aseancenter.org.tw/ASEAN3.aspx

9 創立於一九四四年的布列頓森林會議，總部位於美國華盛頓特區，主要功能是提供中低收入國家貸款。

10 同樣創立於一九四四年的布列頓森林會議，總部也在華盛頓特區，主要的功能是維持全球金融穩定、促進國際貿易，推動財政合作與經濟發展等等。

11 Richard C. Snyder, Henry W. Bruck, and Burton M. Sapin, "Foreign Policy Decision-Making as an Approach to the Study of International Politics," in Richard C. Snyder, Henry W. Bruck, and Burton M. Sapin, ed., *Foreign Policy Decision-Making*（*Revisited*）,（New York: Palgrave Macmillan, 2002）, pp. 21-152.

12 Scott D. Sagan, "More will be Worse" , in Scott D. Sagan and Kenneth N. Waltz, *The Spread of Nuclear Weapons: A Debate Renewed*,（U.S.: W.W. Norton & Company Inc.,2003）, pp.50-53.

13 參閱Edward Carr, *The Twenty Years' Crisis: An Introduction to the Study of International Relations*,（New York: Harper and Row., 1939）, Hans J. Morgenthau, *Politics Among Nations: The Struggle for Power and Peace*,（New York: Alfred A. Knopf .,1979）.

14 Kenneth N. Waltz, *Theory of International Politics*,（U.S.:Addison-Wesley Educational Publisher, 1979）.

15 Thomas C. Schelling, *The Strategy of Conflict*,（Cambridge: Harvard University Press, 1963）, ch.1-3.

16 Sidney Verba, "Assumptions of Rational and Non-rational in Models of the International System" , in Klaus Knorr and Sidney Verba ed., *The International System: Theoretical Essays*（U.S.: Princeton University Press, 1961）, p.95.

17 Helen V. Milner, "Rationalizing Politics: The Emerging Synthesis of International, American and Comparative Politics" , in Peter J. Katzenstein, Robert O. Keohane and Stephen D. Krasner ed., *Exploration and Contestation in the Study of World Politics*,（U.S.: MIT Press, 1999）, p.119.

18 參　閱Peter Katzenstein（ed.）, *The Culture of National Security: Norms and Identity In World Politics*（New York: Columbia University Press, 1996）.

19 Graham Allison & Philip D. Zelikow, *Essence of Decision: Explaining the Cuban Missile Crisis*,（U.S.:Addison-Wesley Educational Publishers Inc., 1999）.

20 在韓戰時，中華人民共和國向聯合國提出「控告美國侵略台灣案」，得到蘇聯支持，在一九五〇年八月二十九日，蘇聯正式向安理會提出「美國侵台案」，要求列入議程。美國認為如果聯合國開始討論台灣問題，中共就不太可能進攻台灣，因此居然同意了蘇聯提案，並公開歡迎聯合國考慮並公開調查台灣的現況，因此，聯合國一度出現派員前來台灣調查的聲音，蔣一度想使用否決權否決此案，但顧維鈞、蔣廷黻均不贊成國府動用否決權，唯恐得罪美國。蔣非常不滿，曾說過「此種外交職業家，誠害國非少矣」。蔣反對聯合國派人來調查的原因是他不希望任何有關台灣的問題被拿到聯合國去討論，因為這樣就可能開啟「台灣問題由聯合國解決之張本」，如此會形成「台灣問題國際化」，由中華民國單獨領有台灣的現狀就可能接受挑戰，這是蔣堅決反對的。但是美國當時是希望台灣問題國際化，除了前面講的理由以外，也讓中共犯台時美國要助台時能聯合的國際力量更大，避免美國單獨承擔保台的責任，也要向國際間證明美國沒有侵略台灣。因此在一九五〇年八月，美國國務院正式建議聯合國安理會會員國代表組成調查團來台灣調查，一方面可使台灣問題國際化，也可讓國際間親眼看到美國沒有侵略台灣。顧維鈞和蔣廷黻是資深外交官，清楚美國作此主張的理由，且他們須要在聯合國直接和美國打交道，為了自身工作的便利，自然不想得罪美國，但如此一來就和上司蔣中正發生歧見，也因此蔣中正對他們會有所責備。參見汪浩，〈汪浩觀點：美國侵略了台灣嗎？〉，《風傳媒》，二〇一八年一月十四日，https://www.storm.mg/article/383606?page=1

第八章

1 在一九四八年的美國總統大選中，全美各界幾乎一面倒的看衰杜魯門。幾乎所有民調都顯示共和黨候選人杜威（Thomas Dewey）會大勝。結果杜魯門意外勝出，跌破所有專家眼鏡。《芝加哥論壇報》（*Chicago Daily Tribune*）當日的頭版頭條甚至已經寫上「杜威擊敗杜魯門」，並印出了十五萬份。

2 美國國務院編，中華民國外交部譯，《美國與中國之關係——特別著重一九四四年至一九四九年之一時期》，頁七至九。

3 因為法幣退出流通時發行總額為六六三兆元，以三百萬元法幣合金圓券一元，法幣總發行量僅為兩億兩千一百萬元金圓券。而金圓券一開始就定為發行二十億元，這等於一下子製造了相當於最末期法幣九倍多的通貨膨脹。

4 張彥偉，〈美國「大規模報復」戰略與中蘇交惡〉，《中華人民共和國國史網》，二〇一三年三月十二日，http://www.hprc.org.cn/gsyj/wjs/dfbj/201303/t20130312_213021.html

5 一九六九年三月，中共和蘇聯因黑龍江流域的珍寶島的歸屬問題，在島上發生武裝衝突。雙方死傷數百人，中方在事件後實際控制了珍寶島。事件致使中蘇關係進一步惡化。珍寶島一役後，蘇聯高層曾多次商討要對中國進行報復，並明確發出先發制人和核武攻擊的威脅，中方作出相應輿論回擊。蘇聯更是從周邊圍堵和威脅中國。同年八月，蘇軍在中蘇西部邊境進犯中國，雙方再次發生武裝衝突。參閱維基百科〈珍寶島事件〉詞條。

6 汪浩，〈中華民國為何被迫退出聯合國〉，《風傳媒》，二〇一七年七月九日，https://www.storm.mg/article/289332

7 五天後對於「重要問題案」表決時，除盧森堡、葡萄牙和希臘外，美國其他所有的北約盟友都投了反對票或者棄權票，阿拉伯與非洲國家也大批倒戈，使得這一提案以四票之差遭到否決。

8 參見汪浩，〈中華民國為何被迫退出聯合國〉。

9 參見張國城，《國家的決斷》，（新北：八旗文化，二〇一九年），第十一章。

10 汪浩，〈汪浩觀點：尼克森為何出賣蔣介石〉，《風傳媒》，https://www.storm.mg/article/169299?page=2

11 關於美國國會的共同決議案有兩點值得注意。第一，共同決議案旨在表達國會立場，無須總統簽署生效，也不具備法律拘束力。第二，本決議案中「六項保證」的文字與順序都與一九八二年電報中的原始文字略有不同，但大意一致。本書採用的是一九八二年版本的文字。

12 The United States, *National Security Strategy of the United States of America*, December 2017, pp.45-46, *National Security Strategy of the United States of America*, https://www.whitehouse.gov/wp-content/uploads/2017/12/NSS-Final-12-18-2017-0905.pdf..

13 曹郁芬，〈美設印太司令部 抗衡中國〉，《自由時報》，二〇一八年六月一日，http://news.ltn.com.tw/news/focus/paper/1205396。

14 二〇一八年十月三十一日，美國在台協會台北辦事處處長酈英傑（Brent Christensen）在正式記者會中表示「美國的對台政策從未改變。過去近四十年來，「《台灣關係法》與美中三個聯合公報一直是我們『一個中國』政策的基礎，這也指引著我們與台灣及中華人民共和國的關係。」〈美國在台協會處長酈英傑記者會致詞〉，美國在台協會，二〇一八年十月三十一日，〈https://www.ait.org.tw/zhtw/remarks-by-ait-director-brent-christensen-at-press-conference-zh/〉。

15 該法案重點為將台灣納入印太戰略一環，重申美對台安全承諾、支持定期軍售、並依據《台灣旅行法》鼓勵美國資深官員訪台。S.2736 - Asia Reassurance Initiative Act of 2018,:SEC. 209. COMMITMENT TO TAIWAN.〈https://www.congress.gov/bill/115th-congress/senate-bill/2736/text#toc-HBC83E05F3CB54A088207211061CF43FA〉。

16 呂伊萱，〈川普簽署亞洲再保證倡議法 台灣納入美印太戰略〉，《自由時報》，二〇一九年一月一日，http://news.ltn.com.tw/news/politics/breakingnews/2658758。

17〈美次卿柯拉克確認訪台 四十一年來國務院最高層級〉，《中央社》，二〇二〇年九月十七日，https://www.cna.com.tw/news/firstnews/202009170005.aspx ?· utm_source=cna.facebook&utm_medium=fanpage&utm_campaign=fbpost&fbclid=IwAR1kfASzj12uqIBcAQzKO6AIBW54UCXkq5yGxSAd4oXFud4Nga1DzpGLCb4

18 魏德邁在回憶錄中指出「但是這一次非正式的歷史性會面，卻拆穿了這些在美國被廣泛傳播的報告（指中共是土地改革者）根本就是謊言。」

19 線上台灣歷史辭典，〈中美關係白皮書〉，http://lib2.tngs.tn.edu.tw/Doth/Article.aspx？279

20「空海一體戰」理念產生於為了對付中國和伊朗，美軍需要開發對抗「反介入／區域拒止」（A2/AD）的手段，並探索未來的作戰概念以削弱對手A2/AD能力，確保在「反介入」作戰環境中威懾並擊敗對手，美國軍隊必須有能力懾止、防禦、擊敗潛在敵對國家的進犯，保護盟國、合作夥伴利益以及美國的安全與利益。基於地理環境和作戰形態，美國認為與中國或伊朗的戰爭，最可能的型態是必須結合海空軍力量遂行濱海作戰，因此產生了「空海一體戰」概念。請見Andrew F. Krepinevich, *Why AirSea Battle?* Center for Strategic and Budgetary Assessments, 2010, p.5-11.

第九章

1 *U.S. Department of State's Policy Memorandum on Formosa (1949)* https://www.eapasi.com/uploads/5/5/8/6/55860615/appendix_9_--_u.s._department_of_states_policy_memorandum_on_formosa__1949_.pdf

2 早在一九四九年十一月十七日，蔣派國防部副部長鄭介民訪美，在華府與美國前海軍上將白吉爾（Admiral Oscar Badger）會面。針對台灣防衛問題，白氏表達美方看法，希望台灣政府能代表各階層各黨派利益，而非國民黨一黨專政，如此台灣人民才能擁護政府。白氏並指出，吳國楨為主持台政之理想人選，如果中國政府能依此而為，美國將提供軍事及經濟援助。換言之，美國是以蔣同意吳國楨出任台灣省主席，作為提供美援的條件。一九五〇年，美國又和中華民國駐美大使顧維鈞表示，「聞孫立人將軍擁虛名而無實權，吳主席亦因受軍事當局之牽制，不能盡量發揮其影響力，當予以實權云云。」

3 請見國家發展委員會檔案管理局檔案支援教學網，〈吳國楨事件〉，https://art.archives.gov.tw/Theme.aspx?MenuID=582。

4 請見Michael D. Pearlman, Truman & MacArthur : *Policy, Politics, and the Hunger for Honor and Renown* (Bloomington : Indiana University Press, 2008) , pp.44-45，轉引自許文堂，〈台灣的占領接收與其地位——以蔣介石與麥克阿瑟為中心的考察,1945-1952〉，科技部專題研究計畫期末報告，NSC 102-2410-H-001-031-MY2

5 一九五〇年六月二十七日，美國駐台北大使館代辦師樞安（Robert C. Strong）奉艾奇遜命令緊急求見蔣中正，提交了一份備忘錄，指出因韓戰爆發，「美國第七艦隊已奉令阻止來自中國大陸以台灣為目標之攻擊」，並表示「美國政府此舉之動機……基於其對中國及台灣人民之未來自由與幸福之深切關懷」。參見《國家的決斷》，頁一八六。

6 杜勒斯國務卿在前一天召開記者會，宣示《中美共同防禦條約》的意義如下：「向各國宣示：明白表示中華民國在國際外交的地位，並明白表示台灣與澎湖絕沒有被置於任何國際談判桌上。因為沒有條約的保障，當時若干人士誤認為美國可能會以台澎交換中共的讓步。此項條約顯示美國將不在任何國際協商中出賣台灣。

7 王育德，《苦悶的台灣》，（台北：自由時代），頁二〇六。

8 根據一九七〇年三月四日「新台幣發行準備監理委員會」第一〇四次檢查公告，當年二月二十八日新台幣發行額為一百二十四億三千零九十八萬元，其中由黃金擔保（姑且不論這些黃金是否全部來自當年帶來），僅為十三億四百零八萬元。其他為外匯美元兩億五千萬、米五萬四千四百三十九噸和糖四萬三千九百一十七噸。這些東西都是來自台灣人生產得來，擔保了新台幣的九成左右。黃金的數量為兩萬九千一百零九公斤又一百二十八公克，折合七十七萬六千兩百四十三台兩，九十三萬五千八百八十英兩。都比各項資料中國民政府帶來台灣的黃金少——根據中國國民黨二〇〇六年八月二十三日和二〇一六年三月十日公布，國民政府運金兩百二十七萬兩（不知是英兩還是台兩）來台。周宏濤先生回憶錄則表示是三百七十五萬兩。扣掉一九四九至一九七〇政府來台後所購的黃金，可以想見「來自大陸的黃金」作為新台幣準備金的絕對比例還更少。

9 據統計，自一九五一至一九六〇年美國對台援助金額共十億兩千八百萬美元，為同時期台灣進口總額的百分之四十七點九。不過，部分學者對此援助有不同看法，指出這段經援過程造成台灣經濟發展與對美依賴雙重進行的現象。劉進慶更指出當時工礦、交通與建設部門的美援大多集中公營部門，再流入黨庫，因此美援可說間接鞏固國民黨政府對台灣的經濟控制。又在物資短缺的情形下，有辦法在公營事業外得到經濟利益的不外可與政府交換利益的個人或集團。此外，文馨瑩指出美援蘊含經濟以外的影響因素，如軍事與技術，甚至是意識形態的忠誠關係。請見張淑卿，〈美援與台灣醫療衛生〉，http://www.ihp.sinica.edu.tw/~medicine/medical/read/read_15.htm

10 國史館，《蔣中正先生年譜長編》，第九冊，頁五六三。引自汪浩，《借殼上市：蔣介石與中華民國臺灣的形塑》，頁二十九。

11 請見唐耐心著，林添貴譯，《一九四九年後的海峽風雲實錄：美中台三邊互動關係大解密》，(台北：黎明文化，二〇一二年)，頁七七。

12 一九八一年，中國全國人民代表大會常務委員會委員長葉劍英向《新華社》記者提出「有關和平統一臺灣的九條方針政策」，一般稱為「葉九條」，其實就是統一的步驟和統一後的設計，內容如下：（一）中國國民黨與中國共產黨兩黨可以對等談判；（二）雙方在通商、通航、探親等學術文化交流達成協議；（三）統一後的台灣可保留軍隊，享有特別自治權；（四）台灣社會、經濟制度、生活方式與同其他外國的經濟、文化關係不變；（五）台灣政界領袖可參與全中國的政治安排；（六）台灣地方財政有困難時，可由中央政府酌予補助；（七）台灣人民願回大陸定居者，保證妥善安排；（八）歡迎台灣工商界人士到大陸投資；（九）歡迎台灣各界人士與團體，提供統一的建議，共商國事。

13 請見陳榮儒，《FAPA與國會外交》，（台北：前衛出版社.二〇〇四年五月），頁四七。

14 〈TAIWAN POLICY REVIEW--WINSTON LORD, ASSISTANT SECRETARY FOR EAST ASIAN AND PACIFIC AFFAIRS ON SEPTEMBER 27, 1994〉，美國在台協會，https://web-archive-2017.ait.org.tw/en/19940927-taiwan-policy-review-by-winston-lord.html

15 二〇〇四年提出的軍購案因包含柴油潛艦、愛國者飛彈、反潛機，又被稱為「三項軍購案」，是陳水扁總統執政時的重大政策，但因金額高達六千多億台幣，遭到當時在野黨與民間團體的強烈杯葛。之後雖然提案的採購金額不斷下修，在立法院始終都未能獲得通過。

16 “China presses U.S. over Taiwan ‘republic’ comments”，CNN，二〇〇二年四月五日，http://edition.cnn.com/2002/WORLD/asiapcf/east/04/05/china.taiwan/index.html

17 〈台美關係今非昔比 美國官員高調祝賀蔡總統就職〉，中央社，二〇二〇年五月二十一日，https://www.cna.com.tw/news/firstnews/202005200383.aspx

18 〈美國、台灣和世界：和平與繁榮的夥伴〉，東亞與太平洋事務助理國務卿史達偉傳統基金會致詞講稿，美國在台協會網頁，https://www.ait.org.tw/zhtw/zh-remarks-by-david-r-stilwell-assistant-secretary-of-state-for-east-asian-and-pacific-affairs-at-the-heritage-foundation-virtual/

第十章

1 近來關於此案例的分析，參見Devin T. Hagerty, *The Consequences of Nuclear Proliferation: Lesson from South Asia* (Cambridge: MIT Press, 1998)。

2 舉例來說：從一九八〇年開始，美國從全球收容了約三百萬的難民。這個數量超過全球所有其他國家收容難民數的總和。排名第二的加拿大收容了六十五萬多人。第三名澳洲收容了四十八萬多人。一直到二〇一七年，每年美國都是收容最多難民的國家。但在二〇一八年，由於美國政策的調整，收容難民人數開始減少。該年一年裡美國收容了兩萬三千名難民，而加拿大收容兩萬八千名。於是在那一年裡，加拿大超越美國成為全球收容難民人數最多的國家。

3 易思安（Ian Easton），孫宇青譯，〈讓五角大廈做好對抗中國的萬全準備〉，《自由時報》，二〇二〇年九月十三日，https://news.ltn.com.tw/news/politics/paper/1399373

4 美韓軍過去每年舉行的大型軍事演習包括「乙支自由衛士」，參演人數每年大致穩定，通常在八萬人左右上下浮動，今年韓方和美方各派出五萬餘名和兩萬五千名軍人，韓軍規模與去年持平，美軍略少於去年的三萬餘名。此外還有澳洲、加拿大、哥倫比亞、丹麥、法國、義大利、菲律賓、英國、紐西蘭等九個國家參演。「關鍵決斷」和「鷂鷹」的參演人數則從幾萬人到十幾萬不等，二〇一二年，韓軍參演人數一度達二十萬，二〇二〇年的兩場演習則有超過三十萬名韓國軍人和一萬五千萬名美軍參加，演習範圍跨越韓國全境。「乙支自由衛士」主要是兵棋推演的指揮所演習，「關鍵決斷」和「鷂鷹」卻要真槍實彈得多。前者的重點是「資訊化指揮」，後者則重在野外機動演練。美韓在這兩場演習中往往會出動大型水面艦艇與尖端武器，二〇一五年，美軍曾首次出動瀕海戰鬥艦與韓海軍和美海軍第七艦隊共同訓練，而今年美軍則出動「史坦尼斯號」核動力航母、核潛艇、空中加油機等大批尖端裝備，堪稱四十年來投入的最強戰力。

5 〈吳釗燮：目前不尋求與美建立全面外交關係〉，https://news.ltn.com.tw/news/politics/breakingnews/3301550?utm_medium=R&utm_campaign=SHARE&utm_source=FACEBOOK&fbclid=IwAR1k05CAWfWIepNWCMl6Gu0tSP-5-GjwtxYnqU3gdPNTd-8rqugpmAaw364

八旗國際 11

美國的決斷

台灣人應該知道的美國外交思維與決策

America Can Help! A Short History and Analysis of the U.S. Diplomacy

作　　者　張國城
編　　輯　王家軒
助理編輯　柯雅云
校　　對　魏秋綢

企　　劃　蔡慧華
總 編 輯　富　察
社　　長　郭重興
發行人兼出版總監　曾大福
出版發行　八旗文化／遠足文化事業股份有限公司
地　　址　新北市新店區民權路108-2號9樓
電　　話　02-22181417
傳　　真　02-86671065
客服專線　0800-221029
信　　箱　gusa0601@gmail.com
Facebook　facebook.com/gusapublishing
Blog　gusapublishing.blogspot.com
法律顧問　華洋法律事務所／蘇文生律師

封面設計　許晉維
印　　刷　前進彩藝有限公司
初版一刷　2020年（民109）11月

定　　價　480元

ISBN　978-986-5524-30-2

國家圖書館出版品預行編目（CIP）資料

美國的決斷：台灣人應該知道的美國外交思維與決策 / 張國城著. -- 一版. -- 新北市：八旗文化出版：遠足文化發行, 民109.11
面；　公分. --（八旗國際；11）
ISBN 978-986-5524-30-2（平裝）

1. 美國外交政策　2. 國際關係

578.52　109015799